S/confinare

Alessandro Bosco, Stefano Bragato, Felicity Brunner,
Raffaella Castagnola, Tatiana Crivelli

S/confinare

I rapporti culturali italo-svizzeri tra associazionismo,
editoria e propaganda (1935-1965)

Bibliographic Information published by the
Deutsche Nationalbibliothek
The Deutsche Nationalbibliothek lists this publication in the Deutsche
Nationalbibliografie; detailed bibliographic data is available online at
http://dnb.d-nb.de.

Book published with the support of the Swiss National Science Foundation.

ISBN 978-3-0343-4558-3 (Print)
E-ISBN 978-3-0343-4559-0 (E-PDF)
E-ISBN 978-3-0343-4560-6 (EPUB)
DOI 10.3726/b20093

Open Access: This work is licensed under a Creative Commons
Attribution CC-BY 4.0 license. To view a copy of this license,
visit https://creativecommons.org/licenses/by/4.0/

© Alessandro Bosco, Stefano Bragato, Felicity Brunner,
Raffaella Castagnola, Tatiana Crivelli, 2022

Peter Lang Group AG
International Academic Publishers
Bern

This publication has been peer reviewed.

www.peterlang.com

Indice

Tatiana Crivelli
Introduzione 7

Ringraziamenti 17

Nota al testo 19

I. Luoghi 21

Alessandro Bosco
1. L'Associazione Svizzera per i Rapporti culturali ed economici con l'Italia (1937-1967) 23

Stefano Bragato
2. Il Centro Studi per la Svizzera italiana (1941-1943) 47

Alessandro Bosco
3. L'Associazione Italo-Svizzera di Cultura (1945-1952) 63

II. Temi 77

Stefano Bragato
1. Italianità 79

Felicity Brunner
2. Elvetismo 103

III. Percorsi 123

Alessandro Bosco
1. Arte e propaganda. Maraini, Scheiwiller e la mostra *Pittori e scultori italiani contemporanei* al Kunsthaus di Zurigo (1940-1941) 125

Alessandro Bosco
2. «E cantano ancora». Un capitolo inedito della ricezione di Max Frisch in Italia (1946-1959) 157

Stefano Bragato e Raffaella Castagnola
3. Editoria transculturale: Eros Bellinelli e i progetti editoriali *Il Roccolo* e *Pantarei* 169

Bibliografia 185

Indice dei nomi 189

Tatiana Crivelli

Introduzione

Oltre confine. Un trentennio di circolazione letteraria e culturale tra Italia e Svizzera (1935-1965)

> In short, we face as a nation the deep, profoundly perturbed and perturbing question of our relationship to others--other cultures, states, histories, experiences, traditions, peoples, and destinies. There is no Archimedean point beyond the question from which to answer it [...]. We are, so to speak, of the connections, not outside and beyond them.*

Sono trascorsi quasi trent'anni da quando l'Edward Said di *Cultura e imperialismo* metteva a fuoco, con la sua abituale capacità di penetrazione concettuale, una delle questioni chiave della relazione tra culture: non esiste il punto archimedico su cui far poggiare la decodifica dell'alterità, né il luogo distaccato da cui osservarla grazie a una prospettiva esterna. Nessuno/a, insomma, può vantare il privilegio epistemologico di interpretare «culture, stati, storie, esperienze, tradizioni, popoli e destini» altrui collocandosi al di là di una relazione che lo/la coinvolga direttamente: «We are, so to speak, *of* the connections, not outside and beyond them». E in tempi come i nostri, in cui una pandemia ci ha improvvisamente mostrato cosa significhi essere veicoli di trasmissione e in cui si è fatta tragicamente palese la permeabilità dei confini nazionali, la questione dell'interconnessione tra «culture, stati, storie, esperienze, tradizioni, popoli e destini» si presenta nella sua più bruciante attualità. Altrettanto scottante, del resto, è oggi la domanda relativa al ruolo che compete all'intellettuale umanista, figura ormai definitivamente deprivata di quella credibilità sociale che per secoli l'aveva costituita garante *super partes* della verità e che, nei casi migliori, ha volontariamente abdicato a questo ufficio di legislatore per passare, per dirla con Bauman ma senza la sua amarezza di fondo, a quello di interprete.[1] Se l'intellettuale umanista moderno era un arbitro il cui giudizio, in base all'autorità conferitagli dal proprio sapere, era vincolante e le cui verità avevano

---

* Edward SAID, *Culture and Imperialism*, New York, Vintage Books, 1994², pp. 55-56.
1 Zygmunt BAUMAN, *La decadenza degli intellettuali: da legislatori a interpreti*, Torino, Bollati Boringhieri, 2007 [1987].

carattere universale e rilevanza diretta per l'ordine sociale, l'intellettuale contemporaneo/a non ha più il ruolo di chi giudica e legifera, bensì, quello, solo apparentemente più modesto ma politicamente non meno significativo, di chi si adopera per «tradurre affermazioni, fatte all'interno di una tradizione fondata sulla comunità, in modo tale che possano essere capite all'interno del sistema di conoscenza basato su di un'altra tradizione».[2] L'intellettuale odierno/a, insomma, è la connessione.

I due elementi ora delineati – da un lato la consapevolezza, acquisita in particolare grazie al contribuito degli studi sulla subalternità e, più in generale, dall'approccio intersezionale degli studi (post)umanistici, di vivere in connessione e dentro la connessione, e, dall'altro, l'interesse per la ridefinizione del ruolo dell'intellettuale – sono stati anche il nucleo generatore del progetto di ricerca da cui nasce questo volume. Lo studio dei rapporti culturali tra Svizzera e Italia nei tre decenni tra il 1935 e il 1965, anni in cui gli eventi storici modificarono drasticamente le relazioni tra i due i paesi confinanti, si è infatti confermato un terreno esemplare su cui osservare sia il farsi di costruzioni identitarie tra loro strettamente embricate, anche nei momenti in cui più marcati si facevano i distinguo, sia il ruolo della cultura umanistica nell'elaborazione e circolazione di tali costruzioni, prendendo in esame nello specifico l'opera di letterati/e, osservati/e nel loro rapportarsi con le rispettive istituzioni di riferimento. Dall'apogeo del fascismo allo sfacelo della guerra e fino alla ricostruzione, infatti, le relazioni tra le due nazioni – da sempre particolarmente sensibili anche in virtù di una parziale, ma simbolicamente rilevante comunanza di lingua, letteratura e tradizione culturale – hanno assunto e generato forme paradigmatiche del rapporto complesso con l'alterità. Del resto, per citare ancora una volta le parole di Bauman,[3] ogni definizione che l'intellettuale moderno propone di sé e della propria tradizione di riferimento, anche quando sembri autoreferenziale, in realtà «costituisce un tentativo di tracciare il confine della [...] propria identità. Ogni confine divide in due parti il territorio: di qua e di là, dentro e fuori, noi e loro. Ogni autodefinizione è in definitiva l'affermazione di una opposizione segnata dalla presenza di un elemento di distinzione da una parte del confine e dalla sua assenza dall'altra».

Sotto il titolo programmatico di *La gita a Chiasso. Trent'anni di sconfinamenti culturali tra Svizzera e Italia (1935-1965)*[4] abbiamo dunque preso in

---

2   Ivi, *Introduzione*, p. 15.
3   Ivi, Cap. 1: *Eziologia dell'intellettuale*, p. 18.
4   Il progetto, condotto tra il 2016 e il 2019 presso il Romanisches Seminar dell'Università di Zurigo (Cattedra Crivelli, Letteratura italiana) è stato finanziato dal Fondo

esame l'intenso e a tratti controverso dialogo intellettuale tra i due paesi confinanti, ricostruendone le coordinate teorico-ideologiche, rintracciandone le figure protagoniste e delineandone le strategie, i luoghi e le modalità d'azione. Ad emblema di questo progetto abbiamo posto una nota esortazione di Alberto Arbasino che, nel 1963, invitava la cultura italiana a sprovincializzarsi, ad andare oltre confine:

> Bastava arrivare fino alla stanga della dogana di Ponte Chiasso, due ore di bicicletta da Milano, e pregare un qualche contrabbandiere di fare un salto alla più vicina drogheria Bernasconi e acquistare, insieme a un Toblerone e a un paio di Muratti col filtro, anche i *Manoscritti economico-filosofici* di Marx (1844), il *Tractatus logico-philosophicus* di Wittgenstein (1921) [...].[5]

Oltre all'esplicita provocazione nei confronti della cultura italiana del tempo c'è, in questa esortazione, un elemento che attrae l'attenzione per il suo essere insieme irriverente e pertinentissimo; e riguarda l'attore che favorisce lo scambio transfrontaliero. Se è vero, infatti, che in questo bozzetto il confine costituisce la linea che arresta la diffusione del pensiero europeo, rappresentato mentre circola da nord a sud passando per la Svizzera, altrettanto vero è che la familiarità e la facilità con cui ci si accosta, in bicicletta, alle barriere delle autorità statali (retoricamente abbassate di grado dall'immagine domestica de «la stanga della dogana di Ponte Chiasso») ci indicano che quel medesimo confine è in grado, oltre che di rendere inaccessibile, anche di trasformarsi in elemento connettivo. Ciò che è al di là della fragile barriera della "stanga" che, abbassata o alzata che sia, non impedisce allo sguardo di correre oltre, viene reso altro dall'esistenza della barriera stessa. La medesima, tuttavia, mentre lo definisce ci invoglia anche a ritenerlo un pezzo di casa nostra *malgré tout*, una sorta di locale comune arbitrariamente pignorato dalla storia. E non a caso il lombardissimo Arbasino affida il passaggio transfrontaliero delle merci alla peculiare figura del contrabbandiere, che, come sa chiunque sia cresciuto in una zona di confine, nella tradizione locale assume, più che i contorni del bandito, quelli romanzeschi e popolari dell'eroe. Il contrabbandiere che agisce sul

---

Nazionale Svizzero per la Ricerca Scientifica. Si veda anche il sito web dedicato, all'indirizzo <https://www.rose.uzh.ch/static/gitachiasso/>, della cui relazione con questo volume si dirà più avanti. Il gruppo di ricerca, diretto dalla Prof.ssa Tatiana Crivelli, era costituto da Alessandro Bosco, Stefano Bragato, Felicity Brunner e, con funzioni di coordinamento, Raffaella Castagnola. In relazione al progetto è stato organizzato anche il convegno internazionale, svoltosi presso l'Università di Zurigo il 19 e 20 novembre 2018, con il titolo di *Espatrie lettere*. Le pubblicazioni generate dal progetto di ricerca sono elencate nel sito sopraccitato.

5   L'articolo di Arbasino apparve sul quotidiano «Il Giorno» del 23 gennaio del 1963.

confine italo-svizzero è colui che, percorrendo sentieri non ufficiali, si fa beffa delle leggi protezionistiche dello stato, un uomo che deve ingegnarsi a causa della miseria in cui è costretto il suo territorio. Ma non solo: nella sua accezione popolare il contrabbandiere è anche, specialmente in anni di guerra, colui che apre i confini meridionali della Svizzera alle persone, il passatore ribelle, una sorta di giusto che, nel suo piccolo, opera per ovviare all'iniquità della situazione storica.[6] Il contrabbando culturale a cui esorta lo scrittore neoavanguardista negli anni del secondo dopoguerra si fa pertanto figura doppiamente emblematica: in primo luogo, della già evocata ambigua funzione del confine, che definisce le parti dividendole e nel contempo unendo i lembi della ferita, come una "sutura" derridiana; in secondo luogo, della vitalità di un discontinuo spazio di mezzo che è assente dalle cartografie ufficiali. In tal senso, questo suo passatore di pensieri è figura efficace di ogni attore della traslazione tra culture, quella pratica che nel campo degli studi culturali è detta *cultural translation* (in inglese, perché paradossalmente la questione del plurilinguismo non è ancora entrata attivamente a far parte del discorso). L'itinerario in ombra di chi non si arresta di fronte alle culture nazionali – un itinerario che, come ha mostrato Homi Bhabha, *presuppone* la coscienza della localizzazione delle culture[7] per superarne poi gli steccati – si apre a una dinamica di incontri inaspettati e riscrive a modo suo le leggi dei poteri dominanti, dà luogo in modo creativo a un sapere che si muove in un luogo interstiziale, in un territorio dalla conformazione instabile e dalla collocazione periferica (*in-between*, come dice sempre l'odierna lingua universale). In questo spazio scarsamente normalizzato la letteratura ha un ruolo essenziale, in quanto strumento di produzione culturale in cui si intrecciano discorsi di sapere e di potere e in cui prendono forma definizioni identitarie, strategie di rappresentazione e identificazioni linguistiche. Se, invece di orientarci al canone tràdito, disfiamo la tela autoreferenziale e interrompiamo il traffico che percorre le vie già battute, ecco che osserviamo nuove forme e nuovi oggetti di rappresentazione, scoviamo persino nuove idee, offriamo nuove collocazioni identitarie, e nuove prospettive sul nostro stare al mondo. Sono precisamente le strade aperte dal contrabbandiere della merce-cultura, quelle strade che si muovono su tracciati discosti dalle vie principali

---

6   Sul tema si vedano gli studi di Adriano Bazzocco e, in particolare, la tesi di dottorato *Storia sociale del contrabbando al confine tra Italia e Svizzera. Dall'unità d'Italia alla vigilia della Seconda guerra mondiale*, diretta dal Prof. em. Dr. Carlo Moos (UZH) e da chi scrive e discussa il 23 gennaio 2020 presso l'Università di Zurigo, che reca immagini e documenti inediti relativi alla figura dello spallone.
7   Homi K. Bhabha, *The location of culture*, London-New York, Routledge, 1994 (trad. it. *I luoghi della cultura*, Roma, Meltemi, 2001), p. 164 della versione inglese.

e disegnano un nuovo spazio *transnazionale* e *traslazionale*, ciò che il nostro progetto di ricerca ha inteso rintracciare e studiare.

Seguendo dunque le pratiche del contrabbandiere abbiamo provato ad oltrepassare i confini su vie nuove, ad osservare coloro che spostavano merce culturale senza che l'autorità se ne accorgesse, a ricostruire le imprese più o meno appariscenti che hanno cercato di far slittare i margini, perturbando creativamente o decostruendo dall'interno opposizioni binarie negli spazi porosi tra i mondi ai due lati della "stanga". Abbiamo messo in luce nuovi volti del già noto, mappando il territorio culturale del confine italo-svizzero in un trentennio di radicali trasformazioni, ma con lo sguardo sempre teso ad esaminare la dimensione della traslazione culturale in uno spazio con/diviso, marcato da una rete bucata e dall'andirivieni dei portatori di bricolle: non quella dell'espatrio definitivo ma quella del movimento rizomatico da un punto all'altro.

In questo quadro, il progetto di ricerca *La gita a Chiasso* fa riferimento a una specifica nozione di transculturalità, declinata sia a livello sociale (tra collettività, gruppi, comunità) sia come esperienza individuale (singole figure autoriali). Si tratta di una transculturalità che, in sintonia con le parole di Arianna Dagnino, va intesa come un «all-inclusive space of subjective consciousness and cultural possibilities which does not deny the formative importance of native cultures – and, to some extent, their accompanying worldviews – but at the same time allows an openness to the reception, integration, and negotiation of other cultures».[8] Quante sono le forme che tale transculturalità assume, tante sono dunque le possibilità di accesso critico agli snodi del discorso che ci interessano, e per ordinare i quali abbiamo fatto ricorso a diverse tipologie di oggetti e a diverse categorie classificatorie (che – inutile dirlo – andranno intese come permabili e porose, sul modello del confine che le ha ispirate). Se, infatti, quella della Svizzera del Novecento come luogo di passaggio o di accoglienza temporanea è un'immagine piuttosto nota nel campo degli studi storico-letterari, le questioni che abbiamo avvicinate con il nostro progetto sono invece altre, sebbene a questa connesse. Si è trattato innanzitutto di affrontare i principali interrogativi circa il ruolo e la definizione del tipo dell'intellettuale-contrabbandiere, per provare a capire con quali modalità esso operi e cosa produca sul territorio di partenza, su quello di arrivo e sulla terra di mezzo. Ma non solo: declinando

---

[8] Arianna DAGNINO, *Re-discovering Alessandro Spina's Transculture/ality in The Young Maronite*, in Bernd Fischer (a cura di), *Transcultural literary studies: politics, theory, and literary analysis*, Basel, MDPI, 2017, pp. 73-83, a p. 74. [= numero speciale della rivista «Humanities» (2016), doi: 10.3390/h5020042].

questi interrogativi dentro discontinui ma precisi quadri storico-culturali si è voluto osservare quali semi concettuali siano stati gettati, quali idee e quali resistenze a tali idee siano nate in determinati ambiti e in determinati contesti, entro quali reti di relazioni la cultura abbia circolato.

La chiave migliore per posizionare il nostro discorso e trovare un denominatore comune che permettesse di far dialogare gli elementi da varie prospettive l'abbiamo identificata nella materialità delle pratiche culturali: perché nemmeno il contrabbandiere di Arbasino fa viaggiare solo le idee di Marx, e trasporta anche sigarette. Questo volume, dunque, non indaga solo le proposte ideologiche con cui Svizzera e Italia si relazionarono nel trentennio in oggetto, ma anche i modi e le forme (i libri, le collane, le mostre, le traduzioni, le conferenze, ecc.) in cui le idee compirono il proprio viaggio transculturale; non esplora soltanto le forze di penetrazione o le resistenze dello scambio culturale tra due nazioni confinanti in tempi particolarmente turbolenti, ma offre documentazione inedita circa gli strumenti, i luoghi e gli attori di questo movimento di scambio. Ciò è stato possibile in virtù di un ampliamento della prospettiva d'indagine in direzione relazionale e non gerarchica, che ha inserito a tutti gli effetti, nelle considerazioni critiche, materiali che nel campo della critica letteraria risultano generalmente, rispetto alla produzione letteraria canonica e al mercato editoriale ad essa relativo, meno valutati, o valutati meno. Nella pratica, l'approccio teorico adottato si è tradotto in un vasto esame di varie tipologie di archivi – privati, editoriali, istituzionali, giornalistici, radiofonici e televisivi – che ha generato un quadro inedito della rete di relazioni culturali tra Svizzera e Italia tra il 1935 il 1965. I diversi materiali così raccolti, e le riflessioni elaborate su di essi, hanno permesso di individuare un vero e proprio cambio di paradigma, il cui discrimine temporale si colloca alla metà degli anni Cinquanta e la cui sistematicità ha potuto emergere solo grazie al nuovo quadro d'insieme, fornito dalla mappatura di un reticolato di interazioni rilevate su sentieri scarsamente battuti. I documenti mostrano infatti che fino a questa altezza cronologica, quando prende avvio un progressivo e rapido espandersi del libero mercato e delle tecnologie della comunicazione di massa,[9] lo scambio culturale transfrontaliero si contraddistingue per il ruolo primario assunto dai cosiddetti 'macroattori' – ovvero dalle istituzioni, governative e accademiche,

---

[9] Il nuovo tipo di interazione culturale tra i due paesi costituisce l'oggetto di un'ulteriore ricerca in corso. Si tratta del progetto *Fabbricare l'Europa. L'Italia, la Svizzera e l'industrializzazione del mercato culturale europeo (1955-1989)*, finanziato dal Fondo Nazionale Svizzero per la ricerca scientifica per gli anni 2020-2024 e di cui si trova una descrizione all'indirizzo seguente: http://p3.snf.ch/Project-188954 .

nonché dagli ambienti associativi e diplomatici – attorno a cui si coagulano, quasi senza eccezione, le attività di singoli 'microattori'.

I materiali raccolti dal gruppo di ricerca sono disponibili in forma di schede liberamente consultabili sul sito web del progetto "La gita a Chiasso"[10] e rendono conto non solo delle personalità individuate come determinanti in questa opera sommessa ma costante di mediazione e costruzione transculturale, ma anche delle coordinate strategiche e operative di quegli organi (enti culturali, università, ma anche periodici e collane, o società editoriali, ecc.) a cui esse afferiscono. Ne descrivono l'azione sia nei termini concreti offerti dalla ricostruzione di eventi culturali particolarmente significativi, sia attraverso delle riflessioni trasversali confluite in alcuni nodi concettualmente rilevanti, attorno ai quali è stato allestito il nucleo di un dizionario tematico che esplora concetti quali 'italianità', 'confine' o 'Europa' rinviando puntualmente, oltre che alla bibliografia critica, anche ad una banca dati in cui è riprodotta in originale la documentazione di riferimento. Precisamente a questi materiali fanno riferimento in modo diretto anche i saggi raccolti nel presente volume, dove un asterisco segnala quei termini che, sul sito, hanno trovato una loro definizione specifica e quegli elementi che, sempre sul sito, sono suffragati dalla riproduzione di documenti originali.

Come il metodo che ci ha guidati/e nello svolgimento della ricerca, e come i suoi oggetti in movimento, anche l'organizzazione di questo volume non vuole riflettere la rigidità di una specifica concezione disciplinare, bensì dare risalto alla fluidità delle zone di contatto, alle connessioni, alle convergenze e a quelle intersezioni, insomma, in cui gli studi letterari e filologici contemporanei si trovano sempre più a loro agio. Leggendo le pagine che seguono ci si troverà infatti costantemente sotto gli occhi anche la fluidità di un incessante attraversamento del confine disciplinare che era solito dividere letteratura, cultura, storia e politica. Attraverso tre sezioni, ma soprattutto attraverso le loro interazioni reciproche e i loro rimandi alle voci e ai materiali del sito web dedicato, si è inteso articolare in maniera dinamica un medesimo e complesso discorso, che qui viene messo a fuoco con l'aiuto di tre snodi: a) l'individuazione di macroattori (L'Associazione Svizzera per i Rapporti culturali ed economici con l'Italia – ASRI, il Centro Studi per la Svizzera Italiana presso la reale Accademia dei Lincei e l'Associazione Italo-Svizzera di Cultura nella sezione *Luoghi*); b) la riflessione su due costrutti centrali emersi dalle scritture prese in esame (*Italianità*

---

10 Il sito è ospitato dal Romanisches Seminar dell'Università di Zurigo, all'indirizzo seguente: https://www.rose.uzh.ch/static/gitachiasso/ .

ed *Elvetismo*, nella sezione *Temi*); c) la descrizione e l'analisi di singoli casi studio (che spaziano dalla letteratura alle arti visive) in cui la funzione identitaria gioca un ruolo significativo (sono gli esempi, nella sezione *Percorsi*, di un capitolo inedito della storia del teatro di Max Frisch in Italia, della mostra sull'arte italiana contemporanea al Kunsthaus di Zurigo, e di due progetti editoriali transculturali di Eros Bellinelli che coinvolgono, un po' a sorpresa, anche il Calvino degli anni parigini). Nell'insieme, lo studio dei luoghi istituzionali ci indica che la cultura è da intendersi, per dirla con le parole di Alessandro Bosco nel saggio sull'ASRI, «come funzione tutt'altro che marginale di un processo in cui si intreccciano interessi politici ed economici».[11] Un effetto analogo l'attestano poi i documenti storici da cui è stato dedotto il cristallizzarsi di definizioni identitarie per le due nazioni confinanti. Queste permeano la scrittura letteraria e l'azione culturale e intellettuale del tempo, dato che, per dirla stavolta con Stefano Bragato, dal saggio *Italianità*, «lo scontro sul significato del termine [...] non si limitava solo al campo delle idee, delle definizioni e del dibattito accademico» poiché «classificare l'italianità in un modo o in un altro [...] poteva servire a giustificare e promuovere precise politiche di potenza (nel caso dell'Italia fascista), di autonomia, di dialogo».[12] Gli intrecci che gli originali percorsi letterari e culturali qui indagati mettono in evidenza, dunque, enucleano quello che Felicity Brunner, nel suo approfondimento sulla declinazione ticinese dell'Elvetismo, chiama un «dispositivo discorsivo, formato da elementi figurativi e linguistici, che dava adito a una narrazione specifica, ovvero la narrazione della nazione»,[13] il cui significato può esser colto soltanto in una dinamica di relazione. La letteratura, in questo dispositivo, si colloca in quel «fiorire di iniziative editoriali, talvolta condizionate da stimoli commerciali», dentro al quale, con le parole di Bellinelli ricordate da Raffaella Castagnola nel saggio che chiude il volume, è possibile «inserire un movimento», capace sia di fungere da «valido strumento della libera circolazione delle idee»[14] sia, al contrario, di agire in base a messaggi a «latenza politico-letteraria», in cui un tema diventa «alibi» dell'altro (Enrico Filippini, citato a p. 103).

Nessuno/a, come dicevamo in apertura, può vantare il privilegio epistemologico di interpretare «culture, stati, storie, esperienze, tradizioni, popoli e destini» altrui collocandosi al di fuori e al di là di una relazione che lo/la coinvolga direttamente. Per questo motivo gli studi qui raccolti, per il loro

---

11 Cfr. qui a p. 45.
12 Ivi, p. 79.
13 Ivi, pp. 103-104.
14 Ivi, p. 174.

Introduzione

osservare la letteratura da un consapevole posizionamento sul confine, godono del privilegio che è proprio di una «marginalità spazialmente strategica per la produzione di un discorso contro-egemonico», e si rivelano pertanto particolarmente fruttuosi nell'illustrare quella terra di passaggi che è un luogo «di radicale possibilità», iscritte «non solo nelle parole, ma anche nei modi di essere e di vivere». Come altre marginalità attive, infatti (quelle, per intenderci, che per bell hooks sono tutt'altro che «marginalità che si spera di perdere – lasciare o abbandonare – via via che ci si avvicina al centro»), anche quella del confine italo-svizzero, esplorato lungo un trentennio di grandi rivolgimenti, si rivela piuttosto «un luogo in cui abitare, a cui restare attaccat* e fedeli, perché di esso si nutre la nostra capacità di resistenza. Un luogo capace di offrirci la possibilità di una prospettiva radicale da cui guardare, creare, immaginare alternative e nuovi mondi».[15] Dallo studio di queste dinamiche, e dalle considerazioni che esse inducono – in relazione alle reciproche costruzioni identitarie, alle rappresentazioni letterarie, alle immagini, alle metafore, alle dichiarazioni, alle visioni del mondo, alle scelte politiche dei due paesi e dei/delle loro intellettuali – emerge con nuova profondità, e a tratti inedita chiarezza, quanto serio fosse lo scherzoso invito di Arbasino a non concepire la cultura come un recinto, la letteratura come un hortus conclusus: perché la cultura è soprattutto movimento su strade di confine, è connessione di contrabbando, è – come avrebbe (ri)scritto ancora nel 1993 lo stesso Arbasino, nel suo *Fratelli d'Italia* – «coesistenza di tante idee», una vitalità profonda in cui non c'è spazio né per l'immobilismo né per le mode effimere. E, a ben guardare, segue con una propria caparbietà logiche e strade alternative a quanto «invece succede normalmente nello stalinismo e nella couture, dove per decreto di Zdanov o Dior la gonna lunga o Sostakovic sono *in* o *out* una stagione sì e una no».[16]

---

15 La definizione attiva di marginalità è di bell HOOKS, *Elogio del margine: razza, sesso e mercato culturale*, traduzione e cura di Maria Nadotti, Milano, Feltrinelli, 1998, p. 68: «[...] la marginalità è un luogo di radicale possibilità, uno spazio di resistenza. Questa marginalità, che ho definito spazialmente strategica per la produzione di un discorso contro-egemonico, è presente non solo nelle parole, ma anche nei modi di essere e di vivere. Non mi riferivo, quindi, a una marginalità che si spera di perdere – lasciare o abbandonare – via via che ci si avvicina al centro, ma piuttosto a un luogo in cui abitare, a cui restare attaccat* e fedeli, perché di esso si nutre la nostra capacità di resistenza. Un luogo capace di offrirci la possibilità di una prospettiva radicale da cui guardare, creare, immaginare alternative e nuovi mondi. Non si tratta di una nozione mistica di marginalità. È frutto di esperienze vissute».
16 Cfr. Alberto ARBASINO, *Fratelli d'Italia*, Milano, Adelphi, 2000, dal capitolo: *Conversazioni a Spoleto*, pp. 366-90, a p. 387.

Ringraziamenti

Le autrici e gli autori del presente volume desiderano ringraziare tutte le fondazioni, gli enti, le istituzioni e le associazioni che hanno permesso lo studio del materiale conservato nei loro archivi e, nella fattispecie: l'Archivio Federale Svizzero di Berna, la Fondazione Arnoldo e Alberto Mondadori a Milano, l'Archivio Prezzolini di Lugano, l'Archivio dell'Accademia dei Lincei a Roma, l'Archivio Einaudi presso l'Archivio di Stato di Torino, l'Archivio della Zentralbibliothek di Zurigo, l'Archivio del Kunsthaus di Zurigo, l'Archivio di Stato del Canton Grigioni a Coira, il Baugeschichtliches Archiv der Stadt Zürich, il Max Frisch-Archiv di Zurigo, il Fondo Piccoli-Addoli presso la Biblioteca dell'Università Cattolica del Sacro Cuore a Milano e il Centro APICE dell'Università degli Studi di Milano. Un ringraziamento va inoltre al Dr. Paolo Solari Bozzi, già Presidente dell'ASRI, per averci gentilmente messo a disposizione l'archivio dell'Associazione.

Si ringrazia infine, e soprattutto, il Fondo Nazionale Svizzero per la Ricerca Scientifica che non solo ha permesso di svolgere il lavoro da cui nascono i saggi qui raccolti, ma ha anche finanziato la pubblicazione Open Access del presente volume.

Nota al testo

I saggi che seguono nascono dalle ricerche condotte dalle autrici e dagli autori nell'ambito del progetto di ricerca FNS «La gita a Chiasso. Trent'anni di sconfinamenti culturali tra Svizzera e Italia (1935-1965)» condotto presso il Romanisches Seminar dell'Università di Zurigo sotto la direzione di Tatiana Crivelli dal 2016 al 2019. I nomi di persone, enti, riviste, collane, eventi, ecc. precedute da un asterisco indicano la presenza di una relativa scheda di approfondimento sul sito del progetto, che è parte integrante del presente volume e consultabile all'indirizzo https://www.rose.uzh.ch/static/gitachiasso/. Attraverso una specifica rete di iperlink, ogni scheda consente alla fruitrice e al fruitore un percorso individuale tra le varie sezioni del sito e tra i documenti archivistici relativi all'argomento conservati nella banca dati del progetto.

I. Luoghi

Alessandro Bosco

1 L'Associazione Svizzera per i Rapporti culturali ed economici con l'Italia (1937-1967)

Nel dare alle stampe, non molti anni fa, gli atti di un convegno significativamente intitolato *Relations internationales, échanges culturels et réseaux intellectuels*, Hans Ulrich Jost salutava quel volume notando come nel quadro degli studi sulle relazioni internazionali la cultura, a differenza delle materie cosiddette "dure" (politica, economia, diplomazia, storia militare), venisse relegata ai margini dell'attenzione poiché ritenuta un fenomeno sostanzialmente irrilevante.[1] Difatti il merito dei saggi raccolti nel libro è certamente quello di evidenziare, invece, il ruolo tutt'altro che secondario che la cultura riveste nelle relazioni transnazionali. E non sorprende quindi che per quel che riguarda lo specifico caso dei rapporti italo-svizzeri, Dario Girardi abbia dedicato in tale contesto un interessante, per quanto provvisorio, studio all'*Associazione Svizzera per i Rapporti culturali ed economici con l'Italia (ASRI).

Prima di lui era stato tuttavia Stephan Winkler, in un'approfondita indagine sui rapporti bilaterali italo-svizzeri nel periodo compreso tra il 1943-45, ad attirare l'attenzione sull'ASRI. Studiando le carte conservate presso l'Archivio di Stato a Roma, Winkler ha messo in evidenza come la costituzione dell'Associazione il 9 giugno del 1937 rientrasse in una precisa strategia di propaganda del regime fascista sul territorio elvetico, e ha indicato in Bruno Gemelli,[2] l'allora Console Generale d'Italia a Zurigo, il vero padre dell'iniziativa:

> Der italienische Generalkonsul in Zürich, Bruno Gemelli, beabsichtigte 1936, in der Casa d'Italia ein Kulturzentrum für Vorträge und Kurse einzurichten. Er stellte Widerstände gegen eine von Italien ausgehende Initiative fest. Um dennoch zu

---

1   Cfr. Hans Ulrich Jost - Stéfanie Prezioso (éd.), *Relations internationales, échanges culturels et réseaux intellectuels*, Lausanne, Édition Antipodes, 2002, p. 7.
2   Nato a Milano nel 1895, reduce della prima guerra mondiale e fascista della prima ora, Gemelli fu Console generale di Zurigo per 7 anni dal 1935 al 1942. Successivamente partì come volontario in Russia e aderì, nel 1943, alla Repubblica Sociale di Salò ricoprendo alte cariche ministeriali. Morì a Bergamo nel 1967 (cfr. la rispettiva voce del DBI consultabile su http://www.treccani.it/enciclopedia/bruno-gemelli_(Dizionario-Biografico).

erreichen, dass die italienische Propaganda beim Schweizer Publikum Aufnahme fand, steuerte er die Gründung eines schweizerischen Vereins mit einer ähnlichen Zweckbestimmung an.[3]

Difatti, secondo gli statuti approvati con l'atto di fondazione dell'ASRI, lo scopo dell'Associazione doveva essere l'intensificazione delle «relazioni spirituali ed economiche fra l'Italia e la Svizzera» tramite, in primo luogo, «lo scambio di personalità le quali, mediante conferenze e relazioni» illustrassero «questioni spirituali, artistiche, scientifiche ed economiche» al fine di mostrare «indirizzi, evoluzioni e realizzazioni sociali».[4] Ma pronunciando il carattere esplicitamente svizzero dell'Associazione, la cui fondazione fu avallata dal Consigliere di Stato Giuseppe Motta, Gemelli trovò un modo per dissipare i sospetti e le resistenze soprattutto del mondo accademico zurighese, che si lasciò quindi coinvolgere nell'iniziativa, a cominciare da *Giuseppe Zoppi, docente di Letteratura italiana presso il Politecnico federale di Zurigo, il quale assunse la carica di Vicepresidente. Primo Presidente dell'ASRI fu, invece, uno dei più potenti industriali svizzeri, ovvero lo zurighese Carl Julius Abegg (1891-1973),[5] le cui imprese contavano rilevanti ramificazioni sul territorio italiano. Abegg non solo fu un convinto sostenitore del regime fascista, ma intratteneva rapporti personali con lo stesso Mussolini, come ha evidenziato Benedikt Hauser studiandone il carteggio conservato presso gli Archivi di Stato a Roma:

> Er war ein glühender Bewunderer des Duce, zu dem er persönliche Kontakte unterhielt und dem er, wie er selbst ausführte, seit 1919 nahestand. Noch 1941 sicherte er dem Staatschef zu, seine Firmen würden alles unternehmen, um den Erfordernissen zu entsprechen, die durch den Kriegseintritt Italiens entstanden waren. Mehrfach förderte Abegg auch die Faschistische Partei mit grosszügigen Spenden [...]. Auch bei den

---

3 Stephan WINKLER, *Die Schweiz und das geteilte Italien. Bilaterale Beziehungen in einer Umbruchphase 1943-1945*, Basel und Frankfurt am Main, Helbing&Lichtenhahn, 1992, pp. 70-71: «Il Console Generale d'Italia a Zurigo, Bruno Gemelli, nel 1936 aveva palesato l'intenzione di creare presso la Casa d'Italia un centro culturale per conferenze e lezioni. Notò tuttavia delle resistenze verso un'iniziativa che partiva dall'Italia. Per raggiungere comunque lo scopo di diffondere la propaganda italiana presso il pubblico svizzero, iniziò a progettare la fondazione di un'associazione svizzera con scopi analoghi» (se non indicato diversamente, tutte le traduzioni sono nostre).
4 Il documento contenente gli statuti dell'Associazione è consultabile sulla piattaforma del progetto nella scheda relativa all'ASRI (per cui vedi https://www.rose.uzh.ch/static/gitachiasso/associazione-svizzera-per-i-rapporti-culturali-ed-economici-con-litalia-asri-1937/). Gemelli compare tra i firmatari di una bozza degli statuti conservata presso l'Archivio Federale a Berna.
5 Hans Rudolf SCHMID, *Die Familie Abegg von Zürich und ihre Unternehmungen*, Zürich, Berichthaus, 1972.

Behörden stand er in hohem Ansehen. So hob Guarneri in einer Notiz an Mussolini Abeggs Bemühungen zur Ankurbelung des Exports und zur Beschaffung von Rohstoffen hervor, nachdem die Sanktionen des Völkerbunds in Kraft getreten waren.[6] Il fatto che Abegg non esitasse a sfidare le sanzioni internazionali per dare sostegno economico al regime mussoliniano, la dice lunga sul rapporto che questi intratteneva con Mussolini. Nel 1937, mentre fervevano i lavori per la costituzione dell'ASRI, Abegg fu ricevuto in udienza privata da Mussolini, e non è da escludere che in quell'occasione si parlasse anche delle finalità dell'Associazione.[7] Fatto sta che, alla luce delle mire propagandistiche perseguite da Gemelli in Svizzera, Abegg costituiva indubbiamente il profilo ideale per presiedere l'ASRI. Il comitato era completato dai maggiori rappresentanti del mondo finanziario, imprenditoriale ed accademico svizzero.[8] Come unico italiano figurava il

---

6   Benedikt HAUSER, *Netzwerke, Projekte und Geschäfte. Aspekte der schweizerisch-italienischen Finanzbeziehungen 1936-1943*, Zürich, Chronos Verlag, 2001, p. 57. («Fu un fervente ammiratore del Duce, col quale intrattenne contatti personali e al quale, come dichiarò lui stesso, fu vicino sin dal 1919. Ancora nel 1941 assicurò al capo di stato che le sue aziende avrebbero fatto di tutto per far fronte alle necessità sorte in seguito all'entrata in guerra dell'Italia. Abegg sostenne inoltre a più riprese il partito fascista con generose donazioni [...]. Anche presso le autorità godeva di grande reputazione, tanto che Guarneri, in un suo appunto per Mussolini, sottolineava gli sforzi di Abegg per incentivare l'esportazione e l'acquisto di materie prime dopo l'entrata in vigore delle sanzioni della Società delle Nazioni»).
7   Nel 1939, in occasione dei festeggiamenti per i 30 anni dall'istituzione della Camera di commercio italiana in Svizzera, fu lo stesso Abegg a rievocare il detto incontro con Mussolini: «Due anni fa ho avuto l'onore di essere stato ricevuto dal Duce in udienza privata. Mi ha detto delle parole che mi hanno profondamente commosso, che non dimenticherò mai e che oggi voglio ripetere ufficialmente davanti a voi. Mi ha detto testualmente: "Ho sempre avuto molta amicizia per la Svizzera. L'ho provato e lo proverò ancora". E quando mi disse queste parole, ho capito dal suo sguardo, dai suoi occhi, che venivano dal più profondo del suo cuore» (cfr. HAUSER, *Netzwerke*, cit., p. 60).
8   Al Comitato esecutivo, composto da Abegg, Zoppi e Henri Grandjean (Direttore della Banca "Credito Svizzero") con Reto Bezzola nelle veci di segretario, era affiancato un Consiglio in cui figuravano i più importanti nomi del mondo industriale, tra cui Henri A. Naville (presidente della Brown Boveri), Robert H. Sulzer (direttore della Fratelli Sulzer S.A.), Jakob Schmidheiny (Vicepresidente della Escher-Wyss S.A.), Arnold Bloch-Frey (direttore generale di Alusuisse). L'Università di Zurigo, oltre che da Bezzola, era rappresentata da Jakob Jud, Theophil Spoerri e Karl Meyer. Queste informazioni si ricavano da una lettera di Abegg custodita presso gli Archivi Federali e consultabile sulla piattaforma del progetto all'indirizzo http://www.rose.uzh.ch/static/gitachiasso/lettera-di-carl-julius-abegg-zurigo-8-ottobre-1937/.

nome di Carlo Bianchi, originario di Como, imprenditore nel settore dell'industria tessile e poi presidente, dal 1938 al 1941, della Camera di Commercio italo-svizzera di Zurigo. Le poche informazioni esistenti su questa figura alquanto ambigua si devono alle ricerche dello stesso Hauser, che ha messo in evidenza come Bianchi venisse a sua volta ritenuto un fervente fascista e amasse vantarsi dei propri rapporti personali con il Duce.[9] «Unico italiano, fra tanti svizzeri,» – come si legge in un documento su cui avremo modo di tornare – «potentissima molla nella costituzione» dell'Associazione nonché «fascista dei più fervidi», il compito di Bianchi all'interno dell'ASRI fu presumibilmente quello «di servire da collegamento fra l'Associazione e le autorità italiane».[10]

Non a caso, appena entrato in carica, il Comitato direttivo dell'ASRI proprio a tali autorità – nella persona del senatore Giuseppe De Michelis, grande conoscitore dell'emigrazione italiana in Svizzera[11] – si rivolse onde proporre la creazione di un'analoga "Associazione Italiana per i rapporti culturali ed economici con la Svizzera". A darne conferma è una lettera dello stesso De Michelis del settembre 1937, volta a raccogliere adesioni tra i "camerati" per l'Associazione costituenda:

> Caro Camerata,
> Si è costituita recentemente, a Zurigo, una Associazione Svizzera che si prefigge di intensificare le relazioni culturali ed economiche con l'Italia [...]. La costituzione è stata assai ben vista dal Governo Federale e l'Associazione, che ha trovato subito largo consenso, si è già messa al lavoro. È presieduta dal Dr. C. Abegg di Zurigo ed ha come Vice Presidenti e Consiglieri personalità ben note della scienza, dell'industria, del commercio e della finanza elvetiche.
> Il Comitato direttivo dell'Associazione ci ha invitato ad esaminare la possibilità di costituire in Italia una Associazione analoga, avente per iscopo lo svolgimento di una azione parallela a quella dell'Associazione Svizzera. Dopo aver consultato Chi di dovere ed avendo ottenuta la cooperazione di Colleghi ed amici, abbiamo proceduto alla costituzione dell'Associazione Italiana per le relazioni economiche e culturali con la Svizzera. Il Comitato provvisorio ha deciso di procedere alla raccolta delle adesioni di tutti gli italiani che intendono cooperare all'attività che l'Associazione si propone

---

9   HAUSER, *Netzwerke*, cit., p. 58.
10 Archivio Federale Svizzero (Berna), Cartella E2200.19-01#1000/1724#210*, fascicolo "Association pour les rapports culturels et économiques avec l'Italie". Il documento è consultabile sulla piattaforma digitale del progetto all'indirizzo http://www.rose.uzh.ch/static/gitachiasso/relazione-attivita-asri-1939/
11 Su De Michelis e la Svizzera si veda in particolare Tindaro GATANI, *Giuseppe De Michelis e l'emigrazione italiana in Svizzera*, Zurigo, Federazione colonie libere italiane in Svizzera, 1994. Molto utile inoltre la voce approntata da Maria Rosaria Ostuni per il Dizionario Biografico degli Italiani per cui cfr. https://www.treccani.it/enciclopedia/giuseppe-de-michelis_%28Dizionario-Biografico%29/.

di svolgere [...]. Se si tien conto dei saldi ed antichi vincoli di amicizia che legano tra loro i due Paesi e se si ricorda l'importanza e la complessità dei rapporti saldamente stabiliti tra Italia e Repubblica Elvetica, la costituzione dell'Associazione appare di non dubbia utilità per intensificare e favorire lo sviluppo degli interessi reciproci sia nel campo economico sia in quello della cultura e per mantenere in efficienze i rapporti cordiali di buon vicinato. [...] Aggiungiamo, ad ogni buon fine, che l'opera alla quale si accinge l'Associazione, sebbene di carattere non ufficiale, si uniformerà alle direttive che le saranno impartite; per modo che la conoscenza dei nostri ordinamenti e la comprensione delle nostre organizzazioni e dei nostri interessi potranno essere diffuse e valorizzate al di là della frontiera, come diffuse e valorizzate presso di noi saranno quelle che concernono il vicino Paese amico.[12]

Evidentemente il numero di adesioni necessarie «per incominciare ufficialmente il funzionamento dell'Associazione» non fu mai raggiunto, sicché di fatto l'AIRS non fu mai costituita. L'interesse del documento sta però anche in quell'ultimo paragrafo dove, deposta la retorica dell'«amicizia», De Michelis sente il bisogno di dichiarare esplicitamente la volontà di sottoporsi e conformarsi alle direttive del regime, vale a dire alla necessità di diffondere e valorizzare «al di là della frontiera» la «conoscenza dei nostri ordinamenti e la comprensione delle nostre organizzazioni e dei nostri interessi», svelando in tal modo il vero fine dell'Associazione ovvero: la propaganda fascista.

In linea con tali finalità, perfettamente in sintonia con le intenzioni di Gemelli e sorrette dal consenso di Abegg, le prime manifestazioni organizzate dall'ASRI si contraddistinsero così per quella tipica «commistione, ch'era stata una norma del ventennio fascista, tra la difesa e il potenziamento della cultura italiana nel mondo e la difesa del regime di fronte all'opinione pubblica straniera, col proposito inconfessato ma palese di far servire quella difesa a questa».[13] Il 28 marzo 1938 l'ASRI inaugura la propria attività con una conferenza di Gioacchino Volpe, «lo "storico ufficiale" del fascismo» come lo ha definito Gabriele Turi.[14] Una scelta non certo casuale, dunque, e anzi ben ponderata

---

12 Archivio Federale Svizzero (Berna), Cartella E2200.19-01#1000/1724#210*, fascicolo "Association pour les rapports culturels et économiques avec l'Italie".
13 Cfr. Giovanni FERRETTI, *I servizi dello Stato per gli scambi culturali con l'estero*, in «Il Ponte», febbraio 1949 e ora in ID., *Scuola e democrazia*, Torino, Einaudi, 1956, pp. 157-173, alle pp. 157-8. Per un profilo di Ferretti, figura centrale dei rapporti culturali italo-svizzeri tra gli anni Trenta e Cinquanta, si veda la relativa scheda sulla piattaforma digitale del progetto all'indirizzo https://www.rose.uzh.ch/static/gitachiasso/giovanni-ferretti/ .
14 Su questa complessa figura di storico e i suoi rapporti con il fascismo si veda in particolare Gabriele TURI, *Il problema Volpe*, in «Studi storici», a. 19, n. 1, gennaio-marzo 1978, pp. 175-186.

in funzione di quella «commistione» indicata dal Ferretti, visto che proprio a Volpe il fascismo aveva «affidato il rilancio della storiografia in chiave fiancheggiatrice», consapevole dell'importanza della cultura storica per l'«organizzazione del consenso».[15] La conferenza di Volpe, che si tenne nell'aula magna dell'Università di Zurigo in presenza di autorità cantonali e municipali, oltre che del Ministro d'Italia a Berna Attilio Tamaro e dell'immancabile Gemelli, s'intitolava *Il nascere dell'Italia*:

> Su questo immenso tema, con una chiarezza ed una dottrina insuperabili, cattivandosi l'uditorio per circa due ore, S. E. Gioacchino Volpe mostrò il sorgere ed il divenire della nazione italiana in momenti successivi e progressivi, da Roma al Rinascimento ed al Risorgimento, che presenta un'Italia pienamente formata anche nell'ordine politico. Infine dalla guerra e dal Fascismo da cui è nata un'Italia nuova che ha immesso nella vita della nazione e dello Stato quel popolo che era stato assente persino durante il Risorgimento.[16]

L'Italia, in altre parole, era figlia non tanto del Risorgimento quanto della "rivoluzione fascista". Questo in sostanza il messaggio che neanche troppo velatamente Volpe rivolgeva al proprio uditorio zurighese. Tale preziosa testimonianza relativa al contenuto della conferenza di Volpe si deve al ritrovamento tra le carte dell'Archivio Federale a Berna di un già ricordato documento contenente un resoconto delle attività dell'ASRI, redatto con ogni probabilità nella primavera del 1939. Queste otto cartelle dattiloscritte non recano né data, né firma, né tantomeno è dato sapere a chi fossero destinate. Tuttavia, le informazioni in esse contenute, il tono tendenzialmente apologetico nei confronti del regime, gli ammiccamenti all'irredentismo, così come lo stile ampolloso e declamatorio sono altrettanti indizi a sostegno dell'ipotesi che il documento fosse destinato alle autorità italiane. Il che costituirebbe un ulteriore riprova del fatto che l'ASRI fungeva da emanazione del regime, visto che un'associazione svizzera non sarebbe stata in alcun modo tenuta a rispondere ad autorità estere, né ne avrebbe avuto motivo. Stupisce, semmai, l'acquiescenza con cui il mondo accademico zurighese si lasciò coinvolgere in quest'operazione palesemente volta all'«organizzazione del consenso» oltre frontiera. E non convince, alla luce degli elementi fin qui discussi, la tesi di Codiroli secondo cui le personalità

---

15 Cfr. Vito Zagarrio, *Fascismo e intellettuali*, in «Studi storici», a. 22, n. 2, aprile-giugno 1981, pp. 289-304, a p. 302.
16 Archivio Federale Svizzero (Berna), Cartella E2200.19-01#1000/1724#210*, fascicolo "Association pour les rapports culturels et économiques avec l'Italie". Il documento è consultabile sulla piattaforma digitale del progetto all'indirizzo http://www.rose.uzh.ch/static/gitachiasso/relazione-attivita-asri-1939/

svizzere coinvolte nel comitato dell'Associazione sarebbero state «senza dubbio all'oscuro delle trame tessute a loro insaputa, come pure delle manovre sotterranee svolte».[17]

La mostra del *Bel libro italiano moderno* a Zurigo (1938)

Questo non significa, tuttavia, che le palesi tendenze fiancheggiatrici di Abegg e Bianchi non suscitassero tensioni e contrasti all'interno del comitato. Un caso estremamente istruttivo è la seconda manifestazione organizzata dall'ASRI, ovvero la *mostra del *Bel libro italiano moderno* allestita dal 6 al 20 novembre del 1938 presso la Zentralbibliothek di Zurigo. Il ritrovamento presso gli archivi della ZB di un fascicolo relativo alla mostra, così come le ulteriori ricerche presso gli archivi della Fondazione Mondadori di Milano e l'Archivio Prezzolini di Lugano, hanno permesso di ricostruire, sulla base di documenti largamente inediti, la genesi e lo scopo di questa mostra. È molto probabile che l'idea sia nata da una serie di conferenze sull'editoria italiana che *Luigi Rusca,[18] allora direttore generale della Mondadori, tenne dal 6 all'8 novembre 1937 in varie località del Ticino (Bellinzona, Locarno, e Lugano),[19] nonché, nella prima metà di febbraio del 1938, a Zurigo. Gli intermediari di Rusca per l'organizzazione delle conferenze furono Francesco Chiesa e Giuseppe Zoppi. Quest'ultimo proprio in quegli anni stava preparando per Mondadori *Presento il mio Ticino* (1939) nonché l'*Antologia della letteratura italiana ad uso degli stranieri*, il cui primo volume sarebbe uscito sempre nel 1939. Il ciclo di conferenze di Rusca era intitolato *Vent'anni di editoria italiana* e, come emerge esplicitamente da varie missive di Rusca conservate presso il Fondo Chiesa dell'Archivio Prezzolini di Lugano, non solo prevedeva la proiezione di diapositive,

---

17 Cfr. Pierre CODIROLI, *Tra fascio e balestra. Un'acerba contesa culturale (1941-1945)*, Locarno, Dadò, 1992, p. 23.
18 Sulla poliedrica figura di Rusca si veda l'informatissimo saggio di Stefano BRAGATO, *Un imprenditore della cultura. Luigi Rusca e le letterature straniere*, in «Tradurre. Pratiche, teorie, strumenti», n. 21, autunno 2021 https://rivistatradurre.it/un-imprenditore-della-cultura/
19 Le conferenze furono ampiamente pubblicizzate sulla stampa dell'epoca: «Il Dovere» annunciò l'imminente conferenza di Bellinzona (6 novembre 1937) nei numeri del 4 e 5 novembre (p. 4), mentre resoconti sulla conferenza di Lugano (8 novembre) apparvero su «Gazzetta Ticinese» (9 novembre, p. 2), «Giornale del Popolo» (10 novembre, p. 2) e «Illustrazione ticinese», 16 novembre, p. 19.

ma era addirittura accompagnato da «una piccola mostra di alcune fra le più significative opere edite dagli Editori italiani in questi ultimi anni».[20] Lo scopo delle conferenze, annunciate come «una rassegna delle più importanti iniziative editoriali condotte a termine dal dopoguerra a oggi»,[21] si riassumeva da un lato (soprattutto nel contesto nordalpino) come un'«azione di propaganda per la cultura italiana»,[22] mentre dall'altro era evidente l'intento commerciale dell'operazione, al punto che Rusca raccomandò ai propri interlocutori svizzeri (cioè Zoppi e Chiesa) di invitare alle conferenze anche editori, librai e bibliofili. L'indole commerciale implicita nell'iniziativa di Rusca trova ulteriore conferma nel fatto che l'allora direttore generale della Mondadori stesse proprio in quei mesi mettendo a punto i piani per la costituzione delle future società editoriali *Melisa ed *Hélicon,[23] come esplicitamente emerge da questo passo di una lettera a Chiesa del 26 ottobre 1937: «Ho grande desiderio di rivederla e di stare un po' con Lei, anche perché vorrei a lungo parlarle della attività commerciale che stiamo per iniziare in Canton Ticino (il nostro Rappresentante le

---

20 Cfr. la lettera di Luigi Rusca a Felix Burkhardt, Milano 10 gennaio 1938. Il documento è conservato in un fascicolo dell'archivio della Biblioteca Centrale di Zurigo (ZB-Archiv, Arch Z 517) relativo alla *Mostra del bel libro italiano* (da ora in poi "fascicolo ZB").
21 Lettera di Luigi Rusca a Francesco Chiesa, Milano 15 ottobre 1937, Archivio Prezzolini, fondo Francesco Chiesa, AP FCh/2/1/2/RUSC.L.
22 Lettera di Luigi Rusca a Francesco Chiesa, Milano 12 ottobre 1937, Archivio Prezzolini, fondo Francesco Chiesa, fascicolo I, 2) Luigi Rusca.
23 La libreria *Melisa* fu costituita il 1 aprile 1939 a Lugano (via Vegezzi 4) in sostituzione dell'agenzia locale della Mondadori, operativa dal 1 gennaio 1938. Principale promotore del progetto fu appunto Luigi Rusca, il quale intuì la necessità di creare un organismo più ampio di una semplice agenzia, che consentisse con maggiori mezzi (il capitale iniziale era di cinquantamila franchi svizzeri) una più vasta diffusione della produzione editoriale italiana in Svizzera. La Hélicon, invece, fu una società editoriale attiva a Lugano dal 1943 al 1950, posseduta dalla casa editrice Mondadori e affiliata alla Melisa. Gestiva gli interessi finanziari e commerciali della Mondadori in Svizzera e si occupava soprattutto di acquisire diritti di traduzione di opere di autori anglosassoni in vista della loro pubblicazione in italiano nel dopoguerra. Fu costituita il 6 dicembre 1943 in via Vegezzi 4 (la stessa sede della Melisa) da Antonio Cettuzzi, segretario generale della Melisa. Oltre a Cettuzzi, il consiglio di amministrazione era composto dal ticinese Adolfo Senn (consuocero di Arnoldo Mondadori) e dal grigionese Elvezio Iginio Panzeri (Presidente). Nella pratica, tuttavia, l'azienda era diretta da Arnoldo Mondadori, rifugiatosi a Lugano dall'11 novembre 1943 al 29 aprile 1945. La Hélicon fu una risorsa fondamentale per la sopravvivenza della Mondadori durante e dopo la guerra.

si presenterà uno di questi giorni) e che vorrei affiancare anche ad una piccola attività editoriale».[24]

Si può senz'altro ipotizzare che il doppio scopo da cui muoveva il ciclo di conferenze promosso da Rusca nel Canton Ticino stesse sostanzialmente alla base anche del progetto della mostra alla Zentralbibliothek. Non a caso, una volta costituita la Melisa, Rusca, in funzione della diffusione del libro italiano oltre Gottardo e tramite l'intercessione di Zoppi, avrebbe cercato di appoggiarsi (invano) alla sezione del libro italiano allestita da *Giovanni Rodio presso la *libreria "Zum Elsässer" di Zurigo. Sta di fatto che il 19 novembre del 1937, ossia ad appena dieci giorni dalle conferenze di Rusca in Ticino, Zoppi incontra il direttore della biblioteca Felix Burkhardt per sottoporgli il progetto della mostra. Tre giorni dopo, con lettera del 22 novembre 1937 Burkhardt conferma la disponibilità della ZB ad ospitare l'evento nei propri locali, ponendo tuttavia una serie di condizioni, tra cui la presenza dell'editore Hoepli, l'esposizione delle opere di Benedetto Croce (onde evitare, scrive Burkhardt, una mostra «unilaterale») e il divieto di scopi a carattere commerciale:

> Sehr geehrter Herr,
> Die in unserer Besprechung vom 19. ds. aufgestellten Punkte über die Veranstaltung einer Ausstellung italienischer Verlagswerke im Herbst 1938 gestatte ich mir zu bestätigen wie folgt:
>
> 1) die Ausstellung soll eine Kollektivausstellung [sic], wobei die Zentralbibliothek Wert darauf legt, dass sich der Verlag U. Hoepli an hervorragender Stelle dabei beteiligt.
> 2) Die Ausstellung darf nicht einseitig sein. Werke wie diejenigen von B. Croce, die das Bild der italienischen Literatur der Gegenwart wesentlich mitbestimmen, sollen aufgenommen werden.
> 3) Die Ausstellung darf keinen merkantilen Charakter haben, d.h. es dürfen im Lokale weder Bücher verkauft noch Bestellungen auf solche entgegengenommen werden. Dagegen ist das Auflegen von Prospekten gestattet.[25]

---

24 Lettera di Luigi Rusca a Francesco Chiesa, Milano, 26 ottobre 1937. Il documento è conservato presso l'Archivio Prezzolini, fondo Chiesa, fascicolo I, 2. Luigi Rusca.
25 Lettera di Felix Burkhardt a Giuseppe Zoppi (Zurigo, 22 novembre 1937), fascicolo ZB («Egregio Signore, le confermo come segue i punti concordati durante il nostro colloquio del 19 c.m. in relazione ad una mostra di opere editoriali italiane nell'autunno del 1938: 1) la mostra deve essere una mostra collettiva, in cui la Biblioteca Centrale tiene particolarmente alla presenza in posizione di rilievo dell'editore Hoepli. 2) La mostra non deve essere unilaterale. Vanno incluse opere come quelle di Benedetto Croce, che contribuiscono in modo essenziale al panorama contemporaneo della letteratura italiana. 3) La mostra non deve avere un carattere commerciale,

Evidentemente l'esplicita richiesta di inserire le opere di Croce aveva come obiettivo quello di controbilanciare la presenza, «in posizione di rilievo», dei volumi di Hoepli (che non potevano non comprendere le opere di Benito Mussolini pubblicate, appunto, dalla storica casa editrice milanese con radici svizzere). Il tentativo è tuttavia destinato a fallire nel momento in cui, mentre viene rispettata la prima richiesta, cade invece nel vuoto la seconda, sicché nel catalogo della mostra (in cui non figura nessun libro di Croce) non si trova alcun contrappeso alle «Opere di Benito Mussolini» che trionfalmente inaugurano l'elenco dei volumi esposti.

Prima di discutere la complessa questione delle implicazioni ideologiche, sulla quale torneremo subito, vale la pena ripercorrere brevemente la cronologia degli eventi fino all'inaugurazione della mostra. Nella prima metà di febbraio del 1938, dunque, Rusca si reca a Zurigo per riproporre la conferenza già tenuta in Ticino. In quest'occasione incontra Burkhardt e Zoppi per concretizzare il progetto dell'esposizione alla ZB. Nei giorni immediatamente seguenti tale incontro, Rusca informa Zoppi che Mondadori si assume l'incarico di radunare e spedire a Zurigo i libri necessari alla mostra. Il 27 febbraio Zoppi scrive ad Arnoldo Mondadori per ringraziarlo e per informarlo che in quello stesso giorno «il Comitato della "Associazione svizzera per i rapporti culturali ed economici con l'Italia" ha deciso [...] di accordare i suoi auspici a questa Esposizione e di mettere a disposizione una piccola somma per il trasporto dei libri da Milano a Zurigo e poi da Zurigo a Milano».[26] Lo stesso giorno Zoppi passa le dette informazioni a Burkhardt.[27] Il 12 marzo Zoppi scrive nuovamente a Mondadori chiedendogli conferma circa la partecipazione alla mostra della casa editrice Hoepli e accennando ad una lista delle case editrici (e dei libri da esporre) da combinare insieme.[28] Della compilazione di tale lista non restano tracce nei vari materiali archivistici consultati, anche perché presso il Fondo Zoppi dell'Archivio Prezzolini di Lugano manca l'intero fascicolo relativo al

---

vale a dire che nei locali non possono essere né venduti né presi ordini per libri. È invece consentito distribuire prospetti»).

26 Lettera di Giuseppe Zoppi ad Arnoldo Mondadori, Thalwil (Zurigo) 27 febbraio 1938. Il documento è conservato presso Fondazione Arnoldo e Alberto Mondadori, Milano, Archivio storico Arnoldo Mondadori Editore, Arnoldo Mondadori, fasc. Zoppi Giuseppe.

27 Lettera di Giuseppe Zoppi a Felix Burkhardt, Thalwil, 27 febbraio 1938. Fascicolo ZB.

28 Lettera di Giuseppe Zoppi ad Arnoldo Mondadori, Locarno (Monti) 12 marzo 1938, Fondazione Arnoldo e Alberto Mondadori, Milano, Archivio storico Arnoldo Mondadori Editore, Arnoldo Mondadori, fasc. Zoppi Giuseppe.

carteggio tra Zoppi e Rusca. Fatto sta che l'8 settembre 1938 Rusca invia a Burkhardt «l'elenco dei volumi che intenderemmo esporre»,[29] mentre il 26 ottobre lo informa di aver «provveduto oggi alla spedizione [...] di quattro casse [...] contenenti i volumi destinati alla Mostra del bel libro italiano moderno», pregandolo altresì di «tenerli a disposizione del nostro incaricato signor Lorenzo Montano» cui Rusca ha affidato l'ordinamento dell'esposizione.[30]

Stando a quanto riportato dalla stampa dell'epoca, la mostra fu inaugurata il 6 novembre 1938 dai discorsi di un rappresentante dell'ASRI (non è chiaro se il Presidente Abegg fosse effettivamente presente all'inaugurazione), Bruno Gemelli (Console generale d'Italia a Zurigo), Felix Burkhardt e Arnoldo Mondadori. La presenza di quest'ultimo fu in forse fino a pochi giorni prima dell'inaugurazione, ma ebbe un importante significato culturale e politico, come si deduce da una lettera inviatagli da Lorenzo Montano il 25 ottobre 1938 (una decina di giorni prima dell'inaugurazione):

> Caro Commendatore,
> nel passare dalla Svizzera ho potuto prendere qualche ulteriore accordo circa la Mostra di Zurigo. Sarò colà il giorno 3, per incominciare a disporre il materiale. Se voi verrete il 5, come Rusca mi fa sperare, potrete dare un'ultima occhiata, e se avete qualche suggerimento potremo ancora valercene. Sento anche che non potete escludere interamente l'eventualità di un impedimento. Sarebbe questa una vera calamità, l'inaugurazione si annuncia come una celebrazione di pretta italianità; oltre alle maggiori autorità di Zurigo e dell'ambiente italiano della Svizzera, interverrà probabilmente quasi certamente il R. Ministro di Berna. Non è possibile che gli ~~organizzatori~~ espositori non siano rappresentati da una personalità di marca, e tutti sono molto soddisfatti che siate voi quella, come del resto figurate già nel Catalogo come organizzatore principale. Il mancare temo assai che sarebbe preso come una scortesia. Non solo, ma sarebbe probabilmente una maliziosa soddisfazione per coloro che volevano a tutti i costi l'organizzazione venisse affidata all'on. Ciarlantini, e si rassegnarono a ritirare questa candidatura solo quando fu messa avanti la vostra persona, la ~~comparsa~~ menzione della quale fece naturalmente tacere ogni discussione.

---

29 Lettera di Luigi Rusca a Felix Burkhardt, Milano 8 settembre 1938, fascicolo ZB.
30 Lettera di Luigi Rusca a Felix Burkhardt, Milano 26 ottobre 1938, fascicolo ZB. Montano (scrittore, saggista, operatore culturale) aveva da poco pubblicato una lunga recensione all'*Antologia degli scrittori della Svizzera italiana* (pubblicata con introduzione di Enrico Celio dall'Istituto Editoriale Ticinese di Bellinzona nel 1936-1937) apparsa nel maggio 1938 sul «Corriere Padano» in tre puntate, successivamente raccolte in un libricino intitolato *Scrittori della Svizzera Italiana*, edito a Ferrara in quello stesso autunno 1938.

Insomma io vi prego caldamente di [parola illeggibile]; se proprio non aveste la certezza assoluta d'intervenire, sarà bene che ne avvertiate subito il prof. Zoppi, perché sia ritirato fuori il Ciarlantini, sempreché questo [c. 2] ingrato impiego sia ancora possibile.[31]

Si tratta di un documento di straordinario interesse, che rende palpabili le tensioni tra gli ambienti istituzionali allineati al regime che avevano in Abegg e Bianchi i loro rappresentanti all'interno del comitato e che premevano per la presenza di Ciarlantini, e il gruppo degli «espositori» (Rusca, Zoppi e Montano) che invece vedevano in Mondadori la figura tramite cui smarcarsi da una linea di pretta propaganda politica. Francesco Ciarlantini, infatti, parlamentare fascista e presidente della Federazione nazionale fascista dell'industria editoriale, era uno dei più influenti intellettuali dediti – attraverso giornalismo, riviste e manifestazioni, collane editoriali, ecc. – alla propaganda di regime. La partecipazione di Ciarlantini avrebbe quindi impresso alla mostra una direzione culturale esplicitamente e decisamente propagandistica, nel senso di quella «celebrazione di pretta italianità» già paventata da Montano di fronte alla possibile presenza all'inaugurazione della mostra del ministro d'Italia in Svizzera Attilio Tamaro (poi scongiurata).

La mostra fu recensita positivamente sul «Corriere del Ticino» del 7 novembre 1938 quale «nuova prova dell'interesse sempre più vivo che la Svizzera porta alle manifestazioni artistiche e spirituali d'Italia».[32] Ne diedero notizia anche la "Neue Zürcher Zeitung", unica testata a sottolineare il contributo svizzero alla rinascita dell'arte libraia in Italia ripagata dalla presenza di autori e illustratori svizzeri nei volumi esposti,[33] nonché il "Zürcher Tagblatt der Stadt Zürich", il "Tagesanzeiger" e alcune testate romande. A dare maggiore risalto alla mostra fu tuttavia soprattutto la stampa fascista e in particolare la rivista luganese "Squilla italica" che, come il quotidiano romano "Lavoro fascista", attribuì la rinascita della «tradizione italiana dei grandi editori italiani» al «benefico» clima di «rinnovamento» impresso «alla vita italiana [...] negli ultimi due decenni».[34] Entrambe le testate riportano inoltre una lode al «genio di Mussolini» (che «nella pace, alla cui stabilità ha ultimamente così luminosamente

---

31 Lettera di Lorenzo Montano ad Arnoldo Mondadori, Parigi 25 ottobre 1938, Fondazione Arnoldo e Alberto Mondadori, Milano, Archivio storico Arnoldo Mondadori Editore, Arnoldo Mondadori, fasc. Montano Lorenzo.
32 Cfr. *Una mostra del bel libro italiano moderno*, in «Corriere del Ticino», 7 novembre 1938, p. 2.
33 Cfr. *Bücherausstellung in Zentralbibliothek*, in «Neue Zürcher Zeitung», 13 novembre 1938.
34 *La «Mostra del bel libro italiano» a Zurigo*, in «Lavoro fascista», 8 novembre 1938.

contribuito, trova il quadro naturale per il potenziamento di tutte le attività dello spirito»)[35] pronunciata da Abegg nel suo discorso inaugurale; stando a quanto riportato dal "Corriere del Ticino", tuttavia, Abegg non sarebbe stato nemmeno presente all'inaugurazione, e il suo saluto fu quindi letto da Zoppi che, come riporta sempre il quotidiano, avrebbe infatti parlato «anche a nome del presidente Abegg o degli altri dirigenti della Società».[36]

Quel che emerge in tutta evidenza è in ogni caso il tentativo di appropriazione ideologica della mostra da parte delle istituzioni e degli organi fascisti. Viene inoltre chiaramente alla luce come qualsiasi manifestazione legata alla divulgazione della cultura italiana in Svizzera dovesse per forza di cose scendere implicitamente a patti col regime (l'esclusione di Croce è emblematica in tal senso), specie nel momento in cui venivano coinvolti canali ufficiali come enti, organi o istituzioni. Di tali concessioni resta traccia anche nell'impostazione tematica della mostra, il cui assetto definitivo rispecchia solo in parte le intenzioni iniziali degli organizzatori. Nella prima lettera inviata a Burkhardt il 10 gennaio del 1938, infatti, nel sottolineare la necessità di definire l'argomento dell'esposizione Rusca proponeva il tema *La Svizzera nella moderna produzione libraria e cartografica italiana*. Una notazione manoscritta in margine alla stessa lettera, di probabile pugno di Burkhardt, testimonia come anche Zoppi avesse proposto un tema simile («Le relazioni italo-svizzere nella produzione libraria»).[37] Quest'idea iniziale, tuttavia, trova solo parzialmente conferma nell'impostazione definitiva della mostra. Se infatti è vero, come scrive Montano nella prefazione al catalogo, che «nei nomi elvetici, insigni nell'editoria italiana, che figurano su tanti dei "pezzi" mostrati, nelle edizioni di autori ticinesi, nelle illustrazioni di artisti svizzeri a opere italiane» appaiono altrettanti «segni della solidarietà culturale tra i due paesi», è anche vero che, come annuncia già il titolo della mostra, è la bellezza della veste tipografica del libro a costituire l'effettivo argomento dell'esposizione. La scelta appare problematica nel momento in cui viene rivendicata come una vera e propria «rinascita dell'arte del libro» ascrivibile, in sostanza, a «questo ventennio»:

> La presente Mostra dà a veder che, per i beni dello spirito, il confine [tra Svizzera e Italia] rimane felicemente aperto da tutt'e due i lati. In essa, del resto, appaiono per così dire naturalmente, e senza che gli ordinatori abbiano dovuto mettere uno studio

---

35 *La mostra a Zurigo del bel libro italiano moderno*, in «Squilla Italica», 12 novembre 1938.
36 Cfr. la già citata recensione apparsa col titolo *Una mostra del bel libro Italiano moderno* nel «Corriere del Ticino» del 7 novembre 1938 a p. 2.
37 Lettera di Luigi Rusca a Felix Burkhardt (Milano, 10 gennaio 1938), in fascicolo ZB.

particolare per ricercarli e farceli entrare, numerosi segni della solidarietà culturale tra i due paesi: nei nomi elvetici, insigni nell'editoria italiana, che figurano su tanti dei «pezzi» mostrati, nelle edizioni di autori ticinesi, nelle illustrazioni di artisti svizzeri a opere italiane.

A principio del secolo, l'uscita di un libro bello era cosa infrequente nella patria di Aldo e del Bodoni. La rinascita dell'arte del libro in Italia si annuncia negli anni precedenti alla guerra, ma è solo in questo ventennio che essa ha preso forza e sviluppo, con un crescendo che negli ultimi tempi diviene sempre maggiore. Il movimento è così rapido da essere sfuggito, fuori d'Italia, ai più, anche tra gli specialisti.[38]

È chiaro che posto in questi termini quest'ultimo argomento offriva a dir poco il fianco alla retorica della propaganda fascista che infatti, come testimoniano le già ricordate recensioni a stampa, non tardò a servirsene per i propri fini.

La mostra del *Beau livre italien moderne* a Losanna (1939)

Se malgrado le indiscutibili concessioni alla linea ideologica del regime (a cominciare dall'esclusione di Croce) gli sforzi di contenere il significato politico della mostra zurighese appaiono evidenti, non altrettanto si può dire della replica della mostra che fu allestita col titolo **Le beau livre italien moderne* presso la Biblioteca Cantonale e Universitaria di Losanna dal 29 gennaio al 12 febbraio 1939. Ad una ripresa della mostra a Losanna accenna già Rusca in una lettera a Felix Burkhardt dell'8 settembre 1938. A differenza di Zurigo, dove la mostra era patrocinata dall'ASRI, l'esposizione losannese poteva invece avvalersi del sostegno dell'Istituto Nazionale per le Relazioni culturali con l'Estero (I.R.C.E) di Roma e dell'Istituto italiano di cultura di Losanna. Né Zoppi, né Montano, né Rusca, né Mondadori risultano direttamente coinvolti nei lavori di allestimento dell'esposizione, se non per aver messo a disposizione la collezione dei volumi. L'iniziativa sembra infatti partire dal direttore della Biblioteca Cantonale e Universitaria di Losanna, Alfred Roulin, che il 2 dicembre 1938 prega Burkhardt di trattenere nei locali della ZB i volumi inviati da Mondadori per la mostra di Zurigo.[39] Da una nota dello stesso Roulin, posta in apertura del catalogo, è possibile desumere la provenienza dei libri esposti e gli enti coinvolti:

> Les livres exposés ont été fournis en grande partie par les organisateurs de la récente exposition de Zurich, lesquels ont eu l'obligeance de mettre leur matériel à notre

---

38 Lorenzo MONTANO, *Prefazione* al Catalogo della mostra *Il bel libro italiano moderno*, Zurigo 6-20 novembre 1938, Locarno, Tipografia Vito Carminati, 1938, pp. 1-2, a p. 1.
39 Cfr. Lettera di Alfred Roulin a Felix Burkhardt del 2 dicembre 1938, in fascicolo ZB.

disposition; d'autres nous ont été envoyés soit directement par les éditeurs, soit par l'Istituto italiano di cultura de Lausanne, par l'A.G.I.L. de Milan (Centro del libro italiano de Lausanne) et par diverses bibliothèques et institutions de Suisse et d'Italie.[40] La diversa provenienza dei libri spiega la cinquantina di opere in più (quasi tutte di carattere letterario) esposte a Losanna rispetto a Zurigo. Se nella città sulla Limmat per l'inaugurazione della mostra era intervenuto anche Arnoldo Mondadori, venuto appositamente da Milano, a Losanna il tono delle celebrazioni fu assai diverso. Intanto la manifestazione veniva posta sotto l'egida di un «Comité d'honneur» in cui spiccano due alte cariche dello Stato come Ferdinand Porchet (Consigliere) e il già ricordato Ministro d'Italia in Svizzera Attilio Tamaro. All'inaugurazione intervennero Roulin, il Console generale d'Italia a Losanna e soprattutto *Giovanni Ferretti, con un discorso «su alcuni librai italiani in Svizzera e a Losanna».[41] Ferretti, storico di formazione, era docente di Letteratura italiana presso l'ateneo losannese dove insegnò ininterrottamente dal 1934 al 1939, quando rientrò in Italia per assumere, nel 1940, la direzione del *Centro Studi della Svizzera italiana presso la Reale Accademia d'Italia a Roma.[42] L'introduzione al catalogo, che a Zurigo era stata affidata ad uno scrittore nonché collaboratore della Mondadori come Montano, a Losanna recava invece la firma di un'importante figura diplomatica come Georges Wagnière, anch'egli membro del summenzionato «Comité d'honneur» in quanto anziano ambasciatore svizzero a Roma (dal 1918 al 1936). Se questi elementi in sé denotano già il peso politico più marcato che rispetto a Zurigo acquistava la mostra di Losanna, il documento più eloquente in tal senso lo fornisce sicuramente la detta prefazione al catalogo. Sottolineando gli storici legami che intercorrono tra la cultura italiana e quella Svizzera, Wagnière enfatizza infatti il ruolo particolare svolto in questo senso dalla città di Losanna come testimonierebbe la

---

40 Cfr. Catalogo dell'*Exposition du Beau livre italien moderne*, organisée par la Bibliothèque Cantonale et Universitaire de Lausanne du 29 janvier au 12 février, Roth & Sauter Imprimeurs, Lausanne, 1939, pp. 5-6.
41 Cfr. la recensione alla mostra apparsa col titolo *Le beau livre italien moderne* sulla «Gazette de Lausanne» del 30 gennaio 1939 a p. 6: «M. A. Roulin, directeur de la Bibliothèque cantonale, a prononcé quelques mots de bienvenue et a remercié tous ceux qui ont contribué au succès de cette intéressante manifestation. De son côté, M. G. Ferretti, privat-docent, a fait une fine causerie sur quelques libraires italiens en Suisse et à Lausanne. On entendit aussi le nouveau consul d'Italie M. Delich».
42 Sulla storia e le attività di questo Centro cfr. il relativo contributo in questo volume alle pp. 47-62.

lunga tradizione che lega l'Università losannese alla presenza di intellettuali italiani:

> C'est à Lausanne que cette tradition italienne aura peut-être été la plus constante, la plus continue par la présence, dans son Académie ancienne devenue la grande Université actuelle, de maîtres italiens. Amédée Melegari, réfugié politique, y professa la science économique avant d'être appelé à faire partie du gouvernement royal. [...] Je citerai aussi M. Paolo Arcari qui y enseigne encore la littérature italienne et surtout Vilfredo Pareto. Cet économiste éminent fut avec M. Pascal Boninsegni le professeur de Mussolini qui garde précieusement dans son livret d'étudiant la signature de ces deux maîtres. On peut dire que ce séjour à Lausanne aura exercé une action certaine dans la formation intellectuelle du chef actuel du gouvernement italien. Il s'est plu à le reconnaître par ses dons généreux au Musée des Beaux-Arts de Lausanne.[43]

Del tutto inverosimile è l'affermazione che Boninsegni, ordinario di economia politica e iscritto della prim'ora al fascio losannese, abbia avuto come allievo Mussolini, visto che Boninsegni iniziò ad insegnare a Losanna quando Mussolini aveva già lasciato la città. Ma è tutta la storia dei presunti studi di Mussolini a Losanna durante il suo soggiorno nella città vodese ad essere di fatto priva di fondamento, come hanno dimostrato le minuziose ricerche di Claude Cantini;[44] sicché risulta oltremodo ridicola l'enfatizzazione del presunto ruolo assunto da tali studi per la formazione intellettuale del capo del governo fascista. Wagnière, in altre parole, fa qui leva su un *topos* ricorrente nella retorica del regime mussoliniano e al quale amava ricorrere lo stesso Duce per la messa in scena della propria figura politica e intellettuale. In tale logica rientrano anche le varie donazioni che Mussolini fece alla città di Losanna. Quella cui si riferisce qui Wagnière risale al 1927 e consiste in tre dipinti di Esodo Pratelli. L'accenno a questo dono nell'introduzione al catalogo della mostra non è casuale, visto che i tre dipinti campeggiano in bella evidenza sulle pareti della

---

43 Georges WAGNIÈRE, *Préface* al Catalogo dell'*Exposition du Beau livre italien moderne*, organisée par la Bibliothèque Cantonale et Universitaire de Lausanne du 29 janvier au 12 février, Roth & Sauter Imprimeurs, Lausanne, 1939, pp. 3-5, a p. 4.

44 Cfr. Claude CANTINI, *Benito Mussolini et l'Université de Lausanne*, in ID., *Pour une histoire sociale et antifasciste*, textes choisis et présentés par Charles Heimberg, Éditions d'en bas & AEHMO, 1999, pp. 158-168.

sala che ospita i libri in esposizione,[45] quasi a suggellare «ces bonnes traditions d'amitié et de compréhension mutuelle»[46] di cui la mostra si vuole promotrice. Non a caso tra i volumi esposti figura anche un altro e più recente dono di Mussolini, reperibile al numero 136 del catalogo, ossia il *Codice Mediceo Oraziano simillimum* della Biblioteca Laurenziana di Firenze (Roma, Officina polygraphica, 1933)[47] che una delegazione del governo italiano, composta dai già ricordati Pasquale Boninsegni e Giovanni Ferretti, consegnò nella primavera del 1935 alla Biblioteca Cantonale e Universitaria di Losanna in presenza del direttore Roulin e del rettore dell'Università, il quale per l'occasione non mancò neanche lui di sottolineare il privilegio dell'ateneo losannese nell'aver potuto contribuire «alla formazione intellettuale del Duce».[48] Il dono, come riporta sempre la «Gazette de Lausanne» del 2 aprile 1935, avveniva esplicitamente «in ricordo del soggiorno di Sua Eccellenza Benito Mussolini a Losanna, come operaio e come studente».[49] Inutile ricordare, infine, come proprio Boninsegni, che non a caso figura a sua volta tra i membri del «Comité d'honneur» della mostra, si fece promotore, nel 1937, del conferimento della laurea *honoris causa* dell'Università di Losanna a Mussolini. Rispetto al contesto zurighese insomma, le compromissioni dell'ambiente intellettuale losannese con il regime appaiono assai più accentuate, tant'è vero che non solo non si avverte la necessità di smarcarsi politicamente dal regime, ma addirittura si suggella il rapporto di reciproca riconoscenza che intercorre tra le istituzioni cittadine e il capo del governo fascista. Così, in quanto presunto allievo di Boninsegni, Mussolini, nel testo di Wagnière, può rientrare per legittima filiazione in quella illustre schiera

---

45 Quest'informazione si ricava dalla già citata recensione alla mostra losannese apparsa sulla «Gazette de Lausanne» del 30 gennaio 1939: «Au mur, les trois toiles contemporaines dont M. Mussolini fit don à notre musée des Beaux-Arts».
46 WAGNIÈRE, *Préface* al Catalogo dell'*Exposition du Beau livre italien moderne*, cit., p. 5.
47 Si tratta della riproduzione in *fac-simile* di un codice oraziano appartenuto al Petrarca e conservato presso la Biblioteca Laurenziana di Firenze (cod. Plut. 34.1). Il volume, rilegato con le insegne dei Medici e del fascio, è a tutt'oggi consultabile presso la BCUL.
48 Cfr. quanto riportato dalla «Gazette de Lausanne» di martedì 2 aprile 1935 a p. 2 nel trafiletto intitolato *Un beau cadeau du gouvernement italien*: «M. le Recteur a exprimé en termes chaleureux à MM. Les délégués du gouvernement italien la fierté que ressent notre Université d'avoir contribué à la formation intellectuelle du Duce, et combien elle est sensible au souvenir reconnaissant qu'il veut bien lui garder».
49 Ibidem (traduzione nostra).

di intellettuali italiani succedutisi sulle cattedre dell'ateneo losannese. È chiaro che posto sotto questi auspici il tema delle relazioni culturali italo-svizzere non poteva che assumere connotati del tutto diversi rispetto all'edizione zurighese della medesima mostra. Ciò rende evidente non solo il peso della frammentazione linguistica e geografica nell'eterogeneo quadro dell'italofonia elvetica, ma anche le divergenze culturali e ideologiche più o meno accentuate che separavano gli ambienti intellettuali italofoni delle varie regioni svizzere, tanto che la stessa manifestazione poteva assumere nel quadro della divulgazione della cultura italiana implicazioni e significati di volta in volta assai diversi.

Il periodo della seconda guerra mondiale (1939-1945)

Alla detta mostra presso la Zentralbibliothek seguirono, tra le prime manifestazioni organizzate dall'ASRI a Zurigo, una conferenza del Conte Giuseppe Volpi di Misurata, senatore e membro del Gran Consiglio del fascismo nonché presidente di Confindustria, sul tema *Venezia antica e moderna* in cui, il 30 gennaio del 1939, il conferenziere «evocò il primato della città adriatica e mostrò questa nella sua funzione di affiancatrice delle mete imperiali della nuova Italia»; un'altra conferenza di Giuseppe Gabetti (22 marzo 1939) dal titolo *Il problema del Rinascimento in Burckhardt e in De Sanctis* introdotta da Fritz Ernst e, contemporaneamente, una mostra del pittore Ettore Cosomati, inaugurata in presenza dell'artista nelle sale della galleria Neupert di Zurigo il 21 marzo. Di questa mostra si conserva un prezioso opuscolo che oltre ad un breve profilo biografico di Cosomati contiene le riproduzioni di alcune delle opere (di carattere fondamentalmente paesaggistico e dal gusto realistico-naturalistico) esposte a Zurigo, nonché un'antologia della critica in forma di lacerti. Nella già ricordata relazione sulle attività promosse dall'ASRI tra il 1937 e il 1939, questa mostra viene indicata come una delle manifestazioni in assoluto più riuscite che avrebbe suscitato un interesse di pubblico e di critica «eccezionale sotto ogni rapporto, superiore forse a qualunque altro manifestato fin ora, ad altre esposizioni d'arte italiana tenute nella Svizzera e di ciò l'Associazione è rimasta sinceramente soddisfatta ed orgogliosa».[50] Fu probabilmente sull'onda di tale successo che l'ASRI progettò per la fine di quello stesso 1939 una «grande mostra italo/svizzera nella quale saranno rappresentati i pittori svizzeri moderni che hanno dipinto l'Italia ed i pittori italiani che hanno dipinto la Svizzera».[51] La mostra avrebbe dovuto essere allestita in tre città svizzere

---

50 Archivio Federale Svizzero (Berna), Cartella E2200.19-01#1000/1724#210*, fascicolo "Association pour les rapports culturels et économiques avec l'Italie".
51 Ibidem.

(Basilea, Berna, Zurigo) ed in altrettante città italiane (Roma, Firenze, Milano). Di tale progetto, tuttavia, non si conserva nessuna traccia sicché con ogni probabilità non fu mai realizzato.

L'interesse dell'Associazione verso le mostre d'Arte rimase però vivo, come dimostra il patrocinio dell'ASRI alla mostra *Pittori e scultori italiani contemporanei allestita presso il Kunsthaus dal 16 novembre 1940 al 12 gennaio 1941.[52] Si trattò sostanzialmente di una parziale replica, limitatamente alla sezione italiana, della XXII Biennale di Venezia del 1940 che aveva da poco chiuso i battenti e che oggi viene ricordata come una delle Biennali più allineate al regime. Promossa da Pavolini e dal fior fiore delle istituzioni fasciste, comprese le rappresentanze su territorio elvetico (Tamaro e Gemelli), la mostra fu una esplicita manifestazione di regime a scopi chiaramente propagandistici che godette del pubblico avallo delle autorità svizzere, a cominciare da Philipp Etter che figura nel Comitato d'onore insieme a Plinio Pessina, nel frattempo succeduto ad Abegg alla Presidenza dell'ASRI. All'inaugurazione, come si apprende dalle notizie pubblicate sia sulla "Neue Zürcher Zeitung" che sulla rivista *"Archivio storico della Svizzera italiana", «erano presenti il Consigliere federale Filippo Etter, il nostro Ministro a Berna Ecc. Tamaro, il Ministro plenipotenziario Ottaviano Koch e molte personalità svizzere e italiane. Il discorso inaugurale è stato tenuto dal prof. Giuseppe Zoppi».[53]

La Presidenza di Pessina (direttore della Compagnia Svizzera di Riassicurazioni) combacia con uno dei periodi più difficili della storia dell'Associazione per via dell'entrata in guerra dell'Italia. Abegg dopo tre anni di Presidenza non figura più neanche tra i membri del Comitato. Zoppi rimase Vicepresidente, affiancato tuttavia da August L. Tobler che prese il posto di Grandjean. Tra i nomi dei nuovi membri che entrarono a far parte del Consiglio vanno sottolineati in particolare quelli di Peter Vieli (uno dei più potenti esponenti del mondo bancario elvetico nonché nel 1942 ministro svizzero a Roma), di *Giovanni Rodio (ingegnere e fondatore della sezione del libro italiano nella Libreria zum Elsässer di Zurigo) nonché di Fritz Ernst (professore di germanistica presso il Politecnico Federale e uno dei padri ideologici del cosiddetto "elvetismo"). Il nome di Ernst appare comunque associato sin dall'inizio alle attività dell'ASRI, vista anche la sua amicizia con Zoppi. Nel 1939 l'Associazione aveva progettato, senza mai realizzarla, la «pubblicazione di un ricco volume di contenuto storico (economico, artistico e sociale) atto a dimostrare i

---

52 Sulla mostra cfr. il relativo saggio contenuto in questo volume alle pp. 125-155.
53 Cfr. «Archivio storico della Svizzera italiana», XV, 3-4, luglio-dicembre 1940, p. 178.

continui rapporti che sono esistiti fin da molti secoli tra la Svizzera e l'Italia», e la redazione del libro era stata affidata proprio ad Ernst, da un lato e, dall'altro, a Giuseppe Gabetti che lo stesso Ernst aveva presentato al pubblico svizzero in occasione della già ricordata conferenza dello studioso italiano a Zurigo. Sulle altre manifestazioni organizzate dall'ASRI durante il periodo bellico si hanno solo notizie frammentarie. Nel 1942 Pessina, vista la delicata situazione dei rapporti italo-svizzeri venutasi a creare con il perdurare della guerra, si rivolge a Louis H. Micheli, Chargé d'affaires presso la Legazione Svizzera a Roma, per sondare il terreno circa possibili personalità da invitare in Svizzera. Tra i nomi indicati da Micheli in una lettera del 23 novembre 1942,[54] spiccano in particolare quelli del senatore Amedeo Giannini, direttore degli Affari Economici presso il Ministero degli Esteri,[55] e di Giovanni Ferretti, che per la sua attività nel quadro del Centro Studi per la Svizzera italiana destava tuttavia sospetti presso gli ambienti intellettuali zurighesi. La documentazione in nostro possesso non ci permette di appurare se queste come le altre persone indicate nella citata lettera di Micheli siano poi state effettivamente invitate dall'ASRI.

Dal dopoguerra agli anni Sessanta (1945-1968)

Dopo la caduta del fascismo e la morte di Mussolini gli sforzi dell'Associazione furono palesemente volti ad instaurare nuove relazioni con le istituzioni italiane e a cancellare qualsiasi traccia dei passati rapporti con il regime. Così il 23 maggio del 1945 Pessina si rivolge nuovamente alla Legazione Svizzera a Roma, presieduta nel frattempo da Peter Anton von Salis, per entrare in contatto tramite l'Ambasciata con la neonata *Associazione Italo-Svizzera di Cultura sorta, su iniziativa del già ricordato Giovanni Ferretti, dalle ceneri del Centro Studi per la Svizzera italiana e presieduta da una figura simbolica dell'antifascismo come Luigi Einaudi:

> Ce n'est d'ailleurs pas sans peine – scrive dunque Pessina al von Salis – que nous avons réussi à sauvegarder notre existence pendant la guerre, précisément en nous

---

54 La riproduzione integrale della lettera è consultabile sul sito del progetto all'indirizzo http://www.rose.uzh.ch/static/gitachiasso/lettera-louis-h-micheli-a-plinio-pessina-23-novembre-1942/

55 Il modo in cui Micheli caldeggia l'invito di Giannini era probabilmente dettato da ragioni di strategia diplomatica per il mantenimento dei rapporti d'amicizia con l'Italia in un periodo molto delicato a livello dei rapporti di forza europei. Questo è quanto emerge dallo studio delle fonti diplomatiche relative a Micheli, consultabili su dodis.ch, relativamente agli anni 1941-1942. Particolarmente significativo in questo senso un rapporto del 17 ottobre 1942.

interdisant tout débat d'ordre politique. La réputation de notre Société est ainsi demeurée intacte et lui permettra de poursuivre sans défaillance, dans l'après-guerre, la tâche que ses statuts lui assignent.[56]

Si tratta di rifarsi una verginità. Il 9 luglio von Salis comunica a Pessina una breve missiva di Einaudi che attesta la volontà da parte dell'Associazione Italo-Svizzera di mantenere i contatti con l'ASRI.[57] Finalmente, e a ulteriore testimonianza del tentativo dell'ASRI di rimuovere il ricordo delle passate compromissioni col regime fascista, il 12 novembre del 1945 Pessina comunica a von Salis la volontà di invitare a Zurigo Benedetto Croce: «Unsere Gesellschaft hat den lebhaften Wunsch, Herrn Senator Benedetto CROCE einzuladen. Da wir seine genaue Adresse nicht kennen, würden Sie uns sehr zu Dank verpflichten, wenn Sie das beiliegende Einladungsschreiben übermitteln».[58] Von Salis s'incarica di trasmettere l'invito a Croce tramite l'ambasciata di Napoli, sottolineando tuttavia le scarse possibilità di vedere Croce affrontare un viaggio per Zurigo, dove di fatti il filosofo non si recherà.

L'unica fonte diretta relativa al periodo dell'immediato dopoguerra è uno scambio epistolare di Zoppi con il Comitato dell'ASRI seguito alla sua lettera di dimissioni (per motivi di salute) dalla Presidenza, datata 1 novembre 1950. Visto che le cariche sociali, come si legge negli statuti dell'Associazione, venivano rinnovate ogni tre anni, è ipotizzabile che Pessina sia stato Presidente per due mandati dal 1940 al 1946 e che gli sia quindi succeduto Zoppi che nel 1950 doveva dunque essere al primo anno del suo secondo mandato. Fatto sta, come si evince dalla summenzionata corrispondenza, che a quest'altezza cronologica Pessina e Bezzola ricoprivano la carica di vicepresidenti. Dopo aver inutilmente rifiutato le dimissioni di Zoppi, in una lettera del 3 marzo del 1952 il Comitato dell'ASRI comunicava allo stesso la nomina del nuovo presidente, ovvero il già ricordato Peter Vieli. Zoppi sarebbe morto il 18 settembre di quello stesso anno. Mario Singer, membro anche lui dal 1940, lo avrebbe anni dopo ricordato come «la personalità che diede i più grandi impulsi all'Associazione [...]. Con

---

56 Lettera di Plinio Pessina a Peter Anton von Salis, Zurigo, 23 maggio 1945, Archivio Federale Svizzero (Berna), Cartella E2200.19-01#1000/1724#210*, fascicolo "Association pour les rapports culturels et économiques avec l'Italie".
57 Lettera di Peter Anton von Salis a Plinio Pessina, Roma, 9 luglio 1945, Archivio Federale Svizzero (Berna), Cartella E2200.19-01#1000/1724#210*, fascicolo "Association pour les rapports culturels et économiques avec l'Italie".
58 Lettera di Plinio Pessina a Peter Anton von Salis, Zurigo, 12 novembre 1945, Archivio Federale Svizzero (Berna), Cartella E2200.19-01#1000/1724#210*, fascicolo "Association pour les rapports culturels et économiques avec l'Italie".

tutta la passione che lo animava egli seppe toccarla con una scintilla del suo profondo spirito umanistico, dedicandole gran parte del suo lavoro e del suo grande cuore».[59]

In assenza di altre fonti dirette relative a questo periodo (l'archivio dell'ASRI non conserva nessuna carta antecedente al 1968), l'unico documento che permette di ricostruire per sommi capi l'attività dell'Associazione dal dopoguerra agli anni Sessanta è un breve articolo di Mario Singer (direttore generale del Credito Svizzero dal 1963 al 1967, nonché cassiere dell'ASRI) pubblicato nel 1967 sulla rivista italiana "Il Veltro". Il documento menziona alcune manifestazioni culturali co-organizzate dall'ASRI tra cui «l'inaugurazione della lapide a Francesco De Sanctis al Politecnico di Zurigo» nel 1948 oppure, il 18 maggio del 1951 in collaborazione col maestro C. G. Cairati, la solenne commemorazione di Giuseppe Verdi, quando l'ASRI contribuì alla messa in scena di due opere verdiane all'Opernhaus. Il nucleo dell'attività dell'Associazione è tuttavia costituita dall'organizzazione di conferenze, «circa 4 all'anno», precisa Singer, «di cui la metà su temi culturali e l'altra metà su temi economici, cercando di attirare a Zurigo solamente personalità italiane di altissimo livello».[60] Segue un nutrito elenco di illustri conferenzieri (da Francesco Flora ad Amintore Fanfani, da Gianfranco Contini ad Adriano Olivetti, da Giulio Carlo Argan ad Egidio Reale per citarne solo alcuni) privo tuttavia di dati di riferimento cronologici.

L'interesse del documento firmato da Singer, tuttavia, va oltre il dato meramente compilatorio. Nel momento in cui l'autore viene chiamato a presentare al pubblico italiano l'attività dell'Associazione, non può infatti non fare riferimento alle origini dell'ASRI, il che avviene in questi termini:

> Pochi anni prima della seconda guerra mondiale fu lanciata, da parte italiana, l'idea di fondare a Zurigo una società italo-svizzera collo scopo d'intensificare le relazioni culturali ed economiche fra i due paesi. Le autorità italiane incontrarono, in un primo momento, una certa riservatezza da parte svizzera, poiché a Zurigo si temeva che il Governo italiano cercasse di costituire nel nostro paese un nuovo mezzo di propaganda politica. Ciò nonostante, l'eco da parte svizzera non fu negativa, ma si cercò di eliminare fin da principio ogni velleità di propaganda politica, creando un ente di carattere svizzero [...]. Fin da principio si mise l'accento sull'aggettivo «svizzero» volendo con ciò dar rilievo al fatto che le iniziative della Associazione, e la sua attività, provenivano in primo luogo da parte svizzera, escludendo qualsiasi possibilità di propaganda politica.[61]

---

59 Mario SINGER, L'«Associazione svizzera per i rapporti culturali ed economici con l'Italia» di Zurigo, in «Il Veltro», n. 4-5, a. XI, agosto-ottobre 1967, pp. 643-646, a p. 646.
60 Ivi, p. 644.
61 Ivi, p. 643.

Colpisce in particolare l'insistenza di Singer sul carattere svizzero dell'Associazione, come se ciò in sé bastasse a dissipare qualsiasi sospetto di compromissione col regime fascista. E colpisce ancora di più il fatto che si prenda quindi ad improbabile riparo esattamente lo stratagemma architettato da Gemelli per far passare, al contrario, il discorso propagandistico. Manca cioè nell'operazione storicizzante di Singer qualsiasi presa di posizione critica verso il sostanziale fiancheggiamento del regime che, non senza opposizioni interne, caratterizzò i primi anni di vita dell'ASRI. Quella di Singer è in altre parole un'argomentazione di comodo, come lo fu nel 1937 per tutte le parti in causa; è il tentativo di nascondersi dietro un dito, di edulcorare una realtà, come abbiamo visto, assai più complessa, in cui la "cultura" si rivela come funzione tutt'altro che marginale di un processo in cui si intrecciano interessi politici ed economici.

Resta il fatto che l'ASRI svolse in quegli anni (come continua a svolgere ancora oggi) un importante e decisivo contributo al consolidamento dei rapporti italo-svizzeri, animata, come nel caso di Zoppi, da una sincera volontà di divulgare, sostenere e promuovere la cultura italofona nella Svizzera tedesca.

Stefano Bragato
2 Il Centro Studi per la Svizzera italiana (1941-1943)

Uno dei risultati inediti più sorprendenti de "La gita a Chiasso" è stata la riscoperta di un ente centrale nelle relazioni culturali tra Svizzera e Italia, attivo dal 1941 al 1943 presso la Reale Accademia d'Italia: il Centro Studi per la Svizzera italiana. Fondato con lo scopo di promuovere i rapporti culturali tra i due Paesi, il Centro Studi subì infatti in seguito alla sua chiusura una vera e propria *damnatio memoriae*, conseguenza soprattutto della sua afferenza al regime fascista, che lo portò a essere del tutto dimenticato lungo i decenni successivi. Come si vedrà più avanti, nonostante le intenzioni puramente scientifiche dei suoi fondatori il Centro Studi fu infatti subito percepito in diversi ambienti intellettuali svizzeri come un organo di propaganda nazionalista e irredentista, e perciò nettamente respinto, se non spesso deliberatamente ignorato. Eppure, fu un ente di fondamentale importanza per il dialogo culturale tra i due Paesi, avviò la formazione di una rete di intellettuali (studiosi, politici, scrittori) transnazionale e gettò le basi per la loro stretta collaborazione lungo tutto il secondo Novecento, anche nel senso della costruzione di una comune coscienza europea. Nel 1945, pochi anni dopo la sua chiusura, l'eredità del Centro Studi fu infatti ripresa dalla neonata *Associazione Italo-Svizzera, tra i cui membri figuravano personalità eminenti della cultura antifascista italiana come Ferruccio Parri e Luigi Einaudi: l'intensa attività dell'Associazione sarebbe stata impossibile senza la precedente esperienza del Centro Studi. In queste pagine si darà conto delle principali attività e delle maggiori personalità coinvolte in questo ente finora dimenticato, e si vedrà come il suo operato riveli nuovi spunti per la comprensione delle traiettorie della politica transculturale italiana e svizzera agli sgoccioli del fascismo.

Il Centro Studi fu fondato nell'aprile 1941 all'interno della Reale Accademia d'Italia (con sede a Palazzo Corsini a Roma) con lo scopo di promuovere gli scambi culturali e la reciproca conoscenza tra Italia e Svizzera attraverso studi, conferenze, pubblicazioni. Fondatori del Centro furono Arrigo Solmi (che ne fu il Presidente), storico e giurista, sottosegretario all'Educazione nazionale nel 1932-1935 e poi Ministro di Grazia e Giustizia fino al 1939, e *Giovanni Ferretti (Direttore), già docente di letteratura italiana all'Università di Losanna (1934-1942) e con alle spalle una densa carriera nel campo delle istituzioni italiane all'estero: dopo l'insegnamento al liceo italiano di Istanbul (1912-1914), dal 1919 al 1922 riorganizzò il sistema scolastico nei territori italiani acquisiti con la guerra, e fu successivamente sovrintendente scolastico a Rodi nel 1932.[1]

Solmi e Ferretti operavano già da tempo nella promozione della cultura svizzera in Italia, il primo attraverso la direzione della rivista *"Archivio storico della Svizzera italiana" (attiva dal 1926, nel 1941 divenne l'organo ufficiale del Centro), il secondo, oltre che con la sua attività di insegnamento a Losanna, attraverso alcune pubblicazioni in rivista (cfr. ad esempio le voci *Europa in miniatura e *La lingua italiana in Svizzera) e in volume (per cui si veda la voce su *Giovanni Ferretti).

L'attività del Centro consisteva soprattutto nella pubblicazione di studi storici, cronache, notizie di argomento svizzero e italo-svizzero, nell'organizzazione di conferenze di accademici svizzeri e italiani, e nella promozione di iniziative destinate a facilitare gli scambi culturali tra i due Paesi. Solmi e Ferretti potevano contare su una rete di corrispondenti e collaboratori in Italia e in Svizzera, i quali oltre a contribuire ad "Archivio storico per la Svizzera italiana" fornivano costanti aggiornamenti sulle tematiche d'interesse del Centro.

Come specificato più sotto, l'istituzione del Centro ebbe diversa ricezione nelle varie parti della Confederazione. Nella Svizzera italiana fu generalmente ben accolto (collaborarono con esso diversi enti e intellettuali, tra cui la Biblioteca Cantonale di Lugano e Francesco Chiesa), benché non mancassero enti e personalità (come Giovanni Battista Angioletti, Luigi Caglio, o la libreria Salvioni di Bellinzona) che decisero di tenersene lontani. Il Centro era invece giudicato con molto sospetto dagli ambienti intellettuali italofoni zurighesi, i quali vi vedevano un organo di propaganda politica fascista all'estero, possibilmente finalizzato a mire espansionistiche dell'Italia sulla Svizzera italiana.

L'Accademia d'Italia finanziò senza dubbio il Centro anche con questi scopi. Esso si aggiungeva infatti a una serie di enti analoghi che curavano e propagandavano gli interessi del regime in zone di lingua italiana, quali il Centro Studi per la Dalmazia, il Centro Studi per il Vicino Oriente, il Centro Studi per l'Albania, il Centro Studi per l'Africa Orientale. Quello per la Svizzera italiana, insomma, era l'unico centro studi relativo a un'area geografica in cui l'Italia non aveva possedimenti diretti o protettorati. I giornali fascisti più radicali (come "Libro e moschetto") ne salutarono la fondazione sottolineando proprio tale missione irredentista; e anche alcuni intellettuali, benché una minoranza, mostrarono di condividere tale idea (significativa in proposito, ad esempio, la lettera del *21 luglio 1942 in cui il linguista Clemente Merlo, chiamato a

---

1   Cfr. Giovanni FERRETTI, *La scuola nelle terre redente*, Firenze, Vallecchi, 1923.

sostituire il defunto Giulio Bertoni come Consigliere del Centro, accenna alla speranza di portare il confine italiano fino al Gottardo).

Solmi e Ferretti furono in realtà sempre ben attenti a tenersi lontano da qualsiasi direzione politica propagandistica o irredentista e mantennero una linea puramente accademica, di studio storico e culturale. Le loro attività mostrano come gli interessi del Centro fossero effettivamente di natura scientifica, esclusivamente dedicate alla promozione degli scambi culturali italo-elvetici senza alcun secondo fine, come d'altronde i due non si stancarono mai di ripetere. Proprio tale esclusività accademica fu tuttavia il principale motivo per cui nel dicembre 1943 il Ministero degli Affari Esteri decretò la soppressione del Centro.

Come accennato poco fa, l'eredità del Centro Studi per la Svizzera italiana sarà ripresa dal gennaio 1945 dalla neocostituita *Associazione Italo-Svizzera che ne proseguirà l'attività e la missione, e che darà alle stampe i volumi della collana *"Studi e documenti" allestiti negli anni precedenti dal Centro ma mai pubblicati.

Istituzione del Centro

Il Centro Studi per la Svizzera italiana fu istituito ufficialmente il 21 aprile 1941. Il primo articolo del Regolamento ne espone i fini principali:

a) illustrare la storia e le tradizioni culturali della Svizzera Italiana;
b) illustrare i rapporti storici e culturali tra l'Italia e la Svizzera;
c) agevolare e incoraggiare e, ove sia il caso, orientare così gli studiosi italiani che si occupano della Svizzera come gli studiosi svizzeri che si occupano dell'Italia;
d) prendere o promuovere iniziative intese alla reciproca conoscenza e comprensione tra l'Italia e la Svizzera nel campo culturale e con speciale riguardo alle scienze morali, agli studi storici, alle lettere.

Il Consiglio Direttivo era composto da sette soci italiani e due soci svizzeri. I soci italiani andavano da famosi accademici, come il linguista Giulio Bertoni, il germanista Arturo Farinelli, gli storici Enrico Besta, Pietro Fedele, Gioacchino Volpe e Giuseppe Cardinali (membro anche della Commissione dell'educazione nazionale e della cultura popolare) a personalità politiche del regime quali Attilio De Cicco (segretario della Federazione dei fasci italiani all'estero e direttore generale al Ministero degli Esteri) e Armando Ottaviano Koch (dirigente generale per la propaganda al MinCulPop); i soci svizzeri erano lo scrittore Francesco Chiesa e lo storico Eligio Pometta. Come emerge da alcuni documenti custoditi all'Archivio Prezzolini di Lugano, Chiesa fu inizialmente titubante nell'aderire al Centro: alla prima lettera di invito da parte del

Presidente dell'Accademia d'Italia Luigi Federzoni (20 aprile 1941) ne dovette seguire una seconda di Arrigo Solmi, suo amico (*20 maggio 1941), per convincerlo. La prima riunione ufficiale del Consiglio si svolse il 12 luglio 1941 a Palazzo Corsini: in quell'occasione sia Chiesa sia Pometta salutarono il Centro come un alleato nella preservazione dell'italianità del Ticino.[2] In generale, la stampa ticinese e grigionese (tra cui il "Corriere del Ticino", "La voce della Rezia", "Il Giornale del Popolo") accolse positivamente la notizia della costituzione del Centro[3] e la stampa italiana si divise tra testate che semplicemente ne annunciarono la nascita e testate di impronta più radicalmente fascista (come il citato "Libro e moschetto" o "Il Popolo di Brescia") che lo accolsero come un vero e proprio veicolo di politica irredentista.[4]

Il nucleo di soci e corrispondenti del Centro restò pressoché invariato durante tutti e tre gli anni di attività. Tra i pochi cambiamenti è da segnalare l'arruolamento verso la fine del 1941 di Charles Gilliard, Rettore dell'Università di Losanna. Solmi e Ferretti si spesero molto per la sua adesione (ottennero anche di farlo diventare socio straniero della Reale Accademia di Scienze di Torino), convinti della sua utilità sia scientifica sia politica. Come già accennato, nell'agosto 1942 inoltre il linguista Clemente Merlo subentrò al defunto Giulio Bertoni.

Attività del centro

Pubblicazioni

La gran parte dell'attività del Centro era rivolta alla pubblicazione della rivista *"Archivio storico della Svizzera italiana". La rivista, fondata da Arrigo Solmi nel 1926, divenne organo del Centro dal marzo 1941 e uscì a cadenza trimestrale fino alla sua chiusura nel settembre 1942. Ciascun numero era composto da alcuni articoli scientifici (da tre a cinque) a tema prevalentemente storico o letterario, alcune recensioni e una sezione di cronache, notizie e segnalazioni di

---

2 La maggior parte dei materiali citati qui sono custoditi nel fondo del Centro Studi per la Svizzera italiana, Accademia dei Lincei, Roma. Il verbale della riunione di fondazione del Centro si trova nella busta 1, fascicolo 2.

3 Unica eccezione fu "Il Dovere", organo del partito liberale radicale ticinese, che nell'annunciare con toni molto sobri la nascita del Centro omise di riportarne il nome completo, presentandolo come un "centro di studi elvetici con particolare riferimento alle regioni di lingua italiana della Svizzera" (*Centro di studi elvetici dell'Accademia d'Italia*, in "Il Dovere", 18 luglio 1941, p. 5).

4 Presso il fondo del Centro Studi sono conservati diversi ritagli di giornale riguardanti la fondazione del Centro.

argomento italo-elvetico. Della stampa e distribuzione era incaricato l'Istituto per gli Studi di Politica Internazionale (ISPI), diretto da Mario Visetti e con sede a Milano. Per notizie più approfondite su *"Archivio storico della Svizzera italiana" si rimanda alla corrispondente voce sul sito.

Il Centro Studi lavorò anche all'allestimento di due collane editoriali, *"Quaderni italo-svizzeri" e "Studi e documenti". I volumi, tuttavia, non videro mai la luce durante l'attività del Centro ma, come detto, solo negli anni successivi grazie alla *Associazione Italo-Svizzera. Gli autori erano sia soci e corrispondenti interni al Centro (come Giovanni Ferretti, Reto Roedel, Amedeo Giannini), sia intellettuali esterni (come Angelo Gatti e Meuccio Ruini). I volumi progettati inizialmente erano più di quelli che furono poi effettivamente pubblicati, come emerge da una lettera di Ferretti (3 ottobre 1942) al Cancelliere della Reale Accademia d'Italia Francesco Pellati in cui si illustravano le prime quattro uscite in programma, ossia: "1) Besta, *Bormio medievale e i suoi rapporti con la Rezia*; 2) Pellegrini e Calamari, *Lettere di italiani a G. C. L. Sismondi*; 3) *Miscellanea di studi Sismondiani*; 4) Marchetti, *Carteggi dei fratelli Ciani*". Di questi fu pubblicata solo la miscellanea su Sismondi, nel 1945 e a cura dell'*Associazione Italo-Svizzera. Il volume (intitolato *Studi per il G. L. C. Sismondi raccolti per il primo centenario*) fu il punto d'arrivo di un progetto avviato nel dicembre 1941 per celebrare il centenario della morte dello studioso (cfr. lettera di Solmi all'Istituto per le Relazioni Culturali con l'Estero, *22 dicembre 1941). Benché inizialmente si pensasse a un convegno di studi, l'iniziativa assunse presto la forma di una pubblicazione con diversi collaboratori. Come specificato più avanti, Solmi chiese anche allo storico del Politecnico Federale di Zurigo Jean Rudolf Von Salis di entrarne a far parte, ma senza mai ottenere risposta. È indicativo delle divergenze tra il Centro e gli ambienti intellettuali zurighesi anche il fatto che parallelamente proprio Von Salis e *Giuseppe Zoppi organizzassero due convegni su Sismondi a Zurigo e a Ginevra, senza tuttavia prendere alcun contatto con Solmi e Ferretti.

Infine, il Centro finanziò in parte il volume di Eligio Pometta *Pagine di storia ticinese del periodo eroico* (Modena, Società tipografica modenese, 1943), uscito nella collana "Collezione storica del Risorgimento italiano – prima serie", diretta da Arrigo Solmi.

Altre iniziative editoriali

A partire dall'estate 1941 il Centro tentò di predisporre anche altre iniziative editoriali, ma senza successo. La prima e più ambiziosa fu la compilazione (mai portata a termine) di una bibliografia generale della Svizzera italiana.

Nell'agosto 1941 Solmi propose il progetto a Giuseppe Martinola, allora archivista cantonale del Ticino, il quale tuttavia rispose negativamente e solo in seguito a una sollecitazione di Chiesa, interpellato da Ferretti il *12 ottobre 1941. Chiesa suggerì allora a Solmi di affidare il compito ad Adriana Ramelli, direttrice della Biblioteca Cantonale di Lugano, e allo storico Virgilio Chiesa. Solmi accettò (*20 dicembre 1941 e di nuovo il 2 marzo 1942), ma pochi mesi dopo (*25 giugno 1942) Ferretti pregò Chiesa di coinvolgere anche altri studiosi, tra cui Charles Gilliard ed Eligio Pometta. Il progetto entrò tuttavia presto in stallo, e Ferretti cercò di farlo ripartire nella primavera del 1943 proponendo la collaborazione del segretario del Centro Luigi Clerici, ma invano. Fu quindi abbandonato poco dopo a causa sia delle difficoltà nel mettere d'accordo le varie personalità coinvolte, sia dello scioglimento del Centro alla fine del 1943.

Parallelamente, nell'ottobre 1941 Solmi propose a Giovanni Battista Angioletti, direttore del Circolo italiano di cultura di Lugano, di scrivere un "Panorama della letteratura della Svizzera italiana contemporanea" per la collana "Quaderni italo-svizzeri". Angioletti tuttavia temporeggiò nella risposta, tanto che Solmi gli suggerì di limitarsi a stendere alcune linee generali, su cui si sarebbe poi basato il giornalista Luigi Caglio per una redazione più puntuale. Dopo un breve scambio di lettere tuttavia Angioletti e Caglio declinarono la proposta.

Scambi di libri

Un altro campo di intensa attività del Centro fu la costituzione di una biblioteca di titoli di argomento svizzero presso la Reale Accademia d'Italia. I volumi giungevano al Centro in gran parte dalla Svizzera, a seguito di scambi con volumi italiani. Un rapporto di Ferretti sull'attività del Centro del giugno 1943 rivela che i titoli della biblioteca dal luglio 1942 al giugno 1943 salirono da 785 a 1310.

Anche grazie a tale attività di scambi, Solmi e Ferretti si impegnarono molto nella diffusione del libro italiano in Svizzera. Come emerge dal menzionato rapporto di Ferretti del giugno 1943, il Centro inviò, tra le altre cose, la serie degli "Atti delle assemblee costituzionali" alle biblioteche di Ginevra e Losanna, diverse pubblicazioni dell'Istituto di Storia e Archeologia al Musée d'Art et d'Historie di Ginevra, gli annuari della Reale Accademia d'Italia alla redazione del "Archiv für das schweizerische Unterrichtswesen", e diversi libri e riviste alla Biblioteca Cantonale di Lugano. Nell'agosto 1941 Ferretti chiese inoltre all'Istituto dell'Enciclopedia Italiana di inviare gratuitamente copie del Vocabolario Treccani alle biblioteche di Berna, Lugano, Coira, Losanna e Friburgo, per dare inizio a una politica di scambio amichevole; l'Istituto tuttavia mostrò di non comprendere le intenzioni di Ferretti, poiché negò la richiesta adducendo come motivazione l'agiatezza economica delle biblioteche svizzere, le quali avrebbero potuto senza difficoltà comprare l'opera anziché riceverla in dono (*21 agosto 1941). Grazie all'insistenza di Ferretti l'Istituto inviò comunque in seguito l'Enciclopedia ad alcune biblioteche, che ringraziarono generosamente: il Direttore dell'Archivio Federale di Berna Léon Kern, ad esempio, inviò a Roma ventisei pacchi contenenti pubblicazioni varie, che andarono ad arricchire la biblioteca del Centro (4 ottobre 1941).

La corrispondenza custodita nel fondo del Centro rivela poi moltissimi contatti e scambi di libri tra il Centro e varie istituzioni svizzere e italiane. Nel marzo 1942 il Centro acquistò dalla Hoepli (scontate al 60 %) cinque copie del volume *Un secolo di progresso scientifico italiano 1839-1939* (Roma, a cura della Società italiana per il progresso delle scienze, 1939), da inviare alle biblioteche di Berna, Lugano, Losanna, Coira e al Politecnico di Zurigo. Al Politecnico era da poco giunto (9 febbraio 1942) anche un pacco di pubblicazioni di ingegneria di Pericle Ferretti, Direttore dell'Istituto Nazionale dei Motori e docente all'Università di Napoli. Il *26 agosto 1942 Solmi ottenne poi da Domenico Bartolini, senatore ed ex direttore dell'Istituto dell'Enciclopedia italiana, di inviare alle biblioteche di Berna, Losanna e Lugano il nuovo corpus completo di diritto italiano.

Il Centro fu inoltre molto attivo nella diffusione di volumi italiani di pedagogia e di educazione artistica e letteraria. Nell'autunno 1942 Solmi ottenne dal Ministero dell'Educazione l'invio gratuito alla Biblioteca Cantonale di Lugano e al Bureau International d'Education di Ginevra delle riviste "Le arti", "Annali dell'ordine elementare", "Istruzione tecnica", "Bollettino di legislazione scolastica comparata", e di diversi titoli pedagogici (Redanò, Bonatelli, Govi, Scotti). La rivista "Annali della scuola" fu invece diffusa a Bellinzona, Lugano, Losanna, Ginevra e Zurigo, e il volume *Le biblioteche d'Italia dal 1932-X al 1940-XVIII* (Roma, Palombi, 1942) a Basilea, Berna, Lugano, Ginevra e Zurigo. L'istituzione con cui il Centro ebbe scambi più frequenti fu la Biblioteca cantonale di Lugano, a cui seguivano la Biblioteca federale di Berna e quella universitaria di Losanna.

Prestito interarchivistico

Tra le diverse iniziative avviate dal Centro ma poi mai portate a termine di particolare rilevanza fu l'allestimento di un sistema di prestito interarchivistico tra l'Italia e la Svizzera. Il progetto, ideato nel febbraio 1942 da Ferretti e dal Direttore dell'Archivio Federale di Berna, Léon Kern, prevedeva la possibilità per studiosi svizzeri di far pervenire in prestito all'Archivio di Berna documenti custoditi in vari Archivi di Stato italiani (Torino, Lucca, Napoli, Firenze, Genova, Bologna, Pavia, Modena, Parma, Zara, Cagliari); viceversa, gli archivi svizzeri aderenti avrebbero inviato documenti in prestito al Centro Studi. A Berna ci si poteva informare sui fondi italiani disponibili (relativi perlopiù alla storia della Svizzera dal XV al XVIII secolo) tramite un apposito inventario allestito dal Centro, che collazionava i singoli inventari degli archivi italiani.

Il Centro disponeva infatti di tutti questi inventari dal 1940, per ragioni indipendenti da quelle del prestito interarchivistico. Nel luglio 1940 Solmi aveva infatti chiesto ai vari Sovrintendenti degli archivi di inviare ad *"Archivio storico della Svizzera italiana" gli elenchi dei documenti svizzeri lì conservati perché venissero pubblicati sulla rivista. Solmi confidava che la richiesta sarebbe stata facilmente accolta poiché tale lavoro di catalogazione era stato svolto da poco dai vari archivi in vista del Congresso Internazionale di Studi Storici di Zurigo del 1938. Diversi Sovrintendenti decisero invece di non collaborare, per non meglio precisate ragioni di sicurezza; Solmi riuscì comunque a raccogliere molte informazioni sulla conservazione di documenti svizzeri in archivi italiani e a tracciarne così una mappa abbastanza completa. Benché innovativo, il progetto del prestito interarchivistico non vide però mai la luce e fu abbandonato nell'ottobre 1942 a causa della difficoltà nell'organizzare un così ampio numero di enti, della diffidenza di alcuni archivi, nonché di impedimenti di ordine amministrativo e burocratico.

Rapporti con gli ambienti intellettuali svizzeri

Il Centro era costantemente aggiornato sulle attività dell'Italianistica svizzera, sia attraverso abbonamenti e scambi di riviste, sia grazie a resoconti inviati dai consoli italiani dalle diverse città della Confederazione. Nel maggio 1942 Ferretti organizzò inoltre un viaggio in Svizzera per stringere e consolidare i legami tra il Centro e gli intellettuali di varie città.

Svizzera tedesca

Considerata l'importanza della città di Zurigo nel quadro dell'Italianistica svizzera, il Console Gemelli informava spesso Solmi e Ferretti sulle attività italiane in città, soprattutto in materia di pubblicazioni (cfr. *lettera del 22 gennaio 1942), eventi e conferenze (tra cui ad esempio una conferenza di Giulio Bertoni su *La lingua italiana dagli albori a oggi*, 1 dicembre 1941, su invito di Reto Radulof Bezzola, Professore di letterature romanze all'Università di Zurigo e vicepresidente dell'ASRI). Nonostante i vari tentativi di Solmi e Ferretti di dissipare ogni sospetto politico, l'ambiente intellettuale italofono zurighese si tenne sempre a distanza dal Centro Studi, rifiutando qualsiasi contatto e collaborazione. A Zurigo si era infatti convinti che dietro la denominazione "Centro Studi per la Svizzera italiana" si celassero finalità irredentiste, e i principali intellettuali della città si riconoscevano nella linea dell'*elvetismo europeo, avversa ai nazionalismi delle dittature italiana e tedesca di quegli anni. Gli intellettuali zurighesi non risposero quasi mai ai tentativi di contatto da parte di Solmi e Ferretti e nella loro attività non presero mai in considerazione né mai menzionarono l'operato del Centro Studi. Questo astio fu talmente profondo che persino dopo la caduta del regime e a guerra conclusa, nel 1946, *Giuseppe Zoppi nemmeno accennò al Centro nel suo articolo *Le nostre relazioni culturali con l'Italia* (in "Civitas", 11, 1946), dove illustrava i contatti culturali tra Svizzera e Italia attraverso l'attività di enti e personalità culturali. Come emerge da una lettera di Ferretti al Console generale a Zurigo Bruno Gemelli (*8 luglio 1941), inoltre, i contatti con Zurigo erano complicati dal divieto imposto al Centro da parte del Ministro italiano a Berna, Attilio Tamaro, di collaborare con l'*Associazione Svizzera per i Rapporti culturali ed economici con l'Italia (ASRI), di cui proprio Zoppi in quegli anni era vicepresidente.

Dal 2 all'8 luglio 1941, ancor prima della prima seduta del Consiglio del Centro, Ferretti si recò a Zurigo proprio per sondare gli umori degli intellettuali locali e cercarne la collaborazione. Qui si sapeva già della fondazione del Centro, avvenuta il 21 aprile precedente, dal numero di marzo di *"Archivio storico della Svizzera italiana". La rivista, come si può leggere in due liste di indirizzi inviate da Solmi all'ISPI il 30 aprile e il 19 giugno 1941, era infatti regolarmente inviata a diversi enti zurighesi – tra cui la libreria *Zum Elsässer di *Giovanni Rodio diretta da *Martha Amrein-Widmer, la "Neue Zurcher Zeitung", la "Schweizer Rundschau", la Zentralbibliothek (dove era presente dal 1940, come emerge dall'elenco dei ricavi dell'ISPI), il Landesmuseum e la Zeitschrift für schweizerische Geschichte – e a singoli lettori, tra cui Augusto Giacometti, Jakob Jud e lo stesso Zoppi. Il viaggio di Ferretti si rivelò tuttavia un fallimento. Dopo il suo ritorno nel luglio 1941 e lungo tutto il 1942 Solmi e Ferretti cercarono diverse volte la collaborazione degli intellettuali zurighesi, ma nella maggior parte dei casi nemmeno ricevettero risposta alle loro lettere. Appena tornato a Roma, Ferretti scrisse a Bezzola (*24 luglio 1941), al germanista del Politecnico di Zurigo Fritz Ernst (24 luglio 1941) e a Giacometti (25 luglio 1941; non era riuscito a incontrarlo a Zurigo) per invitarli a collaborare con il Centro, chiedendo loro di inviare libri per la biblioteca di Palazzo Corsini, di entrare in corrispondenza per fornire notizie e segnalazioni, di scrivere alcuni articoli per *"Archivio storico della Svizzera italiana". Bezzola e Ernst non risposero, e Giacometti si limitò (23 agosto 1941) a una generica adesione di principio a cui non seguì nulla di concreto.

Il 13 ottobre 1941 Ferretti scrisse a *Martha Amrein-Widmer annunciando l'invio alla *Zum Elsässer di altri numeri di *"Archivio storico della Svizzera italiana". Le chiese inoltre di recapitare a Ernst una nuova lettera in cui lo sollecitava a collaborare con il Centro con articoli, recensioni, e con uno studio (di cui i due avevano evidentemente parlato a Zurigo nel luglio precedente) su un manoscritto di Pietro Calepio (1693-1762) conservato a Zurigo, e che Ferretti proponeva come titolo inaugurale della nascente collana "Quaderni italo-svizzeri".[5] Il 21 novembre 1941 e il 19 gennaio 1942 Solmi scrisse invece a Jean Rudolf Von Salis per invitarlo a collaborare alla menzionata miscellanea di studi su Sismondi, e per chiedergli di inviare ad *"Archivio storico della Svizzera italiana" una copia del suo volume su *Giuseppe Motta* (Zurigo, Orell-Füssli, 1941) per una recensione. Né Ernst né Von Salis risposero mai alle lettere di Ferretti e Solmi; rispose invece, benché con oltre tre mesi di ritardo (il *20 gennaio 1942), Amrein, la quale in due lettere, una a Ferretti e una all'ISPI, non solo rifiutò l'abbonamento ad *"Archivio storico della Svizzera italiana" da parte della *Zum Elsässer, ma comunicò che nessuno dei propri clienti era interessato a sottoscriverlo. Ferretti tuttavia, come scrisse pochi giorni dopo al direttore dell'ISPI (*30 gennaio 1942), era ancora persuaso che l'ostilità zurighese fosse temporanea e si sarebbe ammorbidita nei mesi successivi, anche perché Solmi aveva da poco proposto all'Accademia d'Italia (ma senza successo) di cambiare il titolo della rivista da "Archivio storico della Svizzera italiana" a "Studi elvetici" (18 novembre 1941).

Il *16 marzo 1942 Solmi tentò allora la carta diplomatica e scrisse al Console italiano a Zurigo, Bruno Gemelli, pregandolo di sondare le ragioni del silenzio di Bezzola, Ernst e Von Salis. La risposta di Gemelli (*28 aprile 1942) confermava che l'avversione degli zurighesi era dovuta a sospetti sul movente politico del Centro. La lettera informava inoltre che Von Salis e Zoppi stavano allestendo alcune commemorazioni di Sismondi e una mostra di suoi scritti a Zurigo e Ginevra: come già accennato, lo svolgersi di due iniziative parallele sullo studioso (una organizzata dal Centro Studi e una da Zoppi e Von Salis) è indicativo del rifiuto di ogni dialogo da parte degli zurighesi. Con una successiva lettera (*16 luglio 1942), infine, Gemelli segnalava a Solmi un articolo di Von Salis intitolato *La posizione della Svizzera in Europa* (pubblicato su

---

5   Ernst aveva negli anni precedenti licenziato uno studio su Johann Jacob Bodmer, della cui cerchia Calepio faceva parte (cfr. Fritz ERNST, *Johann Jacob Bodmer: Vorwort zu eine Anthologie aus seinen Schriften*, Monaco, 1934-1935). Il manoscritto in questione è forse individuabile nell'autografo della *Descrizione dei costumi italiani* (s. l., 20 settembre 1727), conservato presso la Biblioteca Centrale di Zurigo (Ms Bodmer 39.26).

Il Centro Studi per la Svizzera italiana (1941-1943) 57

"Schweizerische Hochschulzeitung" e su "Die Tat", 3 luglio 1942) dove si esprimevano posizioni non conciliabili con un'eventuale collaborazione con il Centro Studi. Nel maggio 1942 Ferretti fece infine un secondo viaggio in Svizzera per conto del Centro, e a Zurigo ebbe l'occasione di avere "incontri e colloqui puramente culturali" (come si legge nel resoconto inviato a Solmi) con Ernst, Spoerri e Bezzola: questi incontri, tuttavia, non diedero poi luogo ad alcuna collaborazione concreta.

L'astio verso il Centro e l'Italia si manifestò concretamente anche in occasione dell'istituzione da parte del Consiglio di Stato del Cantone Ticino della Commissione filologica per il *Vocabolario dei dialetti della Svizzera italiana*. In una lettera dell'*8 settembre 1942 Solmi fece presente a Francesco Chiesa che Silvio Sganzini era l'unico svizzero-italiano nella Commissione (composta per il resto da Jakob Jud, Karl Jaberg, Paul Aebischer e Andrea Schorta), e lo pregò di attivarsi per proporre l'inserimento di nomi italiani (Alfredo Schiaffini, Carlo Battisti e Bruno Migliorini). Chiesa, che se ne interessò subito, riferì tuttavia (*25 settembre 1942) di aver incontrato una forte opposizione, in particolare da parte proprio di Jakob Jud, presidente della Commissione. Solmi e Ferretti si rassegnarono quindi al rifiuto zurighese solo negli ultimi mesi del 1942. Su richiesta di Ferretti (* 28 agosto 1942), il 5 ottobre Chiesa inviò al Centro una lista di possibili nomi da invitare per una serie di conferenze a Roma sui rapporti culturali tra Svizzera e Italia: il primo nome della lista era quello di Giuseppe Zoppi, in quegli anni principale animatore di tali scambi. Solmi e Ferretti decisero tuttavia di non considerarlo, come emerge dalla lista ufficiale di conferenzieri proposti a Federzoni (Presidente dell'Accademia d'Italia) pochi giorni dopo, che comprende, a parte Reto Roedel, solo studiosi italiani.

A Basilea la rivista del Centro Studi *"Archivio storico della Svizzera italiana" era invece ricevuta (come emerge dalla scheda degli invii custodita presso l'archivio dell'Accademia dei Lincei) dai periodici "Basler Nachrichten" e "Basler Zeitschrift für Geschichte und Altertumskunde", dallo Staatsarchiv, dalla Historische und Antiquarische Gesellschaft, dalla Universitätsbibliothek e, tra i professori universitari, da Arminio Janner (titolare della Cattedra di Letteratura Italiana) e da Edgar Bonjour (Professore di Storia svizzera e Storia contemporanea). Anche qui il console locale, Caracciolo di Melito, scriveva spesso al Centro con informazioni sull'attività dell'Italianistica locale. I due principali organizzatori di eventi italiani a Basilea erano le sezioni locali dell'*ASRI e della Dante Alighieri. L'ASRI organizzò una conferenza di Giulio Bertoni sulla *Vita Nova* (4 dicembre 1941) e una conferenza di Riccardo Bacchelli su Gioacchino Rossini (21 aprile 1942). La Dante Alighieri (lettera del *25 febbraio 1942) promosse invece una conferenza di Emilio Cecchi su Donatello (29 gennaio 1942) e un concerto di Benedetto Mazzacurati preceduto da una conferenza di Fausto Torrefranca (22 febbraio 1942). Durante il suo viaggio in Svizzera del maggio 1942 Ferretti incontrò all'Università di Basilea lo storico Werner Kaegi e il francesista Walther von Wartburg, che gli assicurarono la loro collaborazione all'*"Archivio storico della Svizzera italiana".

A Berna ricevevano l'"Archivio storico della Svizzera italiana" personalità politiche (come il Ministro d'Italia Attilio Tamaro e i Consiglieri Federali Enrico Celio e Jean-Marie Musy), testate giornalistiche (il "Berner Tagwacht", e la "Squilla italica" nella persona del direttore Carlo Richelmy), nonché due privati cittadini (Gottardo Madonna e Carlo Albisetti). Nel maggio 1942 Ferretti incontrò a Berna il Direttore dell'Archivio Federale, Léon Kern, con cui discusse di persona del progetto di prestito interarchivistico esposto poco sopra. Con l'archivista Hans Haas si accordò invece per la compilazione di un volume sugli esuli italiani in Svizzera, per la cui pubblicazione Ferretti era in dialogo con la Einaudi dal novembre 1939 (nel fondo del Centro Studi per la Svizzera Italiana presso l'Archivio del Lincei sono custodite le lettere con cui Ferretti e Haas presero accordi riguardo al volume). Il progetto sembrò concretizzarsi però solo nel febbraio 1943, come emerge da una lettera inviata a Ferretti dalla Einaudi (*25 febbraio 1943) con la scaletta dei capitoli, ma fu subito sospeso a causa di problemi interni alla casa editrice (*23 agosto 1944), e abbandonato poi nell'immediato dopoguerra (2 gennaio 1946).[6] Il volume, col titolo *Esuli del Risorgimento in Svizzera*, sarà pubblicato solo nel 1948 da Zanichelli. A Berna Ferretti ebbe incontri anche con i due maggiori esponenti cittadini dell'italianistica universitaria dell'epoca, ossia Karl Jaberg, titolare della cattedra di filologia romanza, e Adolfo Jenni, libero docente di letteratura italiana.

A San Gallo ricevevano *"Archivio storico della Svizzera italiana" Reto Roedel e la Scuola Commerciale della città. Le attività italiane comunicate dal viceconsole al Centro comprendono la stessa conferenza di Bacchelli su Rossini (16 aprile 1942, organizzata dalla Dante Alighieri) di Basilea, un corso di Reto Roedel su Galileo Galilei all'Università di San Gallo, una conferenza, sempre di Roedel, su *Manzoni ironista* al Lyceum cittadino, e la traduzione a opera di Adelaide Rikli del racconto di Ettore Cozzani *Anime prigioniere*, pubblicato sul "St. Galler Tagblatt". Nel proprio viaggio in Svizzera del maggio 1942 Ferretti non si recò a San Gallo.

---

6   La corrispondenza tra Ferretti e la Einaudi relativa al volume è custodita presso il Fondo Giulio Einaudi Editore dell'Archivio di Stato di Torino.

Svizzera romanda

Anche a Ginevra *"Archivio storico della Svizzera italiana" era letto da esponenti del mondo del giornalismo e dell'italianistica universitaria. Ricevevano la rivista il direttore del "Journal de Genève" Edmondo Chapuisat, l'ex direttore dello stesso giornale (ed ex Ministro di Svizzera a Roma) Georges Wagnière, il titolare della cattedra universitaria di letteratura italiana Henri de Ziegler e il fondatore (nel 1930) del Circolo di cultura italiana di Ginevra e libero docente (dal 1934) presso l'Università Tommaso Castiglione. Dal Consolato di Ginevra giunse al Centro una sola lettera (17 dicembre 1941) in cui si informava brevemente dell'attività di singole personalità: Ulrico Aillaud (Presidente della Dante Alighieri di Ginevra), Tommaso Castiglione e Luigi De Simone (studioso di economia). Nel maggio 1942 a Ginevra Ferretti incontrò il Direttore della Biblioteca universitaria Delarue, i professori William Rappard, Edmond Martin, de Ziegler, e De Simone.

A Losanna "Archivio storico della Svizzera italiana" era ricevuto invece da Plinio Bolla (in quegli anni giudice del Tribunale Federale e Presidente della Società Svizzera dei Giuristi), dal menzionato Rettore dell'Università Charles Gilliard, dalla Biblioteca Cantonale, e dalla "Gazete de Lausanne". Oltre che con Bolla e Gilliard, qui Ferretti nel maggio 1942 strinse legami anche con Alfredo Vannotti (Professore di Medicina Interna all'Università).

Svizzera italiana

La lista degli abbonati ad "Archivio storico della Svizzera italiana" contava, come ovvio, una maggioranza di nomi ticinesi. Oltre che da Francesco Chiesa ed Eligio Pometta, soci del Centro Studi, la rivista era letta da diverse personalità importanti della cultura cantonale come Camillo Olgiati (fondatore del Partito liberale radicale democratico ticinese), Ugo Tarabori (segretario del Dipartimento della Pubblica Istruzione), Emilio Rava (Presidente della libreria e società editoriale *Melisa), Alfonso Riva (fondatore della Lega nazionale ticinese, di orientamento filofascista), la scrittrice Elena Bonzanigo e lo scrittore Valerio Abbondio. La rivista giungeva anche a diversi enti e periodici, tra cui l'Archivio Cantonale di Bellinzona, la Biblioteca Cantonale di Lugano, "Il Dovere", il "Corriere del Ticino", "Gazzetta ticinese", il "Giornale del Popolo", la "Rivista Storica Ticinese", l'"Educatore della Svizzera italiana", il "Bollettino storico della Svizzera italiana".

La stampa ticinese e grigionese accolse generalmente con favore la costituzione del Centro, che ebbe diversi contatti con gli ambienti intellettuali svizzero-italiani. Nel suo viaggio del maggio 1942 Ferretti incontrò a Lugano Francesco Chiesa, Pino Bernasconi (politico liberale, nonché editore della

Collana di Lugano) e, come accennato Virgilio Chiesa e Adriana Ramelli, con cui si accordò circa l'allestimento (discusso sopra) di una bibliografia generale della Svizzera italiana. A Bellinzona incontrò invece lo storico Bruno Caizzi, Ugo Tarabori e i congiunti di Carlo Salvioni, da poco scomparso. Non mancarono comunque soggetti che preferirono tenersene lontano, come già accennato a proposito di Giuseppe Martinola, Giovanni Battista Angioletti e Luigi Caglio. Il 13 novembre 1942, inoltre, l'ISPI comunicò a Solmi che la libreria Salvioni di Bellinzona aveva rifiutato l'acquisto di *"Archivio storico della Svizzera italiana", e molte altre biblioteche a cui era stato inviato l'ultimo volume non avevano neanche risposto.

Questioni istituzionali

Sequestro della rivista al confine

Solmi e Ferretti avevano in realtà avuto alcuni problemi riguardo alla ricezione del loro lavoro in Svizzera ancora prima della fondazione del Centro. Le copie destinate alla Svizzera dell'ultimo numero dell'annata 1939 di *"Archivio storico della Svizzera italiana", spedite nell'estate 1940, furono infatti sequestrate alla dogana in seguito all'ingresso dell'Italia in guerra, secondo le disposizioni del Decreto del Consiglio Federale concernente provvedimenti contro la propaganda sovversiva del *27 maggio 1938. La tipografia del "Popolo d'Italia", che stampava la rivista fino al subentro dell'ISPI nel 1941, ne diede notizia a Solmi il 7 novembre 1940, informandolo che diversi abbonati di Locarno, Bellinzona e Zurigo lamentavano di non averla ricevuta, e il 30 dicembre 1940 comunicò al Centro che non avrebbe spedito più copie in Svizzera a causa del sequestro.

Solmi e Ferretti cominciarono così a cercare diverse soluzioni per aggirare il problema. Si rivolsero innanzitutto al Ministro italiano a Berna Attilio Tamaro (*s. d.) perché intercedesse con le competenti autorità svizzere, sottolineando oltretutto il paradosso per cui l'*"Archivio storico della Svizzera italiana" nonostante il suo carattere puramente accademico era l'unico periodico italiano sottoposto a sequestro, mentre era consentita l'importazione di altre testate dichiaratamente antisvizzere. Contemporaneamente, Solmi e Ferretti contattarono la *Mondadori (*3 gennaio 1941) chiedendo di distribuire le copie rimanenti di "Archivio storico della Svizzera italiana" attraverso la libreria *Melisa. Grazie all'intercessione di *Luigi Rusca (direttore editoriale della Mondadori, fondatore della *Melisa, e amico personale di Ferretti, per cui cfr. lettera del *23 gennaio 1941) la Melisa acconsentì all'operazione (4 febbraio 1941), ma la nuova spedizione fu comunque sequestrata alla dogana di Porto Ceresio il *20 febbraio 1941. Solmi si rivolse allora al Ministro svizzero a Roma, Ruegger, il quale assicurò il suo sostegno immediato (27 febbraio 1941). Le spedizioni ripresero quindi nei mesi successivi, come emerge da un telegramma di Solmi alla *Melisa e da una lettera dello stesso Solmi all'Ufficio Scambi della Banca d'Italia in cui si chiede di pagare la libreria per tale servizio (1 giugno 1941).

Problemi interni

Oltre a dover fare i conti con i sospetti di molti ambienti intellettuali svizzeri e con il sequestro alla dogana di *"Archivio storico della Svizzera italiana", Solmi e Ferretti dovettero difendere il Centro anche da alcuni attacchi interni. Alcuni ambienti dell'Accademia d'Italia non condividevano infatti la linea esclusivamente scientifica del Centro e premevano per una direzione più marcatamente politica, se non addirittura irredentista. Solmi e Ferretti, in altre parole, si ritrovarono nella situazione di doversi difendere su due fronti, e da accuse diametralmente opposte: da una parte in Svizzera si vedeva il Centro come un ente di propaganda politica, dall'altra l'Accademia d'Italia contestava al Centro proprio di non essere un organo di propaganda politica.

Il *6 dicembre 1942 ad esempio il Presidente dell'Accademia d'Italia Federzoni, a cui erano da poco state sottoposte le bozze del volume di Enrico Besta *Bormio e i suoi rapporti con la Rezia* che avrebbe dovuto inaugurare la collana "Studi e documenti", ordinò a Ferretti di modificare alcune parti del testo in senso più nazionalista. Tra i cambiamenti ordinati, la sostituzione di alcuni toponimi svizzeri con termini italiani e la rimozione della parola "oltremontani" per definire i grigionesi e gli altoatesini, in quanto quell'espressione avrebbe potuto "far sorgere il dubbio che egli intenda dire che né gli uni né gli altri siano italiani". Il volume non fu poi mai pubblicato.

I dubbi dell'Accademia sull'operato del Centro erano emersi già qualche mese prima, quando nell'agosto 1942 il Ministero della Cultura Popolare aveva disposto che *"Archivio storico della Svizzera italiana" uscisse semestralmente anziché trimestralmente (cfr. lettera dell'ISPI a Ferretti, *11 agosto 1942). Con una lettera al Ministero (*19 agosto 1942) Solmi riuscì tuttavia a far revocare l'ordinanza (29 agosto 1942). Nella lettera Solmi addusse ragioni di ordine sia economico (riduzione delle pagine) sia politico: presentò la rivista come "intesa ad affermare e difendere l'italianità etnica e culturale dei Cantoni Svizzeri confinanti coi territori nazionali", una definizione che convinse il MinCulPop ma che Solmi quasi certamente non avrebbe utilizzato in contesti svizzeri.

Nonostante le rassicurazioni di Solmi, in breve tempo le autorità italiane constatarono tuttavia nuovamente i fini esclusivamente scientifici del Centro e perciò a dicembre 1942, complice anche la difficile situazione bellica ed economica, ne decretarono la chiusura. La proposta venne dal Ministero degli Affari Esteri, che sollecitò in tal senso il Presidente dell'Accademia d'Italia Giovanni Gentile (subentrato a Federzoni dal 25 luglio 1943). La lettera del Ministero (*17 dicembre 1943) segnala, tra le altre cose, che

> il 'Centro Studi per la Svizzera Italiana' presso l'Accademia d'Italia, ed il suo organo, l'"Archivio Storico della Svizzera Italiana' non hanno mai assunto in effetti quell'atteggiamento nazionale che sarebbe stato logico attendersi, tramutandosi in realtà in Centro per le relazioni italo-svizzere ed in Archivio Storico per la Svizzera. Tale comportamento del Centro e della sua pubblicazione hanno così, in un certo modo, snaturato quello che era l'intendimento originale.

Solmi si vide quindi costretto a riconoscere la chiusura del Centro e, in un'ultima lettera a Gentile (*28 dicembre 1943), presentò il conto delle spese ancora da sostenere verso terzi.

Nonostante le molte difficoltà interne ed esterne, il Centro Studi per la Svizzera italiana fu un ente importante per il consolidamento degli studi italo-elvetici e il mantenimento di rapporti culturali tra Svizzera e Italia. Benché per un breve periodo (1941-1943), fu un riferimento molto utile per gli studiosi di cultura svizzera in Italia e per diversi studiosi svizzeri. Questo soprattutto grazie all'attività scientifica e organizzativa di Solmi e Ferretti, che si diedero molto da fare per la pubblicazione di *"Archivio storico della Svizzera italiana", per l'allestimento delle *due collane "Studi e documenti" e "Quaderni italo-svizzeri", e per l'avvio di diversi altri progetti (bibliografia della Svizzera italiana, prestito interarchivistico, etc.). Il valore del loro impegno è documentato dal fatto che l'esperienza del Centro Studi sarà la base da cui nascerà, solo due anni dopo la sua chiusura e con simili scopi, l'*Associazione Italo-Svizzera, a cui è dedicato qui il prossimo capitolo.

Alessandro Bosco

3 L'Associazione Italo-Svizzera di Cultura (1945-1952)

Le prime notizie relative alla costituzione di quella che sarebbe poi divenuta *l'Associazione Italo-Svizzera di Cultura si ricavano da una lettera che Peter Anton von Salis, Chargé d'affaires presso l'ambasciata svizzera a Roma, invia il 31 agosto del 1944 al capo della Divisione degli Affari Esteri della Confederazione. Von Salis riferisce di una visita di *Giovanni Ferretti, già direttore del *Centro Studi per la Svizzera italiana, e della volontà di quest'ultimo di tenere in vita, dopo il crollo del fascismo, il detto Centro trasformandolo in un'associazione autonoma finanziata tramite le quote sociali. Il progetto di Ferretti prevede che un membro del Comitato direttivo venga nominato direttamente dall'ambasciata svizzera. Propone inoltre di adottare gli Statuti del vecchio Centro apportando delle minime modifiche all'Articolo 1 dove si definiscono i fini dell'ente: il punto a) («illustrare la storia e le tradizioni culturali della Svizzera Italiana») viene cassato, mentre il punto b) «illustrare i rapporti storici e culturali tra l'Italia e la Svizzera» viene integrato come segue: «con particolare riguardo ai territori di questa linguisticamente ed etnicamente italiani». Quest'aggiunta, come vedremo, non si rileverà particolarmente felice, benché lo sforzo di Ferretti sia volto a dissipare qualsiasi sospetto di irredentismo che come un'ipoteca grava sull'eredità del vecchio Centro Studi.

La lettera di von Salis, che chiede direttive al proprio Dipartimento di afferenza circa l'atteggiamento da assumere nei confronti della proposta di Ferretti, viene girata a Philipp Etter, ministro dell'interno, il quale a sua volta la inoltra ad Enrico Celio, capo del Dipartimento federale delle Poste e delle Ferrovie nonché successore di Giuseppe Motta. La risposta di Celio a Etter è datata 7 novembre 1944:

> L'idea di ricostruire detto Centro di Studi che, precedentemente era sotto il patrocinio dell'Accademia d'Italia, da un punto di vista culturale può anche essere considerata come un gesto simpatico. Per eliminare equivoci e complicazioni sarà bene però che si chiami "Centro di Studi svizzeri". Che un rappresentante in detta organizzazione culturale sia nominato dalla legazione svizzera mi sembra opportuno perché toglierebbe ad essa, nei suoi ulteriori sviluppi, un carattere irredentistico.[1]

---

1   Lettera di Enrico Celio a Philipp Etter datata Berna, 7 novembre 1944, Archivio Federale (Berna), fascicolo E2001D#1000/1553#6152* – "Associazione italo-svizzera di cultura, Roma".

Era stata in passato, prosegue Celio, soprattutto la figura del senatore Arrigo Solmi, fondatore della rivista *"Archivio storico della Svizzera italiana" (poi organo ufficiale del Centro Studi) e autore di alcuni saggi storici sui rapporti tra Lombardia e Svizzera italiana ritenuti di ispirazione irredentista, a destare malumori negli ambienti governativi svizzeri. Ferretti, invece, viene ritenuto persona amica, «mente dinamica e rispettosa della sensibilità svizzera», tanto che Celio non vede «ragioni gravi per opporsi» al progetto di ricostituire il Centro.[2] Consiglia tuttavia di prendere tempo, vista la situazione tutt'altro che stabile di un'Italia ancora in guerra:

> Ritengo che non c'è fretta. L'Italia è così dismembrata che una parte importante di essa non potrebbe essere consultata: penso alla Lombardia, al Piemonte ecc. che sono focolari di cultura di primo piano, che si sono sempre interessati dei rapporti culturali italo-svizzeri. Ecco perché mi sembra che pur senza dichiarare disinteresse alla cosa, converrebbe da parte nostra temporeggiare sino a quando la situazione dell'Italia si è chiarita e stabilizzata.[3]

Il 20 novembre del 1944 Etter fa sue le argomentazioni di Celio e le trasmette al Dipartimento Politico (l'equivalente del Ministero degli Esteri). Da una nota interna non firmata, datata 28 novembre (forse redatta dal ministro Marcel Pilet-Golaz capo del detto Dipartimento), traspare una certa esitazione di fronte al progetto ferrettiano:

> Un centre d'études pour la Suisse italienne et même pour la Suisse tout court en Italie pourra être une source d'ennuis pour nous, parce qu'il se trouvera toujours des intellectuels ou des fonctionnaires en quête de revendications culturelles ou politiques qui, si l'atmosphère leur était favorable, se serviraient de cette institution pour des visées étrangères à l'idée que nous faisons de ses buts. L'expérience nous a appris qu'un changement de personnes ou de climat politique peut faire d'une institution appelée à favoriser l'amitié italo-suisse, un organe de propagande impérialiste.[4]

È un'annotazione interessante che, al netto della diffidenza di fondo, fotografa perfettamente ciò che di fatto era ripetutamente accaduto negli anni del fascismo (come abbiamo visto, ad esempio, nel caso dell'*ASRI). A destare perplessità sono anche le già ricordate modifiche che Ferretti propone in relazione alle finalità del Centro, e in particolare quell'integrazione per cui lo studio dei

---

2 Ibidem.
3 Ibidem.
4 Archivio Federale (Berna), fascicolo E2001D#1000/1553#6152* - "Associazione italo-svizzera di cultura, Roma".

rapporti italo-svizzeri sarebbe da condurre con specifico riferimento ai territori «linguisticamente ed etnicamente italiani»:

> Ce complément pourrait, si l'institut tombait dans les mains de personnes moins correctes que M. Ferretti, prêter à des malentendus dangereux [sic]. Il vaudrait mieux le laisser tomber ou tout au moins ne pas parler de territoires «ethniquement italiens». Il faudrait si possible faire du Centre une institution s'intéressant à l'histoire et à la vie culturelle de toute la Suisse.[5]

Tanto più che la cultura italofona era radicata anche nelle altre regioni linguistiche della Svizzera, come del resto Ferretti sapeva bene.

L'atto costitutivo dell'Associazione

Anche il Dipartimento Politico della Confederazione sposa dunque la strategia del temporeggiamento, comunicandola, finalmente, a von Salis il 5 dicembre del 1944, il quale tuttavia accusa ricevuta della missiva soltanto il 23 febbraio del 1945, ovvero 24 ore dopo la costituzione ufficiale dell'Associazione Italo-Svizzera di Cultura. I giochi, dunque, erano già fatti. Ferretti aveva portato avanti il proprio progetto senza esitazioni, approfittando anche del graduale rientro dall'esilio svizzero di diversi intellettuali italiani che seppe abilmente coinvolgere nell'iniziativa. Nel comitato promotore dell'Associazione, costituitosi il 25 gennaio del 1945, figurano così, tra gli altri, Angelo Monteverdi (già Professore di filologia romanza presso l'Università di Friburgo), Delio Cantimori, Giulio e Luigi Einaudi, Stefano Jacini, Concetto Marchesi, *Luigi Rusca (nominato commissario della RAI, dopo aver lavorato lungamente per Mondadori), Hans Wolf von Salis (delegato del comitato internazionale della Croce Rossa), Ignazio Silone, Pietro Paolo Trompeo. L'assemblea costituente si tenne il 22 febbraio del 1945 e Luigi Einaudi fu eletto Presidente dell'Associazione, suscitando il plauso di von Salis («Ich glaube», scriveva in una missiva al capo della divisione degli Affari Esteri Walter Stucki, «dass wir uns beglückwünschen können, dass Prof. Einaudi die Wahl angenommen hat, da seine Persönlichkeit für eine korrrekte Arbeit der Vereinigung jede Gewähr bietet»).[6] Se Einaudi era dunque una personalità internazionalmente spendibile in termini di autorevolezza e di sentimenti

---

5   Ibidem.
6   Lettera di Peter Anton von Salis a Walter Stucki, Roma, 15 marzo 1945, Archivio Federale (Berna), fascicolo E2200.155-01#1971/192#229* – "Associazione italo-svizzera di cultura, Roma": «Credo che dovremmo rallegrarci che il prof. Einaudi abbia accettato l'elezione, visto che la sua persona fornisce ogni tipo di garanzia circa la correttezza del lavoro dell'Associazione».

antifascisti, di fatto era però Ferretti ad occuparsi della gestione dell'Associazione, nei limiti dei pochi mezzi a disposizione. «Pour le moment», scrive von Salis agli uffici del Ministero degli Affari Esteri dopo aver assistito all'assemblea costitutiva, «je ne pense pas que l'activité de l'association puisse être très grande à défaut de moyens suffisants. D'après M. le prof. Ferretti, l'on va reprendre l'activité telle qu'elle a été décrite dans la circulaire d'invitation».[7] Nella detta circolare, redatta dal comitato promotore, si annunciavano, insieme alla data dell'assemblea costituente, gli scopi dell'Associazione, ribadendo la sostanziale continuità con l'attività del vecchio «Centro Studi»:

> Quest'Associazione conta di raccogliere la tradizione creata dal «Centro di studi per la Svizzera italiana» che ha funzionato nell'ultimo biennio presso la R. Accademia d'Italia testé soppressa, e che, malgrado il titolo ambiguo che gli fu imposto da chi allora poteva, è stato un volenteroso organo di reciproca conoscenza e comprensione tra i due Paesi; ne eredita, per concessione del Commissario straordinario dell'Accademia Nazionale dei Lincei, la biblioteca e il materiale di studio, e ne riprenderà, con quello spirito più largo cui il nuovo clima di libertà consentirà di espandersi, le pubblicazioni.[8]

Riprese, difatti, la pubblicazione delle due collane *"Quaderni italo-svizzeri" e *"Studi e documenti", onde «promuovere gli studi relativi ai vincoli storici e alle relazioni culturali tra l'Italia e la Svizzera». Non fu invece possibile, come pure era nelle intenzioni di Ferretti, continuare la tradizione dell'"Archivio storico", il che segnò la fine definitiva della rivista. Tra gli altri punti che figurano nell'elenco delle finalità dell'Associazione vanno segnalate almeno l'intenzione di «promuovere la diffusione del libro italiano in Svizzera e l'incremento dei fondi italiani nelle pubbliche biblioteche svizzere, e, reciprocamente, di opere concernenti la Svizzera nelle biblioteche italiane», nonché la volontà di «prendere iniziative intese così alla valorizzazione della lingua italiana come alla conoscenza e comprensione della e dei problemi italiani in Svizzera, e, reciprocamente, della vita e dei problemi svizzeri in Italia». Un programma ambizioso, dunque, e, rispetto al discorso della valorizzazione della lingua italiana in Svizzera, non privo di ingenuità, visto che non solo sembra ignorare la complessità di tale

---

7 Lettera di Peter Anton von Salis a Walter Stucki, Roma 26 febbraio 1945, Archivio Federale (Berna), fascicolo E2200.155-01#1971/192#229* - "Associazione italo-svizzera di cultura, Roma".

8 Il documento è conservato nel medesimo fascicolo E2200.155-01#1971/192#229* presso l'Archivio Federale. Sull'eredità del Centro Studi in relazione alla costituzione dell'Associazione italo-svizzera si veda il fondamentale articolo dello stesso FERRETTI, L'associazione italo-svizzera di cultura, in «Svizzera italiana», a. VI, n. 11/12, novembre-dicembre 1946, pp. 464-469.

dibattito entro i confini della Confederazione, ma finisce anche per muoversi sulla soglia dell'ingerenza politica (aspetto su cui avremo modo di tornare). Nei fatti, tuttavia, l'attività principale dall'Associazione negli anni dell'immediato dopoguerra si limitò sostanzialmente all'organizzazione di conferenze.

Il progetto di una sezione svizzera e i sospetti irredentistici

Un primo, nutrito ciclo di interventi ebbe luogo a Roma nella primavera di quello stesso 1945 con tematiche vertenti perlopiù sull'esperienza dell'esilio svizzero durante la guerra. Ne dà testimonianza il seguente elenco di titoli ricostruito sulla base dei documenti archivistici (inviti o cenni nei carteggi) consultati:

- Luigi Gasparotto, *La Svizzera e il diritto di asilo nel Risorgimento italiano e nel momento attuale* (12 maggio 1945)
- Francesco Carnelutti, *Università italiana in esilio* (19 maggio 1945)
- Ignazio Silone, *Ricordi della Svizzera* (26 maggio 1945)
- Stefano Jacini, *Ricordi dell'emigrazione italiana nella Svizzera* (2 giugno 1945)
- Gustavo Colonnetti, *L'esperienza svizzera e la nostra ricostruzione universitaria* (9 giugno 1945)
- Giovanni Battista Boeri, *La serena vita politica del Ticino* (16 giugno 1945)
- Concetto Marchesi, *Asili ed esuli nel Canton Ticino* (23 giugno 1945)

In relazione a questa prima serie di conferenze sono interessanti alcune osservazioni di von Salis, che rendono bene l'idea del tenore di questi interventi. Infatti, se von Salis da un lato sottolinea il giovamento che l'immagine della Svizzera trae dalle dette conferenze, dall'altro non nasconde l'effetto stancante e imbarazzante delle lodi talvolta sperticate che i relatori riservano alla Confederazione. In una lettera del 26 maggio 1945 alla Divisione degli Affari Esteri si legge a proposito della sopra elencata conferenza di Francesco Carnelutti:

> Prof. Carnelutti hat in sehr interessanter Weise über die Entstehung der Hochschulkurse für Italiener an den vier Hochschulen französischer Sprache der Schweiz referiert und sich ausserordentlich lobend über die Unterstützung, die er dabei bei schweizerischen Universitätskreisen gefunden hat, ausgesprochen. Zweifellos bedeutet diese Serie von Konferenzen ein ausgezeichnetes Propagandamittel für die Schweiz, indem diese Gruppe von aus der Schweiz zurückgekehrten Italienern unser Land haben kennen und schätzen lernen. Bei Professor Carnelutti war das Zeugnis, das er der Schweiz ausstellte, sogar etwas übertrieben.[9]

---

9 Lettera di Peter Anton von Salis al Ministero degli Affari Esteri, Roma, 26 maggio 1945, Archivio Federale (Berna), fascicolo E2200.155-01#1971/192#229* - "Associazione

E in una missiva successiva, sempre in relazione al detto ciclo di conferenze:

> Entgegen den Ratschlägen verschiedener Schweizer hat der Vorstand der Vereinigung darauf beharrt, trotz sommerlicher Hitze die wöchentlichen Vorträge noch im Juni abzuhalten, wobei jedenfalls für die italienischen Zuhörer eine Übersättigung zu befürchten ist, zumal ja die einzelnen Redner sich manchmal über die Schweiz, ihre Institutionen und die Gastfreundschaft, die die Italiener dort geniessen, in für uns eher peinlich übertriebenen Lobaussprüchen ergehen.[10]

Intanto il comitato direttivo aveva definito in ben 27 articoli distribuiti su cinque pagine gli Statuti dell'Associazione. Scompare qualsiasi riferimento ai territori «linguisticamente ed etnicamente italiani», ma all'articolo 23 compare, invece, un accenno alla possibilità di fondare delle sezioni dell'Associazione in Svizzera. Von Salis, ricevuta copia degli statuti, inoltra il documento alla divisione degli Affari Esteri con alcune annotazioni di suo pugno. Non piace il punto, già discusso in relazione alla circolare del comitato promotore, in cui si menziona la volontà di promuovere la lingua e la cultura italiana in Svizzera: «Die Wahrung der italienischen Sprache und Kultur *in der Schweiz* ist wohl *unsere* Sache», ovvero "la valorizzazione della lingua e della cultura italiana in Svizzera è ben affar *nostro*", si legge sul margine del foglio. Del resto, la possibilità di fondare sezioni all'estero appare potenzialmente problematica anche per la possibile posizione di concorrenza che potrebbe prodursi rispetto all'ASRI. Il Consiglio Federale non ritiene opportuno intervenire in materia e chiede che siano le rispettive associazioni a coordinarsi autonomamente tra di loro. Ma il vero punto è un altro, ovvero la non sopita diffidenza verso le

---

italo-svizzera di cultura, Roma": «Il prof. Carnelutti ha parlato in modo molto interessante della creazione dei corsi universitari per gli italiani nei quattro atenei di lingua francese della Svizzera, esprimendo molte lodi per il sostegno ricevuto dagli ambienti universitari svizzeri. Senza dubbio questa serie di conferenze costituiscono un ottimo mezzo di propaganda per la Svizzera, per il modo in cui questo gruppo di italiani rientrati dalla Svizzera ha imparato a conoscere e apprezzare il nostro paese. Nel caso del prof. Carnelutti, comunque, la nota di merito conferita alla Svizzera è stata alquanto esagerata».

10 Lettera di Peter Anton von Salis al Ministero degli Affari Esteri, Roma, 9 giugno 1945, Archivio Federale (Berna), fascicolo E2200.155-01#1971/192#229* - "Associazione italo-svizzera di cultura, Roma": «Contravvenendo ai consigli di molti svizzeri, il Consiglio direttivo dell'Associazione ha insistito per far svolgere le conferenze in giugno malgrado il caldo estivo, e senza contare il pericolo di stancare gli uditori italiani, vista la tendenza dei singoli oratori a lasciarsi andare a lodi esagerate, e per noi imbarazzanti, sulla Svizzera, le sue istituzioni e l'ospitalità riservata dal nostro Paese agli italiani».

iniziative culturali italiane in Svizzera per il sospetto persistente di segrete mire irredentiste. Questo è quanto traspare esplicitamente da un appunto riservato relativo alla questione, firmato da Carlo Fedele (attaché presso la divisione degli Affari Esteri) e conservato tra le carte dell'archivio federale:

> Il Prof. Guido Calgari, – si legge – con il quale ho avuto occasione di parlare recentemente e al quale ho fatto allusione al nuovo "Centro" a Roma, è pure dell'opinione che esso dovrebbe limitare la sua attività in Italia. D'altra parte il Prof. Calgari esprime nei confronti dei fondatori del nuovo "Centro" una certa diffidenza. Il mio interlocutore non può immaginarsi che il movimento irredentista, che egli non considera un movimento d'ispirazione fascista bensì una espressione del popolo italiano che già dai tempi più remoti vede il confine naturale del Reno alle Alpi, troverà un giorno o l'altro in questo "Centro" dei fautori. Il miglior modo per combattere l'irredentismo sarebbe quello di far conoscere al popolo italiano quali siano le origini dell'indipendenza delle terre italiane ticinesi e grigionesi, poiché è unicamente per ignoranza – secondo il Prof. Calgari – che tali argomenti sono di tanto in tanto fatti valere.[11]

Anche dopo la caduta del fascismo e la fine della guerra lo spettro irredentista continua dunque ad aggirarsi negli ambienti intellettuali svizzeri e, nella fattispecie, in quelli ascrivibili all'area ideologica dell'*elvetismo di cui Calgari, appunto, fu uno dei massimi esponenti nella Svizzera italiana. L'argomentazione di Calgari, ammesso che sia stata correttamente riportata da Fedele, è viziata alla base da una convinzione alquanto discutibile secondo cui l'irredentismo sarebbe un fattore non già politico bensì culturale, da ascriversi cioè alla fondamentale ignoranza degli italiani circa «le origini dell'indipendenza delle terre italiane ticinesi e grigionesi». Anche von Salis, mosso dalla stessa diffidenza di fondo di Calgari, si oppone nettamente alla possibilità di fondare sezioni autonome dell'Associazione in Svizzera. In una lettera del 16 novembre del 1945 alla divisione degli Affari Esteri egli ritiene che in Italia non si possa ancora registrare un netto distacco dai valori del fascismo («ein klares Abrücken vom Faschismus in der italienischen Mentalität [ist] nicht erfolgt»), né gli sembrano da escludere rigurgiti di aspirazioni irredentiste («man kann nicht wissen, bis die Lage sich etwas geklärt hat, ob nicht unter einer anderen Form irredentistische Ansprüche von Italien aus wieder geltend gemacht werden»), ovvero: «non si può sapere, fintanto che la situazione non si sia chiarita un po', se dall'Italia non verranno fatte valere di nuovo, in altra forma, pretese

---

11 Archivio Federale (Berna), fascicolo E2200.155-01#1971/192#229* – "Associazione italo-svizzera di cultura, Roma". Si tratta di un dattiloscritto di una pagina e mezza intitolato *Notizia* e datato 26.9.1945.

irredentiste»). La costituzione di nuove associazioni italiane a scopo culturale gli sembra quindi da rifiutare finché la situazione politica non si sarà chiarita.[12]

Nascono altre sezioni italiane dell'Associazione

Se, difatti, negli anni a seguire nessuna sezione dell'Associazione sarebbe mai stata fondata in Svizzera, diversa fu la situazione sul territorio italiano dove nel giro di pochi mesi sorsero varie sezioni in città come Milano, Napoli, Firenze, Genova e Venezia. Quali fossero le motivazioni e quali gli interessi da cui tali iniziative muovevano, quali i destinatari a cui esse si rivolgevano e quali i rapporti che intrattenevano con la sezione romana lo si può paradigmaticamente dedurre dal caso di Milano, di cui si conserva un prezioso documento redatto il 17 dicembre del 1945 dal console svizzero di quella città e destinato al capo della divisione degli Affari Esteri:

> Monsieur le Ministre, bien que le temps me manque pour vous faire tenir dès maintenant une relation détaillée de la création, à Milan, d'une société italo-suisse (Associazione Italo-Svizzera), j'ai jugé indispensable de vous communiquer sommairement quelques renseignements à ce sujet. L'idée de fonder une telle association était partie, il y a quelque mois déjà, de différents milieux. Il y avait tout d'abord les réfugiés universitaires italiens qui, enthousiastes de l'accueil reçu en Suisse et conscients de l'utilité qu'une telle initiative aurait pour les hautes écoles des deux pays, voulaient à tout prix fonder une société italo-suisse. Un autre groupe de réfugiés visaient au même but. Enfin, un nombre considérable de personnalités m'avaient entretenu depuis longtemps de leur intention de donner vie à une institution de ce genre. J'ai été, par conséquent, obligé de m'occuper activement et de très près de ce problème dans le but d'éviter que différentes initiatives surgissent en même temps. En effet, il eût été nuisible à cette cause que des groupes divers lancent en même temps cette idée. Il m'a été possible ainsi de canaliser les enthousiasmes et de réunir les différents efforts. Cette tâche n'a évidemment pas été très facile car chacun voulait s'attribuer le mérite de l'initiative. Après de longues discussions, il m'a enfin été possible de convoquer un comité promoteur composé des représentants des différents groupements italiens et des personnes les plus en vue de notre colonie. Vous savez certainement qu'à Rome s'était déjà constitué, il y a quelque mois, une association analogue, sous la présidence de M. Einaudi. Il a fallu tout d'abord examiner si, à Milan, on voulait constituer une association affiliée à celle de Rome ou créer plutôt une société indépendante. Cette dernière idée a prévalu et, à l'unanimité, les initiateurs ont décidé de fonder à Milan

---

12 Cfr. Lettera di Peter Anton von Salis alla Divisione degli Affari Esteri, Roma, 16.11.1945, Archivio Federale (Berna), fascicolo E2001D#1000/1553#6152* – "Associazione italo-svizzera di cultura, Roma".

une association autonome qui, cependant, ne manquera pas de se mettre en contact avec celle de Rome.[13]

Se l'Associazione romana, rispetto alla quale l'Associazione milanese rivendica la propria autonomia, nasceva dalle ceneri del Centro Studi facendovi confluire l'esperienza degli esuli, la controparte milanese, invece, nasceva là dove prima non c'era niente e come volontà di proseguire e di istituzionalizzare una rete di rapporti intellettuali direttamente riconducibili all'esperienza dell'esilio svizzero. Il compito del console – il quale, a differenza di quanto accaduto a Roma, appare direttamente coinvolto nella costituzione dell'Associazione – fu quello di «incanalare gli entusiasmi» per evitare il moltiplicarsi di iniziative analoghe sul territorio cittadino. A livello nazionale Ferretti si trovò dunque sostanzialmente di fronte allo stesso problema, visto il fiorire delle dette associazioni in altre città italiane. Avvertiva anche lui la necessità, se non di «incanalare», perlomeno di coordinare secondo linee direttive condivise, di sostenere ma anche di documentare le attività delle altre sezioni. In questo senso Ferretti non vedeva di buon occhio le iniziative come quelle milanesi che rivendicavano la propria totale autonomia da Roma. Lo si capisce chiaramente leggendo una lettera firmata da Luigi Einaudi, ma probabilmente redatta da Ferretti, indirizzata al console svizzero di Genova a proposito della costituzione nella città ligure di una sezione dell'Associazione:

> La creazione costì (e ciò vale anche per Milano) di un'Associazione autonoma costituirebbe una dispersione di forze, e rappresenterebbe in molti casi un dualismo di azione che non gioverebbe allo scopo che si prefiggono tutti coloro che intendono rafforzare i vincoli che nei diversi campi legano l'Italia alla Confederazione Elvetica. Rimane però inteso che una Sezione genovese della nostra Associazione potrebbe svolgere la sua azione con piena autonomia purché non si allontanasse dalla direttive generali che sono a base dell'Associazione, e anche in materia di contributi si potrebbe convenire che tutto, o quasi, l'importo delle quote sociali venisse destinato a iniziative locali in modo che la sede centrale non graverebbe sul bilancio della Sezione, salvo anzi a venirgli in aiuto quando si potesse avere una maggiore disponibilità di fondi.[14]

L'idea di Ferretti era dunque quella di eleggere l'Associazione romana a sede centrale, alla quale le altre sezioni avrebbero dovuto fare riferimento pur mantenendo una sostanziale autonomia di azione locale.

---

13 Archivio Federale (Berna), E2200.155-01#1971/192#229* – "Associazione italo-svizzera di cultura, Roma".
14 Lettera di Luigi Einaudi al Console Generale di Svizzera in Genova Biaggi De Blasys, datata Roma 23 marzo 1946, Archivio Federale, fascicolo E2200.155-01#1971/192#229*.

Il sodalizio con la rivista "Svizzera italiana" diretta da Calgari

Dopo la chiusura dell'"Archivio storico della Svizzera italiana" mancava all'Associazione un organo ufficiale che invece adesso sarebbe stato molto utile proprio in funzione del coordinamento e della documentazione delle attività delle singole sezioni. L'individuazione di questa necessità da parte di Ferretti, da un lato, e, dall'altro, il desiderio di Calgari di far conoscere la vita culturale ticinese e svizzera in Italia (ovvero, di far capire la peculiarità dell'italianità svizzera di fronte alle presunte tendenze irredentiste della cultura italiana), fecero sì che sul numero di novembre-dicembre 1946 di *"Svizzera italiana" lo stesso Calgari annunciasse il sodalizio tra la rivista locarnese da lui diretta e l'Associazione romana di cui Ferretti era vicepresidente:

> L'Associazione italo-svizzera di cultura, con sede in Palazzetto Venezia, a Roma, ha già diramato ai suoi amici, d'accordo con noi, la notizia che diamo ora con legittima soddisfazione agli amici e lettori «nostri»: a decorrere dal 1° di gennaio 1947, «Svizzera italiana» diverrà anche organo dell'Associazione italo-svizzera di cultura. Essa uscirà regolarmente in fascicoli bimestrali che d'ordinario avranno 80 pagine, porterà nuove rubriche sulle manifestazioni culturali e sulle pubblicazioni che interessano i due paesi vicini e amici; alla redazione svizzera di Locarno si aggiungerà, per la parte italiana, una redazione romana, nella sede dell'Associazione, e l'una e l'altra procederanno con costante collaborazione, integrandosi a vicenda; accanto al direttore attuale entra, quale condirettore e per la parte della collaborazione italiana, Giovanni Ferretti, e al Comitato di consulenza della redazione locarnese – che verrà ricomposto – si aggiungono:
>
> o Luigi Einaudi, presidente dell'Associazione italo-svizzera, Roma
> o Egidio Reale, Roma-Berna
> o Ignazio Silone, Roma
> o Carlo Pellegrini, Firenze
> o Diego Valeri, Venezia
>
> Gli ultimi due consulenti rappresentano le Associazioni culturali italo-svizzere di Firenze e di Venezia, mentre trattative sono in corso con l'associazione di Milano.[15]

Quali siano stati gli esiti di tali trattative non è dato sapere. Fatto sta che, per quel che riguarda il rapporto tra l'Associazione e gli intellettuali svizzeri, la diffidenza iniziale di Calgari verso la neonata Associazione si tramuta adesso in «illimitata fiducia», parole con cui il direttore conclude il proprio annuncio. I due anni (1947 e 1948) di collaborazione effettiva (e non soltanto nominale

---

15 Guido CALGARI, *"Svizzera italiana" e le associazioni culturali italo-svizzere in Italia*, in «Svizzera italiana», a. VI, n. 11/12, novembre-dicembre 1946, pp. 413-414.

come più tardi sarebbe divenuta) segnarono il punto più alto della vita della rivista, in primo luogo grazie alla quantità e alla qualità dei contributi italiani: da Luigi Einaudi a Gaetano Salvemini, da Guido de Ruggieri a Maria Montessori, da Luigi Russo a Giulio Carlo Argan passando per Silvio D'Amico, Pietro Paolo Trompeo, Massimo Mila e molti altri ancora, la rivista raggiunse vette intellettuali che testimoniano della capacità di Ferretti nel cooptare forze culturali per la causa italo-svizzera.

Prosegue intanto in questi stessi anni l'attività dell'Associazione romana, e in particolare l'organizzazione di nuovi cicli di conferenze. Le tematiche affrontate non si limitano più alle testimonianze degli esuli, grazie soprattutto al coinvolgimento di relatori svizzeri che ampliano notevolmente il ventaglio degli argomenti affrontati, come si evince dal seguente elenco:

- Amintore Fanfani, *Vita ed esperienza dei campi universitari di internamento* (dicembre 1947)
- Henri de Ziegler, *L'Italie dans la vie et dans l'oeuvre de Jean-Jacques Rousseau* (1948)
- Sven Stelling-Michaud, *L'Université de Bologne et les origines de la Confédération suisse* (1948)
- Guido Calgari, *La Svizzera ed il 1848* (1948)
- Arminio Janner, *Jacopo Burckhardt e l'Italia* (1948)
- Paul Collart, *La Suisse romaine* (1948)
- Jean Piaget, *La pensée de l'enfant* (1948)
- Gustavo Colonnetti, *Il senso della libertà nei ricordi di un esule in Isvizzera* (1948?)
- Ferruccio Parri, *Europa e Svizzera* (1949?)
- Charly Clerc, *Tableau des littératures suisses* (1949)
- Paul Ruegger, *La Croce rossa, l'Italia e la Svizzera* (1949)
- Antonio Munoz, *Architetti ticinesi a Roma nel Seicento* (1949)
- Antonino Janner, *La protezione degli interessi stranieri – Aspetto positivo della neutralità svizzera* (1949)

Nel 1948 l'Associazione conta all'incirca 200 soci. Nel 1949, come documenta il verbale dell'assemblea, Ferretti invece elenca 24 soci sostenitori, 106 soci ordinari e tutta una serie di «soci morosi». Nella sede di Palazzetto Venezia sono consultabili, oltre alla biblioteca, un nutrito numero di riviste e quotidiani svizzeri.[16]

---

16 Cfr. Lettera di de Weck al Dipartimento Politico, Roma, 21 luglio 1948, Archivio Federale (Berna), fascicolo E2001E#1967/113#6541*.

Prosegue inoltre, con il sostegno della Pro Helvetia, la pubblicazione delle due già ricordate collane curate da Ferretti.

La fondazione dell'Istituto svizzero di Roma e la morte di Ferretti

La fondazione dell'Istituto svizzero di Roma, il 27 dicembre del 1947, allo scopo di «contribuire allo sviluppo delle relazioni scientifiche e culturali tra la Svizzera e l'Italia», vanificò per molti aspetti il senso stesso dell'Associazione Italo-Svizzera di Roma che a livello di mezzi e risorse a disposizione non poteva competere con il neonato Istituto. Lo si legge nel verbale dell'assemblea del 13 giugno 1949 redatto da Antonino Janner, segretario dell'ambasciata svizzera:

> In der Tat übernimmt das Schweizerische Institut gemäss seinen Statuten und auf ausdrücklichen Wunsch des Direktionskomitees einen Teil der Funktionen, die auch der «Italo-Svizzera» oblagen. Dieser verbliebe praktisch nur noch die Vortragstätigkeit, da das Institut was Bücher und Zeitschriften betrifft und auch dank seiner Lage und Ausstattung, eine grössere Anziehungskraft ausüben wird.[17]

Ferretti cercò di instaurare un rapporto di collaborazione con l'Istituto onde evitare sovrapposizioni nell'azione, rivedendo anche gli statuti dell'Associazione di modo che, in caso di scioglimento di quest'ultima, i libri della biblioteca potessero confluire nella raccolta dell'Istituto.

Intanto, in seguito alle dimissioni di Luigi Einaudi chiamato alla Presidenza della Repubblica, il 23 ottobre 1948 fu eletto nuovo Presidente dell'Associazione Carlo Sforza. Il nome di Sforza fu suggerito direttamente dall'ambasciatore René de Weck, insediatosi a Roma il 18 novembre del 1945. Di fronte alle autorità governative elvetiche De Weck tiene a sottolineare come Sforza abbia accettato l'incarico dopo aver rifiutato proposte analoghe da parte di altre associazioni, vedendo in ciò una testimonianza di amicizia nei confronti della Svizzera.[18] La forza trainante dell'Associazione resta,

---

17 Il verbale è allegato ad una lettera al Dipartimento Politico datata Roma, 5 settembre 1949, Archivio Federale (Berna), fascicolo E2001E#1967/113#6541*: «Di fatto l'Istituto svizzero assolve, in base agli statuti e per esplicita volontà del comitato direttivo, una parte delle funzioni che competevano anche all'«Italo-Svizzera». A questa non resterebbe in pratica che l'attività delle conferenze, dato che per quel che riguarda i libri e le riviste l'Istituto, vista anche la sua posizione e le sue infrastrutture, non potrà che esercitare un'attrazione maggiore».

18 Cfr. Lettera di de Weck al Dipartimento politico, Roma, 9 novembre 1948, Archivio Federale (Berna), fascicolo E2001E#1967/113#6541*

tuttavia e più che mai, lo stesso Ferretti, visto che Sforza è totalmente assorbito da altri impegni. L'attività continuò a concentrarsi in primo luogo sull'organizzazione di conferenze, mentre il 16 novembre del 1950, per decreto del Presidente della Repubblica, l'Associazione fu eretta ad ente morale. I documenti a nostra disposizione non permettono di ricostruire quale sia stato il successivo percorso dell'Associazione. Di certo sappiamo che le pubblicazioni delle due collane sostanzialmente cessarono nel 1948 (due volumi rispettivamente di Antonio Baldini e Giovanni Ferretti annunciati nel 1949 per "Studi e documenti" non furono mai pubblicati). Inoltre è ipotizzabile che con la morte di Ferretti (1952), vera e propria anima dell'Associazione, il destino di quest'ultima, complice la già ricordata attività dell'Istituto svizzero, fosse in certo modo segnato. Tale evenienza era del resto già stata paventata nell'estate del 1949 da fonti dell'ambasciata svizzera a Roma: «Sollte [...] eines Tages Ferretti nicht mehr zur Verfügung stehen, so wäre das weitere Bestehen der "Italo-Svizzera" stark in Frage gestellt, denn das ganze Vereinsleben ruht in seinen Händen, besonders da Sforza infolge anderweitiger Inanspruchnahme kaum Zeit hat, sich mit ihr abzugeben».[19]

Nata dalla volontà di portare avanti il lavoro iniziato col Centro Studi della Svizzera italiana, nell'immediato dopoguerra l'Associazione Italo-Svizzera di Cultura seppe convogliare ai propri fini anche l'entusiasmo e il senso di gratitudine di chi era stato esule in Svizzera. Capace di dissipare con gli anni e con ammirevole tenacia la fitta coltre di sospetti e diffidenze che gravava su qualsiasi iniziativa culturale italiana nei confronti della Svizzera (e della Svizzera italiana in particolare), Giovanni Ferretti emerge come una figura decisiva che tra mille difficoltà e con sincera passione seppe animare e promuovere i rapporti culturali tra i due paesi. Il ritrovamento e lo studio delle carte relative all'Associazione Italo-Svizzera di Cultura oltre a riscattare un protagonista indiscusso come Ferretti dal dimenticatoio in cui per decenni era stato relegato, hanno permesso di riportare alla luce un ulteriore capitolo della storia dei rapporti culturali italo-svizzeri.

---

19 Si veda il già ricordato verbale redatto da Antonino Janner in occasione dell'Assemblea dell'Associazione del 13 giugno 1949, Archivio Federale (Berna), fascicolo E2001E#1967/113#6541*: «Se un giorno Ferretti non dovesse più essere disponibile, la sopravvivenza stessa dell'Italo-Svizzera sarebbe messa in forte dubbio, poiché è nelle sue mani che è riposta l'intera vita associativa, dato che Sforza a causa dei suoi impegni non ha praticamente tempo di occuparsene».

II. Temi

Stefano Bragato

1 Italianità

La definizione di italianità fu un importante terreno di dibattito ideologico nelle relazioni culturali tra Svizzera e Italia durante e dopo gli anni del fascismo, risultando spesso oggetto di scontro tra posizioni differenti. Tale dibattito innervò, più o meno silenziosamente, diversi eventi di quel periodo, estendendosi su tutta la lunghezza dell'asse nord-sud individuato dalle nostre ricerche, da Roma fino a Zurigo, passando per Milano, il Ticino, e con puntate occasionali nelle maggiori città della Svizzera romanda.

Nelle prossime pagine si analizzeranno le principali posizioni assunte da diversi intellettuali circa il significato stesso della parola italianità, dagli ultimi anni del regime fascista fino agli anni Cinquanta. Tali definizioni, afferenti di volta in volta a diversi gruppi politici e culturali, si intersecarono in quei decenni con altre questioni centrali nel dibattito tra Svizzera e Italia, quali le nozioni di *elvetismo ed elveticità, l'idea di *Europa, l'irredentismo, la questione del cosiddetto *intedeschimento del Ticino. Lo scontro sul significato del termine, difatti, non si limitava solo al campo delle idee, delle definizioni e del dibattito accademico, ma ebbe conseguenze concrete sulla politica culturale dei Paesi e degli enti coinvolti. Classificare l'italianità in un modo o in un altro, in altre parole, poteva servire a giustificare e promuovere precise politiche di potenza (nel caso dell'Italia fascista), di autonomia, di dialogo. Si isoleranno qui tre macro-prospettive prevalenti in quei decenni sul tema, collegandole di volta in volta alla situazione politico-culturale del tempo: l'italianità romana, l'italianità elvetista e l'italianità ticinese.

L'italianità romana

Sul primo numero del 1937 della rivista *"Archivio storico della Svizzera italiana" apparve a firma "Lombardo" (pseudonimo di un non meglio identificato autore) una recensione del libro di Arminio Janner *Senso della Svizzera e problemi del Ticino* (Istituto Editoriale Ticinese, Bellinzona, 1937). *"Archivio storico della Svizzera italiana" era stato fondato nel 1926 da Arrigo Solmi (docente di Storia del Diritto Italiano all'Università di Pavia) con lo scopo di promuovere la nozione di "identità culturale" tra Svizzera italiana e Lombardia, e dal 1 marzo 1941 divenne organo ufficiale del *Centro Studi per la Svizzera italiana, istituito all'interno della Reale Accademia d'Italia dallo stesso Solmi e dallo storico *Giovanni Ferretti, e finalizzato alla promozione dei rapporti culturali tra Svizzera e Italia. Janner, dal 1931 titolare della Cattedra di Letteratura Italiana all'Università di Basilea, era uno degli intellettuali più attivi proprio nello studio dei rapporti culturali tra i due Paesi, e tra il Ticino e il resto della Confederazione. Nel 1941 Janner fondò assieme a Guido Calgari la rivista *"Svizzera italiana", attestata su posizioni se non dichiaratamente antifasciste perlomeno caute nei confronti del regime, al quale opponeva – secondo la linea *elvetista – un avvicinamento del Ticino a Berna. "Svizzera italiana" era nata anche in opposizione al neofondato (nel marzo dello stesso anno) Circolo italiano di lettura di Lugano, diretto da Giovan Battista Angioletti, da molti visto come direttamente legato a politiche culturali più italofile.

Senso della Svizzera e problemi del Ticino si inseriva in questa linea e professava la necessità di tutelare l'elvetismo nelle regioni italofone della Confederazione. Janner definiva la natura svizzera di queste ultime più come il prodotto di un atto di volontà politica da parte della cittadinanza che come il frutto di vicende storiche: l'attaccamento del Ticino e delle regioni italofone dei Grigioni alla Confederazione aveva, secondo l'autore, ragioni morali più che di condivisione di un passato comune. Nella propria recensione, Lombardo condanna invece senza mezzi termini questa tesi. L'interpretazione data da Janner del concetto di italianità era infatti, secondo lui, completamente sbagliata:

> Le idee sopra riassunte risultano sconcertanti e per più ragioni. Ma il difetto più grave del libro è che l'esaltazione esagerata degli ideali democratici e liberali è eretta a sistema contro ai regimi di forza. In alcune pagine violenta è l'avversione al fascismo ed all'hitlerismo: sembra quasi di leggere un libello di Guglielmo Ferrero o di Carlo Sforza. Al pensiero filosofico e politico dei quali (anche se il nome loro è taciuto) Janner richiama la sua cultura italiana di svizzero, *quasi che l'italianità dei ticinesi, nostri rappresentanti e assertori in seno alla Confederazione, non debba essere quella del tempo di Mussolini* ma l'altra, defunta.[1]

Per Lombardo, evidentemente attestato su posizioni opposte a quelle di Janner, la nozione di italianità può avere una sola interpretazione: essa è l'espressione della cultura italiana corrente, ossia del fascismo. L'italianità è definita dalla lingua, dall'etnia, e dagli usi e costumi dell'Italia, nulla più. Tanto che il Ticino – definito poco dopo come una "contrada" – benché politicamente non italiano esiste

---

1 LOMBARDO, *Recensione a Janner,* Senso della Svizzera e problemi del Ticino, in «Archivio storico della Svizzera italiana», XXV-XXVI, 12, 1937, pp. 104-105, a p.104. Corsivo aggiunto.

culturalmente solo in quanto manifestazione periferica dell'unica italianità possibile, quella del regime: esso non ha e non può avere una propria autonomia culturale. L'italianità ticinese – e quindi, per estensione, di tutta la Svizzera – è in altre parole solo una copia estera di quella fascista e romana, priva di ogni originalità e autonomia, un'appendice che non dispone né della capacità né tanto meno del diritto di produrre contenuti autonomi. Essa sarebbe insomma a grandi linee equiparabile a quella degli altri territori di lingua italiana situati fuori dai confini politici del Regno (Albania e Dalmazia, Dodecaneso, Africa Orientale), semplici copie estere dell'unica italianità romana.[2] Secondo questa linea interpretativa, di conseguenza, i cittadini e le cittadine ticinesi possono solo essere "rappresentanti e assertori" dell'italianità fascista all'estero.

Questa posizione, diffusa in quegli anni più o meno dichiaratamente in diversi ambienti della macchina culturale fascista, andava insomma di pari passo con un progetto di colonialismo culturale delle zone italofone della Svizzera, vicino ai territori ideologici dell'irredentismo. Il citato Centro Studi per la Svizzera italiana, ossia il maggiore ente deputato alla cura dei rapporti culturali tra i due Paesi, non sposò tuttavia mai questa linea ma si tenne sempre nei confini di un'attività scientifica e accademica, sebbene la dirigenza dell'Accademia d'Italia premesse invece per l'adozione di posizioni più convintamente nazionaliste.[3]

La concezione univoca e romana di italianità contava inoltre sostenitori anche tra alcuni intellettuali ticinesi, che avevano da poco visto la chiusura da parte delle autorità cantonali della testata "L'Adula", fondata da Teresina Bontempi e Rosetta Colombi nel 1912 e attiva fino al 1935. Tra questi, uno dei più attivi era Aurelio Garobbio, fondatore nei primi anni Trenta del *Comitato d'azione irredentista per la Rezia, il Ticino e il Vallese* e autore dell'opuscolo *Il mito dell'elvetismo* (Bellinzona, 1930), dove l'autore espone tesi ancora più radicali di quelle di Lombardo, arrivando a considerare l'appartenenza politica del Ticino alla Svizzera come un'esclusiva costruzione culturale, priva di ogni fondamento storico, etnico, linguistico.[4]

---

2 Vale la pena ricordare (cfr. il relativo saggio a p. 48) che il Centro Studi per la Svizzera italiana era l'unico ente di politica culturale estera che si riferiva a un territorio dove l'Italia non aveva giurisdizione politica: gli altri erano i Centri Studi per l'Albania, la Dalmazia, il Vicino Oriente, l'Africa Orientale.

3 Proprio tale differenza di posizioni causò alla fine del 1943 la chiusura del Centro (cfr. il relativo saggio, pp. 61-62).

4 Sull'irredentismo ticinese cfr. soprattutto Ferdinando CRESPI, *Ticino irredento: la frontiera contesa: dalla battaglia culturale dell'Adula ai piani di invasione*, Milano, Franco Angeli, 2004.

L'italianità elvetista

Del tutto opposto invece il significato che diversi intellettuali svizzeri conferivano in quegli anni al termine italianità. Tanto univoca, rigida, compatta e gerarchica era la definizione "romana", tanto plurale e dialogica era invece quella "elvetista". Per gli elvetisti, l'italianità prima che un'espressione storica, politica o culturale era infatti un insieme di valori spirituali atemporali (linguistici, letterari, artistici, architettonici, morali), la cui esistenza non era legata a un luogo preciso. Per loro, l'italianità è quindi un assunto ontologico, prima che una manifestazione reale. In quanto tale, essa assume poi tante facce e declinazioni quanti sono i territori in cui si manifesta: non è presente nella sola Italia, bensì ovunque si parli italiano, Svizzera compresa.

Questa tesi di fondo porta con sé, tra gli altri, tre corollari alquanto significativi per la definizione dei rapporti tra Svizzera e Italia: 1) l'italianità in Svizzera non è presente solo in Ticino e nelle valli italofone dei Grigioni, bensì in tutto il Paese; 2) dal momento che l'italiano è lingua nazionale della Confederazione, l'italianità rappresenta una componente costitutiva dell'essenza stessa della Svizzera e della sua cultura plurale e democratica; 3) il legame tra Svizzera italiana e Italia è dato dalla comunanza di un insieme di valori più che da vicende storiche o linguistiche, e si colloca quindi al di sopra di ogni congiuntura storica. In altre parole, definendo l'italianità come un concetto astratto e atemporale gli intellettuali elvetisti ne professavano indirettamente il distacco dal fascismo, che nel loro sistema ideologico ne diveniva quindi una semplice attualizzazione storica.

I due intellettuali che più di altri si esposero per difendere questa concezione di italianità furono due docenti del Politecnico Federale di Zurigo, *Giuseppe Zoppi (Professore di Letteratura italiana) e Fritz Ernst (Professore di Germanistica). Soprattutto Zoppi, come si vedrà tra breve, insisté molto inoltre sulla natura europeista, oltre che autonoma, dell'italianità. Come già Janner, che in *Senso della Svizzera e problemi del Ticino* aveva dedicato un intero capitolo alla questione (*Europa d'oggi ed Europa di domani*),[5] Zoppi indicava infatti nel pluralismo della Confederazione, di cui l'italianità è elemento imprescindibile, il migliore modello per la costruzione di un'*Europa pacificata e culturalmente unita. In quegli anni di conflitto mondiale, inoltre, Zoppi individuava nella Svizzera il rifugio dei valori spirituali delle nazioni europee democratiche: l'italianità diveniva quindi un elemento cardine per la rinascita di una condivisa

---

5 Arminio JANNER, *Senso della Svizzera e problemi del Ticino*, Istituto Editoriale Ticinese, Bellinzona, 1937, pp. 61-67.

cultura paneuropea nel dopoguerra.⁶ D'altronde, della Svizzera come di una *Europa in miniatura* parlava in quegli anni anche Giovanni Ferretti, direttore del Centro Studi per la Svizzera italiana, sebbene non con l'accezione europeista teorizzata da Zoppi ed Ernst ma rilevandone solo la natura plurilingue e pluriculturale.⁷

Giuseppe Zoppi

L'intellettuale più impegnato nella diffusione di tale concezione elvetista dell'italianità era appunto Giuseppe Zoppi (1896-1952). Originario di Broglio, nella Val Maggia, dopo anni di insegnamento liceale in Ticino ottenne nel 1931 la Cattedra di Letteratura Italiana al Politecnico di Zurigo, da dove dirigeva un'intensa attività transculturale tra Svizzera e Italia: fu traduttore (tra gli altri, di Conrad Ferdinand Meyer, Charles-Ferdinand Ramuz, Gottfried Keller, Charles Gos), direttore di collana (curò la sezione italiana della "Bibliothek der Literatur" della casa editrice zurighese Manesse, e la collana "Montagna" per le edizioni milanesi "L'Eroica" di Ettore Cozzani), autore della principale antologia di letteratura italiana allora utilizzata fuori dall'Italia,⁸ saggista, organizzatore di eventi (invitava spesso a Zurigo e in Ticino diversi scrittori italiani).

Anche in virtù della sua provenienza ticinese, Zoppi era molto sensibile alla posizione della Svizzera italiana all'interno del dibattito sull'italianità. Zoppi era convinto che gli svizzeri italiani avessero una missione ben precisa all'interno della Confederazione, ossia quella di preservare e mantenere vive la lingua e la cultura italiana. Il loro era un vero e proprio dovere morale nei confronti di tutto il Paese. In linea con la concezione elvetista dell'italianità come ideale prima che come attualizzazione concreta, la posizione peculiare del Ticino come cantone di lingua e cultura italiana in Svizzera era inoltre definita da Zoppi non come un risultato storico ma come un assioma ontologico, evidente per natura:

> [Il Ticino] è un elemento importantissimo, preziosissimo. Suo dovere è dunque di restare tal quale la natura l'ha voluto, di puro carattere italiano nella lingua, nel costume; dovere di tutta la Svizzera è di aiutarlo in questo molto più risolutamente ed efficacemente che non sia stato fatto sinora.⁹

---

6 Cfr. soprattutto Giuseppe ZOPPI, *Vocazione europea della Svizzera*, in «Studi letterari, sociali, economici», 23, S. A. Edizioni Poligrafiche Zurigo, 1941.
7 Cfr. Giovanni FERRETTI, *Europa in miniatura*, in «Primato», 1 dicembre 1940, pp. 5-8.
8 ZOPPI, *Antologia della letteratura italiana ad uso degli stranieri*, 4 voll., Milano, Mondadori, 1939-1943.
9 ID., *Vocazione europea della Svizzera*, cit., p. 14.

Zoppi ribadisce questo concetto in alcuni scritti pubblicati tra la fine degli anni Trenta e l'inizio degli anni Quaranta, tra cui si segnalano *Gli scrittori italiani e la Svizzera* (in "Giornale del Popolo", 8 gennaio 1938), *Collaborazione culturale in Svizzera* (in "Giornale del Popolo", 31 agosto 1938), *Il Ticino nella Confederazione* (in "Giornale del Popolo", 5 dicembre 1939), *Italianità* (in "Corriere del Ticino", 24 novembre 1945). Proprio in quest'ultimo si legge la formulazione più definitiva del dovere morale di preservazione dell'italianità da parte degli svizzeri italiani, necessario per la sopravvivenza di tutta la Svizzera:

> L'amore fervido e il culto attivo dell'italianità così intesi sono un dovere strettissimo non soltanto verso noi stessi, ma anche verso la Confederazione [...]. Il nostro compito è conservare la nostra italianità; farla conoscere soprattutto nei suoi valori più alti e più universalmente benefici, innamorarne se possibile tutte le genti; costituirci guardiani di casa nostra [...]. La Svizzera italiana, sebbene tanto piccola, aggiunge un valore inestimabile a quel comune patrimonio nazionale di cui tutti viviamo. Coltivando la nostra italianità, rendiamo dunque servizio non soltanto a chi vive sulle sponde del Ticino, ma anche a chi vive sulle sponde del Rodano e del Reno.[10]

L'italianità non è quindi una caratteristica della sola Svizzera italiana, ma è presente in tutta la Confederazione, sia idealmente (come sua componente costitutiva) sia materialmente, poiché l'italiano è parlato anche oltralpe, nelle maggiori città della svizzera tedesca e romanda.

Per Zoppi, conservare questa idea pura di italianità non significava tuttavia marcare un distacco da ciò che succedeva nell'Italia di quegli anni, benché in un'Italia fascista. Al contrario, nei medesimi testi menzionati sopra Zoppi indica come punto di partenza per la missione degli svizzeri italiani la necessità di conoscere a fondo la cultura italiana:

> Prima di pensare a una qualsiasi collaborazione con altri, lo Svizzero – tedesco, francese o italiano – ha lo strettissimo dovere di rendersi padrone della sua propria cultura madre, tedesca, francese o italiana.[11]

> [Necessità] di conoscere a fondo una lingua, la nostra lingua materna, di possedere a fondo una cultura, quella del grande gruppo etnico cui apparteniamo [...] se non vogliamo lasciarci ridurre a appendici morte delle grandi nazioni che abbiamo intorno.[12]

Tale conoscenza non si limita agli autori e ai fenomeni del passato ma deve necessariamente comprendere anche quelli presenti, per mantenere la cultura viva e aggiornata. Per questo motivo Zoppi teneva al Politecnico di Zurigo

---

10 Id., *Italianità*, cit., p. 3.
11 Id., *Collaborazione culturale in Svizzera*, in «Giornale del Popolo», 31 agosto 1938, p. 1.
12 Id., *Vocazione europea della Svizzera*, cit., p. 8.

diversi corsi su autori contemporanei ed era solito, come accennato poco sopra, invitare diversi intellettuali italiani per eventi e conferenze a Zurigo e in Ticino. A tale scopo, inoltre, Zoppi celebrava con attenzione le personalità e le attività volte alla promozione dell'italiano a Zurigo, a Basilea e a Ginevra, oltre che in Ticino.

Soprattutto nell'articolo *Italianità* Zoppi accenna poi a una sottile ma significativa distinzione tra ciò che è "nostro", ossia pertinente alla Svizzera italiana, e ciò che è "italiano". Queste due categorie avrebbero in comune, secondo Zoppi,

> una quantità di elementi spirituali e materiali: animo, indole, lingua, paesaggio, architettura, letteratura nostra modestissima e letteratura italiana oltre ogni dire insigne, arte nostra e arte italiana a cui i nostri tanto hanno collaborato, civiltà nostra montanara e rustica e civiltà italiana illustre, gloriosa.[13]

Tra Italia e Svizzera italiana c'è dunque una chiara linea di demarcazione politica e geografica, che tuttavia non intacca minimamente il cordone ombelicale che lega le due realtà territoriali in un'unica tradizione spirituale. Come già accennato sopra, insomma, il discorso di Zoppi mira appunto a fare dell'italianità un concetto spirituale, un valore assoluto, universale e quindi idealmente apolitico, con un evidente distacco dalla mussoliniana retorica della razza. C'è molto forte in Zoppi l'idea di una purezza, di un'essenza e di un'integrità da preservare: da qui, ad esempio, il suo frequente parallelo tra la purezza della lingua italiana, da non contaminare, e la purezza del paesaggio alpino. Si tratta di un'equazione fondamentale, poiché si ricollega direttamente a uno dei simboli principali dell'elvetismo, ossia le *alpi, in relazione al più ampio concetto, già citato, della Svizzera come una Europa in miniatura.

Zoppi accenna in diversi testi alla necessità di costruire una cultura paneuropea basata sulla condivisone e sul dialogo tra i popoli, di cui la Svizzera può e deve essere modello ("noi siamo [...] una piccola Europa in mezzo alla grande, a tutto vantaggio di quest'ultima")[14] in virtù della sua condizione plurilingue e pluriculturale:

> Già in questo primo momento, che da un lato pare esclusivista, è palese che la Svizzera non vuole e non può rinchiudersi culturalmente in se stessa: già fin d'ora, essa ci appare strettamente unita e collaborante, al disopra delle sue frontiere, col resto d'Europa [...]. La collaborazione culturale, in qualche suo aspetto, è oggi fra noi una realtà, quella consolante realtà che qui s'è cercato di accennare: ma, nello stesso tempo, e nel suo senso supremo, resta *un ideale*. Attuarlo sempre meglio, e sempre più

---

13 Id., *Italianità*, cit.
14 Id., *Vocazione europea della Svizzera*, cit., p. 11.

largamente: questo vuole la Svizzera a vantaggio suo, e, se l'espressione non è troppo forte, a vantaggio della cultura europea.[15]

Italianità come elemento essenziale di quella sintesi armoniosa che è la nostra Confederazione, e certamente anche l'italianità come elemento altrettanto essenziale di quell'altra sintesi più ampia che sarà domani, a Dio piacendo, la nuova risorta civiltà europea.[16]

Fritz Ernst

Tali posizioni erano condivise, tra gli altri, da Fritz Ernst, dal 1943 Professore di Storia della Letteratura Tedesca al Politecnico di Zurigo e dal 1948 anche di Letterature Comparate. Oltre a curare le edizioni di autori tedeschi e svizzeri, tra cui Goethe, Ranke e Pestalozzi, Ernst si occupò diffusamente della storia del pensiero e della cultura svizzeri e della ricezione del classico nella cultura europea.[17] Tra i suoi interventi a favore dell'elvetismo, vale qui la pena ricordare il suo rifiuto di collaborare con "Archivio storico della Svizzera italiana", da lui considerata, benché mai in maniera esplicita, più o meno diretta espressione del regime fascista in quanto organo del Centro Studi per la Svizzera italiana. Come precisato nel corrispondente saggio, infatti, il Centro Studi per la Svizzera italiana, attivo dal 1941 e dal 1943 presso la Reale Accademia d'Italia, era visto con diffidenza da diversi intellettuali svizzeri, soprattutto zurighesi, i quali sospettavano che dietro tale denominazione scientifica si celassero propositi nazionalisti se non irredentisti.[18] Più volte il direttore del Centro Studi, Giovanni Ferretti, cercò la collaborazione di Ernst, ma invano. I due non riuscirono a incontrarsi durante il viaggio in Svizzera di Ferretti del giugno-luglio 1941 ed Ernst non rispose né alla successiva lettera inviatagli da Ferretti il 24 luglio 1941, con cui lo si invitava a proporre saggi, recensioni e articoli per la rivista, né a quella (datata 13 ottobre dello stesso anno) recapitatagli attraverso la mediazione di *Martha Amrein-Widmer, direttrice della sezione italiana della *Zum Elsässer, con cui gli si chiedeva un contributo a proposito di un manoscritto inedito di Pietro Calepio custodito a Zurigo, che nelle intenzioni di Ferretti avrebbe dovuto costituire il titolo inaugurale della nascente collana del Centro *"Quaderni italo-svizzeri".

---

15 ID., *Collaborazione culturale in Svizzera*, cit., pp. 1-2; il corsivo nell'originale.
16 ID., *Italianità*, cit.
17 Cfr. Fritz ERNST, *Die Schweiz als geistige Mittlerin von Muralt bis Jacob Burckhardt*, Zürich, Verlag der Neuen Schweizerischen Rundschau, 1933. ID., *Der Klassizismus in Italien, Frankreich und Deutschland*, Zürich, Amalthea Verlag, 1924.
18 Cfr. in questo volume il relativo saggio, in particolare pp. 54-57.

Le ragioni del silenzio di Ernst sono da individuarsi, appunto, nelle sue posizioni elvetiste, che sostenevano valori come il pluralismo e la democrazia, inconciliabili con l'ideologia fascista (di cui secondo Ernst il Centro Studi era espressione) nonché con l'idea di italianità (monolitica, univoca, romana) promossa dal regime mussoliniano. Al console italiano a Zurigo Bruno Gemelli, che era invece riuscito a incontrarlo, quando interrogato circa il Centro Studi per la Svizzera italiana Ernst aveva risposto che "un po' di Svizzera italiana si ritrova da per tutto, anche qui a Zurigo, anche a Basilea",[19] negando così implicitamente la concezione romana di italianità per cui gli svizzeri italiani sarebbero "rappresentanti e assertori" del Regno all'interno della Confederazione.

La particolare attenzione di Ernst verso la tematica dell'italianità emerge anche in un articolo pubblicato qualche anno dopo, nel 1950, sulla rivista "Svizzera italiana". L'articolo riporta un discorso di Ernst pronunciato l'anno precedente ad Ascona e poi al Politecnico di Zurigo, in cui l'autore sostiene la necessità per il Ticino di preservare la propria identità italiana a fronte della crescente immigrazione di confederati svizzero-tedeschi. Lo scritto riporta, non a caso, il titolo *Il sacro dovere dell'italianità*, proprio a riprendere la citata dottrina di Zoppi dell'italianità come missione morale degli svizzeri italiani, chiamati a rappresentare una delle diverse anime di cui si compone la Confederazione.[20] E come Zoppi, Ernst insiste qui non solo su tale missione, ma sulla necessità di mantenere i contatti anche con ciò che succede in Italia, per far sì che l'idea di italianità non divenga un dogma fisso ma si evolva nel tempo:

> Ma sopra ogni altra cosa il nostro amore per il Ticino dev'essere preceduto o seguito da uno sforzo di comprensione della cultura italiana intera, senza la quale l'italianità del Ticino, oltre a non essere immaginabile, non sarebbe nemmeno auspicabile.[21]

È evidente come la concezione elvetista dell'italianità, di cui Zoppi ed Ernst erano i principali portavoce, si collegasse alla dottrina della *Difesa spirituale del Paese, ossia all'idea per cui il pluralismo democratico svizzero, di

---

19 Lettera di Bruno Gemelli a Giovanni Ferretti, 16 marzo 1942; custodita nel fondo del Centro Studi per la Svizzera italiana, Archivio dell'Accademia dei Lincei, Roma, busta 7, fascicolo 59. Per il testo integrale della lettera e approfondimenti sul legame tra il Centro Studi per la Svizzera italiana e gli ambienti intellettuali zurighesi negli anni '40 cfr. Stefano BRAGATO e Alessandro BOSCO, *Prove di collaborazione transculturale: il "Centro Studi per la Svizzera italiana" presso la Reale Accademia d'Italia (1941-1943)*, in «Otto/Novecento», 2-3, 2019 [ma 2020], pp. 5-22.
20 ERNST, *Il sacro dovere dell'italianità*, in «Svizzera italiana», 83, 1950, pp. 1-10.
21 Ivi, p. 8.

cui l'italianità è appunto elemento imprescindibile, marcasse un netto confine ideologico e identitario contro i totalitarismi di quegli anni. Zoppi ed Ernst integravano insomma la categoria di italianità a quella di elveticità, definendo così – sebbene mai in maniera esplicita – un distacco ideologico dall'Italia fascista, fondata invece, appunto, su concetti opposti al pluralismo svizzero quali sangue e razza. In altre parole, la linea elvetista considerava il fascismo come una attualizzazione più o meno alterata, deviata, dell'idea di italianità, un momento circoscritto (nonché poco felice) nella storia delle realizzazioni di tale idea. Italianità ed elvetismo costituiscono insomma due facce della stessa medaglia; e all'intero di tale visione, l'italianità diviene quindi un elemento cardine per la rinascita di una condivisa cultura paneuropea nel dopoguerra, la quale abbia nella Svizzera, vista come custode dell'autentico spirito europeo durante gli anni del conflitto, e quindi come una "Europa in miniatura", il suo centro propulsore.

L'italianità ticinese

Altri intellettuali concentrarono invece il proprio lavoro più sulla definizione di italianità all'interno del solo Ticino. Si possono qui individuare tre punti di vista prevalenti sulla questione, in qualche misura complementari. Il primo è quello del più famoso scrittore ticinese di quegli anni, Francesco Chiesa, il quale sottolineò continuamente la necessità per la Svizzera italiana di curare i propri legami con l'Italia indipendentemente dalla sua corrente "attualizzazione fascista". Chiesa, che era consigliere del Centro Studi per la Svizzera italiana, non prese mai posizione contro l'Italia fascista e, anzi, a volte si ritrovò a condividerne alcune politiche culturali. Il secondo punto di vista sull'italianità del Ticino, non alternativo a quello di Chiesa bensì complementare, riguardava invece il già citato – a proposito dell'articolo di Ernst – tema dell'intedeschimento, ossia dell'immigrazione in Ticino di cittadini svizzero-tedeschi. Come si vedrà più avanti, la questione dell'intedeschimento provocò un acceso dibattito tra diversi intellettuali sia italiani sia ticinesi che si confrontarono a lungo sui temi della difesa della lingua e della cultura italiana del Ticino di fronte alla penetrazione economica e culturale degli svizzeri tedeschi. La terza prospettiva riguarda invece gli ambienti più antifascisti del Ticino, i quali, sebbene mai del tutto apertamente, seguendo la logica elvetista interpretavano il regime mussoliniano come una parentesi temporanea all'interno del percorso dell'italianità autentica, tanto da arrivare anche a bollare il fascismo come un movimento antitaliano. Era questa la linea degli intellettuali che ruotavano attorno alla rivista "Svizzera italiana", fondata da Guido Calgari e Arminio Janner nel 1941.

Francesco Chiesa

A differenza di Zoppi ed Ernst, in quegli anni Chiesa promuoveva un'idea di italianità di matrice cantonale piuttosto che confederale. La sua prospettiva di indagine era fortemente focalizzata, più che sulla Confederazione intera, sul solo Ticino, il cui legame con l'Italia Chiesa considerava assolutamente vitale per la sopravvivenza del cantone.[22] Nella sua opera ricorre frequentemente la metafora arborea del Ticino come ramo di una pianta più grande che ha le sue radici nell'Italia contemporanea e che da essa trae nutrimento: se tale legame venisse meno, il ramo ticinese si dissecherebbe, mettendo così a rischio non solo l'identità, ma anche la stessa sopravvivenza del cantone. La metafora si ritrova, ad esempio, nel discorso pronunciato da Chiesa alla riunione inaugurale dell'assemblea dei soci del Centro Studi per la Svizzera italiana (Roma, Accademia d'Italia, 12 luglio 1941), di cui Chiesa era l'unico membro svizzero insieme a Eligio Pometta:

> Fin dal primo momento la costituzione del Centro si presentò come una possibilità di lavoro comune per la tutela dell'italianità del Ticino: *noi siamo un ramo della gran pianta italica che si protende verso il nord: non bisogna dimenticare che le linfe vitali di questo ramo derivano dalle comuni radici:* [...] *il Ticino non può vivere che attaccato al tronco.*[23]

La formulazione forse più trasparente della vicinanza di Chiesa all'Italia fascista emerge però dall'articolo *Svizzera italiana e Italia* di pochi mesi prima (22 marzo 1941), pubblicato non a caso sul "Corriere del Ticino", diretto in quegli anni da Vittore Frigerio e moderatamente filofascista. Qui Chiesa si scagliò apertamente contro coloro che denigravano le politiche del Regno e professavano la necessità di un distacco netto del Ticino dall'Italia. Chiesa arriva a bollare tale "sregolato ciarlare" come una "colpa nei confronti del paese, trasgressione delle norme stabilite dalle autorità civili e militari", fino a definire come un vero e proprio dovere morale l'amore dei ticinesi verso l'Italia, qualsiasi essa sia (anche fascista), qualsiasi idea di italianità essa esprima (anche romana):

> La normale e giusta disposizione d'animo d'ogni ticinese consapevole non può essere che quella che si esprime nell'aura semplicità delle parole di Giuseppe Motta: "Io amo l'Italia".

---

22 Cfr. Silvano GILARDONI, *Italianità ed elvetismo nel Canton Ticino negli anni precedenti la prima guerra mondiale (1909-1914)*, in «Archivio storico ticinese», 45-46, 1971, pp. 1-84; Mario AGLIATI, *Le quattro letterature della Svizzera nel secolo di Chiesa*, Lugano, Città di Lugano, 1975.

23 Verbale della seduta inaugurale del Centro Studi per la Svizzera italiana (12 luglio 1941), fondo Centro Studi per la Svizzera italiana, Accademia dei Lincei, Roma, busta 1, fascicolo 2. Il corsivo è nell'originale.

> Sì, noi dobbiamo amare l'Italia: perché italiani sono il nostro sangue, la nostra lingua, le nostre arti, il nostro modo di intendere e di vivere la vita.
> Perché l'Italia è non solo l'autrice, ma anche la perpetua nutrice della nostra cultura, la quale, abbandonata a se stessa, non avrebbe forze sufficienti per sopravvivere [...].
> Per queste ragioni (e altre potrebbero essere aggiunte) noi, Svizzeri italiani, dobbiamo amare l'Italia.[24]

Un tipo di dovere morale, quindi, decisamente diverso da quello promosso da Zoppi, il quale affidava invece ai ticinesi il compito di preservare un'italianità ideale, indipendentemente dalla sua attuale declinazione nella penisola. L'articolo ebbe ampia risonanza in quei mesi, non solo in Ticino ma in tutta Italia. Ne diedero notizia e lo riportarono integralmente, probabilmente su indicazione del regime, non solo "Archivio storico della Svizzera italiana",[25] da poco organo del Centro Studi per la Svizzera italiana, ma un gran numero di testate, tutte nella stessa data (25 marzo): *La Gazzetta di Messina*, il *Roma* di Napoli, il *Popolo di Sicilia*, il *Secolo XIX, Giornale di Genova*, la *Provincia di Como*, il *Popolo di Roma*, il *Messaggero*, *La Tribuna*, *L'Avvenire* a Roma, *L'Arena* di Verona, la *Gazzetta del Popolo* di Torino, *Il Gazzettino* di Venezia, l'*Alpenzeitung* di Merano, l'*Unione sarda* di Cagliari, *Il Telegrafo* di Livorno, il *Corriere Adriatico* di Ancona, il *Corriere Padano* di Ferrara, la *Vedetta fascista* di Vicenza, il *Popolo di Brescia*, il *Piccolo* di Trieste, il *Regime fascista* di Cremona, l'*Avvenire d'Italia* di Bologna. A questi s'aggiunse inoltre la *Squilla italica* di Berna il 29 marzo.[26]

A differenza di Zoppi ed Ernst, insomma, Chiesa vedeva l'italianità non come un insieme di valori spirituali sovranazionali, ma in modo più concreto come ciò che l'Italia esprime culturalmente in ogni momento storico; e proprio da tale espressione la Svizzera italiana trae continua materia di confronto e di arricchimento. Se per Zoppi ed Ernst l'italianità era prima di tutto una componente ideale fondativa della Confederazione intera, per Chiesa essa consisteva invece nel legame concreto, storico, tra la Svizzera italiana e l'Italia, legame che solo in un secondo momento avrebbe potuto espandersi anche nel resto della Confederazione. Collocandosi a metà strada tra quella "romana" e quella "elvetista", l'italianità cantonale di Chiesa accettava insomma l'Italia fascista.

Non è quindi un caso che tali posizioni si trovino ribadite in un articolo di Reto Roedel (*La poesia di Francesco Chiesa e l'italianità culturale del Ticino*) pubblicato in un numero di "Archivio storico della Svizzera italiana" (marzo

---

24 Francesco CHIESA, *Svizzera italiana e Italia*, in «Corriere del Ticino», 22 marzo 1941.
25 Nel numero XVI, 1, marzo 1941, pp. 88-89.
26 Cfr. «Archivio storico della Svizzera italiana», XVI, 2, giugno 1941, p. 195.

1941) espressamente dedicato a Chiesa.[27] Roedel, dal 1934 Professore Ordinario di Lingua e Letteratura Italiana all'Università di San Gallo, dopo un'analisi dell'opera di Chiesa e della sua centralità nel panorama culturale svizzero italiano, nella seconda parte dell'articolo affronta la definizione dell'italianità ticinese, intesa come legame saldo e assoluto, irrinunciabile, del Ticino con l'Italia contemporanea, anche con l'Italia fascista. Ricorre anche qui la condanna, che era già nell'articolo di Chiesa, di coloro che in Ticino disprezzano l'Italia e tramano per un suo sovvertimento politico:

> È giunto il momento di far capire a tutti che il Canton Ticino non può essere luogo da trame e da vilipendi contro l'Italia: quell'Italia per cui congiurarono e combatterono i nostri mazziniani e i nostri garibaldini; contro quell'Italia che è la madre e la custode della nostra civiltà.[28]

Roedel condivideva quindi le posizioni di Chiesa nei confronti dell'Italia fascista, e si adoperò largamente per difenderle e per manifestare in più luoghi la propria vicinanza allo scrittore. Sempre nel 1941 Roedel pubblicò per i fascicoli dell'"Educatore della Svizzera italiana" un profilo storico dei rapporti tra Svizzera e Italia, intitolato *Relazioni italo-elvetiche nel presente e nel passato*. Il testo traccia la storia di tali rapporti sotto diversi punti di vista: dopo un'introduzione generale, sono toccati i campi della cultura, delle forze armate, dell'arte e del lavoro, fino alle conclusioni finali che celebrano lo "spirito di fratellanza" tra i due Paesi. In chiusura Roedel accenna a Mussolini: dopo averne trattato in poche righe il soggiorno a Losanna del 1902-1904, ne loda la politica di amicizia nei confronti della Svizzera, tanto da riconoscere in essa un elemento fondamentale del benessere del Paese durante il conflitto in corso:

> Se oggi l'economia svizzera può affrontare con un certo agio le enormi scosse che provoca una guerra fra paesi a lei confinanti, lo deve soprattutto all'Italia, a quell'Italia che per volontà del suo grande capo non soltanto dichiarò di mantenere a disposizione della Confederazione Elvetica tutte le sue vie di comunicazione terrestri e marittime, ma dispose subito perché il porto di Genova subisse un adattamento corrispondente

---

27 Reto ROEDEL, *La poesia di Francesco Chiesa e l'italianità culturale del Ticino*, in «Archivio storico della Svizzera italiana», XVI, 1, marzo 1941, pp. 21-42. Per un profilo particolareggiato (nonché appassionato) di Roedel cfr., oltre alla corrispondente voce nel *Dizionario storico della Svizzera* (https://hls-dhs-dss.ch/it/articles/023276/2010-04-30/), l'articolo di AGLIATI, *Reto Roedel: grande "italianista"*, in «Quaderni grigionitaliani», 58, 1989, pp. 10-15.
28 ROEDEL, *La poesia di Francesco Chiesa e l'italianità culturale del Ticino*, cit., p. 37.

ai bisogni nostri e perché, degli impianti costieri per l'importazione del combustibile liquido, una parte fosse riservata alla Svizzera.[29]

Tale professione di vicinanza e quasi di dipendenza della Svizzera dall'Italia trova il suo culmine nel paragrafo conclusivo del testo, fortemente retoricizzato, dove Roedel affianca la "luce di Roma imperiale [che] splende dall'alto dei suoi colli fatali" alla "mite e bella fiamma del Rütli": l'una accanto all'altra, esse spandono la loro luce su un'Europa di tenebra, alimentandosi a vicenda. Per Chiesa e per Roedel, in altre parole, il bilancio sul fascismo non fu negativo, tanto che essi promossero sempre la necessità per il Ticino di procedere gomito a gomito con l'Italia di Mussolini.

L'amicizia cordiale con Chiesa fu ribadita da Roedel anche in un capitolo di un suo libro del 1977 (*Relazioni culturali e rapporti umani tra Svizzera e Italia*) in cui espanse il lavoro di ricognizione dei rapporti tra Svizzera e Italia già iniziato dal volumetto del 1941.[30] Dopo una generica introduzione storica, in diversi capitoli Roedel analizza alcuni casi studio che identificano altrettante sfaccettature nelle relazioni tra i due Paesi, con una predilezione per il lato culturale: Roedel traccia i profili, tra gli altri, di Burckhardt, Böcklin, Angioletti e Chiesa. Già nel titolo del capitolo a lui dedicato (*Francesco Chiesa, lo scrittore e la sua italianità*) Roedel ricorda l'impegno di Chiesa per l'italianità del Ticino, senza accennare tuttavia neanche in maniera minima alla tematica del fascismo, del tutto taciuta. Nella stessa introduzione al volume Roedel menziona anzi il ruolo determinante della Svizzera nell'accogliere molti rifugiati politici italiani durante il regime.[31]

L'intedeschimento

Uno dei principali territori del dibattito sull'italianità ticinese sia negli anni del fascismo sia nei decenni successivi fu poi, come accennato, quello sul cosiddetto *intedeschimento*. A questo dibattitto parteciparono pressoché tutti gli intellettuali italofoni del tempo, compresi Zoppi, Ernst e Chiesa. La crescente migrazione verso il Ticino di cittadini e capitali svizzero-tedeschi, perlopiù attratti da una situazione climatica e da uno stile di vita più confortevoli, divenne infatti dagli anni Trenta un argomento di persistente attualità. Dotati di un maggiore potere economico, gli svizzeri tedeschi compravano immobili, avviavano

---

29 ID., *Relazioni Italo-Elvetiche nel presente e nel passato*, Lugano, Fascicoli dell'«Educatore della Svizzera italiana», 1941.
30 ID., *Relazioni culturali e rapporti umani fra Svizzera e Italia*, Bellinzona, Casagrande, 1977.
31 Cfr. ivi, p. 41.

attività, fondavano scuole e giornali di lingua tedesca. In tale situazione diversi intellettuali, non solo ticinesi, iniziarono a temere che se tale tendenza non fosse mutata la lingua e la cultura italiana in Ticino sarebbero presto divenute una minoranza. Questo rappresentava un pericolo per la preservazione di tutte e tre le accezioni di italianità finora discusse: l'italianità romana non avrebbe più avuto una colonia culturale, a quella elvetista sarebbe mancata una componente essenziale per la sopravvivenza del pluriculturalismo della Confederazione, mentre quella cantonale si sarebbe vista, appunto, fortemente ridimensionata.

La battaglia contro l'intedeschimento era una delle bandiere più sventolate da "Archivio storico della Svizzera italiana", ancor prima che la rivista divenisse organo del Centro Studi per la Svizzera italiana. Non è un caso che le annate 1936-1937 in particolare dedicassero diversi articoli all'argomento: era infatti appena stato pubblicato a Basilea un volume di Brosi sulla storia dell'irredentismo in Svizzera,[32] ma soprattutto a Bellinzona la testata "L'Adula", di orientamento irredentista e filofascista, era appena stata chiusa dalle autorità federali. Questi due eventi intensificarono in Ticino il dibattito sull'italianità, nonché quello sull'irredentismo. In *La difesa dell'italianità linguistica e culturale nei Cantoni Ticino e Grigioni* (XIV, 11, 1936) viene commentato un recente articolo di Augusto Giacometti, Professore di Diritto Costituzionale e Amministrativo all'Università di Zurigo, pubblicato nel settembre 1935 sulla "Neue Schweizer Rundschau". Qui Giacometti, dopo aver analizzato il crescente intedeschimento dei cantoni, propone una serie di soluzioni radicali al problema. La prima e più importante è il conferimento al Ticino da parte della Confederazione di uno statuto speciale, diverso da quello vigente negli altri cantoni, il quale affiderebbe esclusivamente all'autorità cantonale la regolamentazione del domicilio e dell'attività professionale dei cittadini non ticinesi. A questa misura se ne affiancherebbero poi altre, tra cui il divieto di fondare scuole e sodalizi di lingua tedesca e quello di esporre insegne in lingue diverse dall'italiano, se non in località turistiche. Giacometti conclude affermando che se queste misure venissero adottate si esaurirebbero spontaneamente le velleità irredentiste presenti in alcuni ambienti sia svizzero-italiani sia italiani.

Il successivo numero di "Archivio storico della Svizzera italiana" (gennaio-giugno 1937) si sofferma invece su un convegno tenutosi a Berna il 14 giugno 1936 proprio sul tema dell'immigrazione svizzero-tedesca in Ticino, organizzato dalla Nuova Società Elvetica.[33] Attiva nella promozione del plurilinguismo

---

32 Isidor BROSI, *Der Irredentismus und die Schweiz*, Basilea, Verlag H. Brodbeck-Frehner, 1935.
33 Redazione, *Il problema degli svizzeri-tedeschi nel Ticino*, in «Archivio storico della Svizzera italiana», XV-XVI, 12, 1937, pp. 118-23.

e della salvaguardia delle identità locali, la società era stata costituta nel 1912 a Berna e contava varie filiali in tutta la Confederazione. I due oratori principali furono il già citato Arminio Janner, Professore di Letteratura italiana all'Università di Basilea, e Brunner, avvocato svizzero-tedesco residente a Locarno e direttore della testata di lingua tedesca pubblicata in Ticino "Südschweiz". Presenti, tra gli altri, Giuseppe Zoppi, Guido Calgari (futuro direttore di "Svizzera italiana"), oltre che Giuseppe Motta, in quegli anni a capo del Dipartimento federale per gli Affari Esteri. Dal confronto tra Janner e Brunner emergono due posizioni ancora diverse da quella di Giacometti. Janner, dopo aver denunciato la pericolosità della penetrazione svizzero-tedesca in Ticino, propone come soluzione l'assimilazione e l'integrazione immediata dei cittadini confederati e, di conseguenza, l'abolizione di ogni barriera istituzionale o legale: l'opposto di Giacometti. La linea di Brunner fu invece quella di sminuire il problema e negare che l'italianità del Ticino potesse essere veramente minacciata dal fenomeno. In un articolo pubblicato su "Südschweiz" pochi giorni dopo, Brunner aggiunse inoltre che la presenza di cittadini svizzero-tedeschi in Ticino sarebbe potuta risultare un efficace antidoto contro l'irredentismo. L'articolo su "Archivio storico della Svizzera italiana" era poi seguito da una disamina degli effetti economici dell'intedeschimento sul tessuto commerciale della Svizzera italiana, tra cui l'indebolimento dei rapporti con la Lombardia, l'innalzamento dei prezzi dei trasporti, l'assorbimento di piccole e medie imprese ticinesi da parte di gruppi svizzero-tedeschi più grandi, l'indebolimento del potere d'acquisto dei ticinesi e la svalutazione del costo del lavoro.[34]

È questo il numero, inoltre, dove appare la citata recensione di Lombardo a *Senso della Svizzera e problemi del Ticino* di Janner, libro che propone appunto l'integrazione e l'assimilazione degli svizzeri tedeschi come soluzione primaria alla questione dell'intedeschimento. Una posizione ovviamente osteggiata da Lombardo, il quale è invece convinto che tale politica porterebbe al contrario a un "addomesticamento" dei ticinesi da parte dei confederati, più numerosi e forti economicamente, e quindi a una neutralizzazione dell'italianità del cantone. Questa è invece da preservare con lo strumento contrario all'integrazione, ossia l'opposizione, poiché la prima addormenta, la seconda rinvigorisce. L'autore fa l'esempio del Triveneto, dove l'italianità è rimasta forte e orgogliosa in opposizione alla presenza austriaca, e non grazie alla sua assimilazione:

> Abbiamo l'esempio della Venezia Giulia e di quella Tridentina ove l'italianità s'è conservata intera pur sotto il regime austriaco che non ha tralasciato nulla per sopraffarla.

---

34 Cfr. D. SEVERIN, *La penetrazione economica nel Cantone Ticino*, ivi, pp. 123-28.

Si vede che lo spirito nazionale resta vivo assai meglio in uno Stato autoritario che non laddove la penetrazione pacifica riesce ad insonnolire e spiritualmente neutralizzare un popolo come nel caso – per citare un esempio – dei Grigioni.[35]

In chiusura, Lombardo si scaglia poi anche contro l'idea elvetista della Svizzera come modello per un'Europa cooperativa e democratica:

> Addormentare lo spirito nazionale dei ticinesi e con esso indebolirne il patrimonio culturale coi sonniferi dell'utopia paneuropa non contribuirà mai alla loro difesa.[36]

La difesa dell'italianità ticinese contro l'intedeschimento assume toni ancora più vividi nel numero successivo della rivista, dove appaiono titoli come *Per la difesa dell'italianità* e *"E la lingua italiana?"*. Il primo riporta e commenta un articolo di Pierre Grellet (*Un visage qui s'altère*) da poco uscito sulla "Gazette de Lausanne", che segue la linea della non integrazione già presente nella proposta di Giacometti:

> La costante immigrazione degli svizzero-tedeschi muta lentamente il volto originale del paese; l'omogeneità della Svizzera Italiana, così piccola nell'insieme della Nazione svizzera, s'indebolisce e lascia il posto a un miscuglio di lingua e razze. Più questa immigrazione aumenta e meno gli elementi eterogenei si assimilano [...]. Questo cedimento non si manifesta soltanto col cedimento dell'idioma del paese. Essa cambia la fisionomia stessa delle cose. Le città, i villaggi, l'aspetto della terra cessa d'essere italiano. Tra Lugano e Como, distanti una mezz'ora d'automobile, v'è oggidì un abisso. L'Italia, da una parte, un miscuglio tedesco-italiano dall'altra.[37]

Anche "Svizzera italiana" fece proprio il tema dell'intedeschimento del Ticino, sebbene da una prospettiva opposta, vicina al pensiero pluriculturale dell'italianità elvetista. Lungo tutti gli anni Quaranta e Cinquanta, Guido Calgari non solo pubblicò diversi articoli sull'argomento, ma rilasciò anche alcune interviste radiofoniche e televisive in cui illustrò la questione, proponendo, sulla scia di Janner, l'integrazione come la soluzione più efficace. Significativa, a questo proposito, l'intervista concessa alla RAI andata in onda il 16 novembre 1961 all'interno del programma *Cronache di attualità* in una puntata dedicata al Ticino (*La cultura italiana nel Canton Ticino*), dove appaiono anche Felice Filippini e Francesco Chiesa. Tra i tre Calgari è l'unico che, appunto, ancora nel 1961 pone il problema dell'identità linguistica e culturale del cantone a fronte dell'immigrazione svizzero-tedesca, professando la necessità dell'integrazione.

---

35 LOMBARDO, *Recensione a Senso della Svizzera e problemi del Ticino*, cit., p. 105.
36 Ibidem.
37 Redazione, *Per la difesa dell'italianità*, in «Archivio storico della Svizzera italiana», XV-XVI, 3-4, 1937, pp. 238-39.

È del resto proprio su "Svizzera italiana" che era stato pubblicato, nel 1950, il già citato articolo di Ernst *Il sacro dovere dell'italianità*, che si apriva con un'esposizione delle ragioni storiche della "germanizzazione del Ticino". Queste venivano individuate nella necessità di conoscere il tedesco per lavorare nell'amministrazione federale, nel servizio militare, nell'organizzazione scolastica che vede l'italiano solo come materia a scelta, nella mancanza di un'università ticinese, nell'apertura della ferrovia del Gottardo nel 1882 e nella separazione ecclesiastica della diocesi di Lugano da quelle di Como e Milano tra il 1884 e il 1888. Ernst riportava quindi – l'unico, in questo dibattito – qualche dato numerico, dimostrando che in cinquant'anni, dal 1900 al 1950, a fronte di un aumento del 40 % della popolazione ticinese la percentuale svizzero-tedesca era aumentata nel cantone di circa cinquanta volte. Dopo queste premesse, Ernst esponeva quindi la propria personale visione della questione, fondata appunto sull'idea di pluriculturalismo, e la propria soluzione, ossia, sulla linea di Calgari e Janner, l'integrazione e l'assimilazione:

> Il nostro amore per il Ticino dev'essere preceduto o seguito da uno sforzo di comprensione della cultura italiana intera, senza la quale l'italianità del Ticino, oltre a non essere immaginabile, non sarebbe nemmeno auspicabile [...]. Guido Calgari dichiarò [...]: "Considereremo nemico chiunque, non italiano di civiltà, stabilendosi permanentemente tra noi si rifiutasse di assimilarsi, di imparare la nostra lingua, di rispettare la nostra mentalità e le nostre tradizioni" [...]. Il voler resistere a questa assimilazione, richiesta dalle circostanze, rappresenta un atto di ostilità non solo verso il Ticino, bensì verso la Confederazione stessa: poiché l'italianità del Ticino è funzionale tanto per la essenza quanto la costituzione della Svizzera.[38]

In chiusura Ernst proponeva quindi un patto, una sorta di giuramento in dieci punti che ogni svizzero-tedesco avrebbe dovuto onorare nei confronti della Svizzera italiana: se ne riportano qui i passaggi più significativi:

1) Il popolo svizzero, e specialmente la Svizzera tedesca, ravvisa e riconosce nell'italianità del Ticino uno dei fondamenti dell'esistenza di questa nostra Confederazione.
2) Il popolo svizzero, e specialmente la Svizzera tedesca, vuole evitare ogni negligenza che possa infirmare l'italianità del Ticino, e intraprendere ogni azione che possa avvalorarla.
3) Il popolo svizzero, e specialmente la Svizzera tedesca, saluta l'autodifesa dell'italianità ticinese e vi partecipa in ispirito di patriottismo [...].

---

38 ERNST, *Il sacro dovere dell'italianità*, cit., p. 8.

9) Il popolo svizzero, e specialmente la Svizzera tedesca, saluta e consente ai tradizionali rapporti culturali tra Ticino e Italia, come a una funzione naturale di quel cantone.[39]

L'italianità "antifascista"

Con il loro orientamento elvetista, Calgari e Janner erano gli intellettuali ticinesi che in quegli anni più si avvicinavano alle idee di Ernst e Zoppi; con la differenza, tuttavia, che risiedendo in Ticino, avevano a che fare quotidianamente con manifestazioni concrete non solo dell'intedeschimento, ma anche dello scontro tra idee diverse di italianità. Entrambi si affrettarono nell'immediato dopoguerra a mettere in risalto le proprie posizioni antifasciste – mai dichiarate esplicitamente prima – degli anni precedenti, che si riassumevano, appunto, in una concezione di italianità autonoma rispetto a ciò che stava succedendo in Italia sotto il regime. Nell'articolo *Fede nell'Italia*, pubblicato su "Svizzera italiana" nell'agosto 1943, a caldo, immediatamente dopo la caduta del fascismo, Janner arrivò addirittura a sostenere che la grande maggioranza dei ticinesi era in realtà stata antifascista negli anni precedenti, ma aveva nascosto tale orientamento per ragioni di opportunità politica. I ticinesi avevano infatti subito intuito, secondo Janner, che il fascismo rappresentava una realizzazione corrotta e deviata di italianità: oltre ad ottemperare al dovere morale descritto da Zoppi, essi avevano quindi anche preservato una scintilla di italianità autentica durante il Ventennio:

> Come ha reagito il Ticino alla propaganda fascista? Il Ticino ha reagito benissimo, facendo onore alla sua mentalità italiana e alla tradizione politica svizzera. Ha distinto subito l'Italia, l'Italia vera, dal fascismo. Quella, culturalmente la sua genitrice, ha continuato ad amare, questo ha condannato come un modo di pensare in prima linea antisvizzero, ma anche antitaliano [...]. Che il nostro popolo abbia reagito bene lo dimostrò la stampa che unanime seppe distanziarsi dalle teorie fasciste. E se non osò criticare direttamente il regime – per ragioni di politica estera – fece chiaramente capire ch'esso era inconciliabile colle nostre tradizioni democratiche.[40]

Per Janner il fascismo è quindi un pensiero antitaliano: sebbene abbia avuto origine in Italia, è meno italofilo dell'elvetismo, il quale, benché nato invece fuori dall'Italia, propone un'idea di italianità autentica e positiva.

---

39 Ivi, p. 9.
40 Arminio JANNER, *Fede nell'Italia: quel che si può dire dopo il 25 luglio 1943*, in «Svizzera italiana», III, 8, pp. 312-13.

Forse in un eccesso di entusiasmo, dato appunto dalla recente caduta del regime, in *Fede nell'Italia* Janner giunse anche a presentare come segretamente antifascista Giovanni Battista Angioletti, che dal 1941 dirigeva a Lugano il Circolo italiano di lettura. Angioletti, dopo una carriera pluriennale in istituzioni italiane all'estero, era stato chiamato a Lugano dall'allora Ministro d'Italia a Berna, Attilio Tamaro. Al Circolo teneva una conferenza settimanale dove presentava poeti e narratori delle ultime stagioni letterarie italiane: da lì passarono, tra gli altri, Saba, Ungaretti, Montale, Vittorini, con un viavai intellettuale che contribuì molto in quegli anni a sprovincializzare il panorama culturale ticinese, ad appagare il bisogno di rinnovamento letterario delle giovani generazioni e a infondere vitalità e novità al dibattito culturale del cantone. Tutto ciò era in realtà visto con un certo sospetto da intellettuali democratici e antifascisti come Calgari e Janner, i quali interpretarono subito l'attività di Angioletti come un'ingerenza esterna negli affari interni della Svizzera italiana. In alcuni articoli apparsi su "Svizzera italiana" tra il 1941 e il 1942 Janner rappresentò Angioletti non solo come un intellettuale snob che pretendeva di insegnare ai ticinesi la cultura italiana, ma anche e soprattutto come un funzionario della politica culturale fascista, messo lì, appunto, dal regime.[41] È quindi interessante che dopo il luglio 1943 Angioletti diventi invece, in *Fede nell'Italia*, un antifascista dall'attività quasi penelopesca, e il suo rifiuto di collaborare con "Svizzera italiana" un'imposizione dall'alto, contro la sua volontà:

> La rivista ["Svizzera italiana"] era del resto così decisa a restar neutrale nel campo politico, che invitò a più riprese G. B. Angioletti a collaborarvi – passando sopra, per l'intesa, a certi suoi non dimenticati giudizi sul nostro paese – e Angioletti rifiutò; e del resto, ora lo sappiamo, non poteva fare altrimenti, poiché era venuto nel Ticino chiamatovi proprio dal Tamaro, che desiderò tale mediatore fra il pubblico colto ticinese e il fascismo. In qual misura poi l'Angioletti venisse incontro al desiderio del Tamaro non so dire: in realtà quanto egli faceva ufficialmente di giorno come fascista, lo disfaceva di notte, in piccoli cenacoli, come antifascista [...]. Ecco la falsa situazione politica e culturale venutasi a creare a Lugano colla fondazione del *Circolo italiani di lettura*. Moderni scrittori italiani, antifascisti nell'animo, venivano presentati come scrittori del regime.[42]

Il dopoguerra

Con la caduta del fascismo mutarono i rapporti politici e culturali tra Svizzera (soprattutto la Svizzera italiana) e Italia, e con essi le prospettive sull'italianità,

---

41 Cfr. Giovanni BONALUMI, *Il pane fatto in casa: capitoli per una storia delle lettere nella Svizzera italiana e altri saggi*, Bellinzona, Casagrande, 1988, pp. 128-58.
42 JANNER, *Fede nell'Italia*, cit., pp. 314-15.

ormai non più romana né antifascista. La prospettiva elvetista, tuttavia, non riuscì a mettere del tutto d'accordo gli intellettuali ticinesi, i quali iniziarono a considerare il termine quasi esclusivamente alla luce del fenomeno dell'intedeschimento. Assodato che l'italianità fosse una componente autonoma ed essenziale della Confederazione e specifica del Ticino e dei Grigioni, il tema diveniva ora quindi quello di preservarla contro la penetrazione economica, linguistica e culturale degli svizzeri tedeschi. La parola italianità assunse quindi, in breve tempo, il significato di "preservazione dell'italianità", di attuazione di politiche in difesa dell'identità linguistica e culturale del Ticino.

Lungo tutti gli anni Cinquanta Calgari, Janner e gli intellettuali che ruotavano attorno a "Svizzera italiana" si soffermarono diverse volte sulla questione (si è parlato dell'articolo di Ernst *Il sacro dovere dell'italianità*, nonché dell'intervista rilasciata da Calgari alla RAI nel 1961), e mantennero sempre la linea dell'assimilazione e dell'integrazione elaborata negli anni precedenti. Tali posizioni tuttavia non incontrarono un consenso unanime nella stampa cantonale, soprattutto da parte di una nuova generazione di intellettuali che vedeva in "Svizzera italiana" l'espressione di un pensiero conservatore, ormai da superare. Di orientamento perlopiù socialista, questi ultimi credevano infatti che se la dottrina della Difesa spirituale del Paese aveva contribuito a rafforzare e difendere culturalmente l'identità svizzera durante i totalitarismi, nel dopoguerra essa rischiava invece di divenire un pensiero sostanzialmente conservatore, se non reazionario, che serrava la Confederazione entro i propri confini escludendola così dalla circolazione delle idee in Europa.

Uno degli intellettuali più attivi in questo senso fu *Eros Bellinelli, giornalista di "Libera Stampa" e poi di RSI e TSI, editore (fondò le collane *"Roccolo" e *"Pantarei") e creatore del "Premio Libera Stampa". Bellinelli sosteneva che la classe dirigente ticinese, di cui "Svizzera italiana" era espressione, in nome dell'integrazione confederale cedesse troppo spesso alle disposizioni di Berna, con il rischio così di diminuire il peso politico del Ticino e di metterne di conseguenza in pericolo, appunto, l'italianità. Bellinelli riteneva inoltre (lo esplicitò in un articolo uscito nel 1954 su "Libera Stampa", intitolato proprio *Italianità*) che le ragioni di tali scelte da parte della classe dirigente del Cantone fossero in realtà da ricercarsi più in personali ambizioni di carriera che in un'effettiva azione politica:

> I confederati non sono dalla parte del torto. Difendono e curano i loro comodi. Mancheranno di comprensione. Ma i ticinesi si sono oramai adattati a non richiederla. Cosa succede, dunque? Succede che nel colloquio svizzero la voce della civiltà italiana si fa sempre più debole perché i ticinesi sono sempre meno persuasi della loro

funzione e sempre più dediti alla salvaguardia dei loro ristretti personali interessi e degli ambienti da cui emanano.[43]

Per Bellinelli la classe dirigente ticinese si rende quindi responsabile col proprio comportamento di abbandonare il Ticino e la sua italianità al loro destino, per inseguire invece i propri affari personali. Tale classe dirigente, continua Bellinelli, si forma infatti sempre più nelle università confederali piuttosto che in quelle italiane, da lui ritenute invece il naturale approdo per ogni ticinese che voglia seguire degli studi umanistici:

> Nella compagine della Svizzera italiana si forma a poco a poco un tessuto dirigente che, rinunciando a identificarsi elemento di una civiltà che contribuisce alla grandezza morale e materiale della Svizzera, si pone invece come norma di vita lo sfruttamento massimo di una realtà "confederale" che non sempre è l'espressione alta e sincera della patria [...]. Molti, nei rapporti spirituali politici economici con la Svizzera Interna, intendono – in buona o mala fede – giovare al Ticino rinunciando a difendere i caratteri fondamentali, le qualità, i difetti, il costume, insomma, del nostro gruppo etnico.[44]

In altre parole, per Bellinelli l'italianità (e la sua difesa) non è più una questione politica, ma una questione di coscienze. Non c'è più, come negli anni precedenti, uno scontro tra diverse concezioni di italianità, con tanto di sforzi per far emergere la propria parte sull'altra. L'italianità svizzera non va più difesa da un nemico, interno o esterno. Non si tratta di far prevalere e diffondere un'idea di italianità romana, elvetista, o ticinese: nel dopoguerra si tratta ora invece, semplicemente, di scelte individuali:

> La crisi dell'italianità del nostro paese è una crisi d'uomini. Fino a quando la nostra "intelligentia" curerà solo i suoi affari salverà, sì, i propri interessi, ma indebolirà la patria: perché la patria – se non erro – dovrebbe essere gli affari di tutti e non solo dell'"intelligentia" e del ceto da cui emana.[45]

È interessante notare un ultimo punto riguardo allo sviluppo della definizione di italianità in questi decenni. Come per altre direttrici dello scambio culturale tra Svizzera e Italia, emerge come col passare degli anni tale definizione si sposti sempre più verso i territori dell'azione e della responsabilità individuale, dei 'microattori' di un sistema culturale, piuttosto che dei suoi 'macroattori'.

---

43 Eros BELLINELLI, *Italianità*, in «Libera Stampa», 23 marzo 1954, p. 3.
44 Ibidem.
45 Ibidem.

Mentre negli anni Trenta e Quaranta erano soprattutto enti e organi culturali a competere nel definire i contorni concettuali (e materiali) dell'italianità, a partire dagli anni Cinquanta sono i singoli operatori culturali a entrare in campo, spesso più o meno svincolati da tali strutture istituzionali. In altre parole, l'italianità torna a essere sempre più innanzitutto una tensione morale, prima che politica.

Felicity Brunner

2 Elvetismo

In un testo pubblicato postumo nel 1996, ma scritto nel 1980, Enrico Filippini rievocava il panorama storico-culturale ticinese nel periodo della Seconda Guerra Mondiale:

> Io mi ricordo bene che cosa è stata la letteratura svizzero-italiana (diciamo pure ticinese) negli anni della mia infanzia e adolescenza, che purtroppo coincisero, più o meno, anno in su, anno in giù, col periodo della seconda guerra mondiale. O forse non mi ricordo bene le cose come stavano: ricordo un senso di fastidio.
> Questo fastidio riguardava soprattutto una parte cospicua della produzione letteraria di quegli anni, [che trattava] soprattutto due temi: l'italianità del Ticino da una parte e la sua elveticità dall'altra. A rischio di sfiorare il paradosso: sono ancora oggi convinto che in sostanza, nella latenza politico-letteraria di quei messaggi, italianità ed elveticità fossero la stessa e unica cosa, o perlomeno che il tema «italianità» fosse l'«alibi» del tema «elveticità».[1]

Le parole di Filippini mettono bene a fuoco la questione che qui ci interessa, ossia l'ambiguo rapporto tra la retorica dell'*italianità da un lato e quella dell'*elvetismo dall'altro. Due retoriche, come suggerisce l'autore, all'apparenza contrapposte ma in realtà complementari. Collegandoci all'articolo sull'italianità di Stefano Bragato, con cui questo saggio è in stretto dialogo, e tenendo presente la fastidiosa ambiguità che Filippini percepiva nel dibattito culturale e letterario svizzero-italiano intorno ai temi dell'elveticità e dell'*italianità, inquadreremo qui la natura dell'elvetismo concentrandoci nello specifico sul periodo prebellico e sulla Seconda Guerra Mondiale. Vogliamo mostrare come le spinte ideologiche elvetiste fossero presenti nell'ambito della produzione e della diffusione culturale in Svizzera e, soprattutto, come la retorica elvetista rappresentasse una cornice ideologica entro la quale avveniva il lavoro di produzione e diffusione culturale di personalità di primo piano. Sebbene il tema dell'elvetismo sia stato ampiamente trattato nell'ambito della storia della cultura e degli intellettuali svizzeri, noi ci inseriremo nel dibattito osservando piuttosto il dispositivo discorsivo dell'elvetismo, formato da elementi figurativi

---

1 Enrico FILIPPINI, *Scrittori svizzeri e svizzero-italiani visti dall'Italia*, in Guglielmo Volonterio, *Il delitto di essere qui. Enrico Filippini e la Svizzera*, Milano, Feltrinelli, 1996, pp. 153-8, a p. 153.

e linguistici che danno adito a una specifica narrazione della nazione.[2] Sarà pertanto soprattutto attraverso l'analisi delle sue espressioni retoriche, e meno attraverso la disamina storica dei suoi proclami, che inquadreremo il discorso nazional-patriottico – fortemente conservatore e situato a destra nel ventaglio politico – che dominò la scena culturale nelle quattro aree linguistiche della Svizzera dall'ultimo decennio dell'Ottocento fino agli anni Sessanta del Novecento. L'elvetismo – che aveva da un lato la funzione di narrare l'origine, l'evoluzione, il significato e il valore che la Svizzera aveva assunto in quanto nazione al centro dell'*Europa, e dall'altro di delineare l'insieme dei caratteri identitari della popolazione confederata – trova infatti forme di espressione discorsiva anche in testi privi di intenti espressamente politici come quelli letterari.

La rifunzionalizzazione del concetto nel primo Novecento

L'origine del termine "elvetismo" risale agli ultimi decenni dell'Ottocento e va individuata nell'ambito della critica letteraria francofona, dove indicava le peculiarità linguistiche della letteratura svizzero-francese. Il termine divenne popolare dopo la pubblicazione della storia della letteratura romanda di Gonzague de Reynold,[3] ma al volgere del secolo e con l'avvicinarsi della Prima Guerra Mondiale la nozione venne progressivamente separata dalla disciplina

---

2 Di seguito riferiamo i titoli sull'elvetismo che sono stati più significativi per le nostre ricerche, senza pretese di esaustività: Alain CLAVIEN, *Les Helvétistes. Intellectuels et politique en Suisse romande au début du siècle*, Lausanne, Société d'Histoire de la Suisse romande & Editions d'en Bas, 1993; Claud HAUSER, *Les intellectuels suisses, leur rapport à l'État et aux autorités politiques: quelque réflexions*, in Pierre Durcy, Hans Ulrich Jost e Anne Kenzelmann Pfyffer (a cura di), *Jean Rudolf von Salis, die Intellektuellen und die Schweiz / Jean Rodolphe de Salis, les intellectuels et la Suisse*, Zurigo, Chronos, 2003, pp. 41-46; Clavien e Hauser hanno inoltre curato la miscellanea *Les intellectuels en Suisse au 20ᵉ siecle / Intellektuelle in der Schweiz im 20. Jahrhundert*, Zurigo, Chronos, 2010 (= «Traverse», a. XVII, n. 2); infine citiamo i lavori meno recenti ma ancora fondamentali di Guy MARCHAL, *Die «Alten Eidgenossen» im Wandel der Zeiten*, in Hansjakob Achermann et al. (hrsg.), *Innerschweiz und frühe Eidgenossenschaft: Jubiläumsschrift 700 Jahre Eidgenossenschaft*, Olten, Walter, 1990, pp. 309-406 e ID., *La naissance du mythe du Saint-Gothard ou la longue découverte de l'"homo alpinus helveticus' et de l'"Helvetia mater fluviorum' (XVᵉ s. - 1940)*, in Jean-François Bergier - Sandro Guzzi (éds.), *La découverte des Alpes / La scoperta delle Alpi / Die Entdeckung der Alpen*, Basel, Schwabe, 1992, pp. 35-53.
3 Cfr. Gonzague DE REYNOLD, *Histoire littéraire de la Suisse au XVIII° siècle*, Lausanne, Georges Bridel & Cie., 1909-1912, 2 voll.

letteraria, trovando una diffusione sempre maggiore nella sfera della politica culturale svizzera e assumendo la forma di un pensiero coerente e strutturato, funzionale a descrivere le peculiarità identitarie della Confederazione, riconosciute sia sul versante romando che tedesco. In questo modo, nel contesto interbellico il concetto di 'elvetismo' diventò uno strumento discorsivo atto a descrivere e a produrre un sentimento identitario comune alla popolazione svizzera, finalizzato a superare le differenze, prima, tra le due regioni linguistiche principali, e, in seguito, di tutta la Confederazione, fortificando la linea del *confine nazionale delimitante un 'noi' (la Svizzera) e un 'loro' (gli altri paesi). Se nel contesto ideologico tardo-ottocentesco, dunque, con la dottrina ideologico-politica dell'elvetismo si rivendicava l'esistenza della Svizzera come Confederazione – ovvero un insieme di diversi Stati (i Cantoni), regioni linguistiche, culture e religioni – di fronte allo sviluppo dei nazionalismi etnici nei paesi confinanti, all'alba della Prima Guerra Mondiale le stesse caratteristiche, e in particolare l'assenza di un potere centralista forte e di un'omogeneità etnico-culturale, sarebbero state invece sempre più percepite – all'interno e all'esterno del Paese – come una debolezza politica. Così, man mano che il panorama politico ed economico europeo del primo Novecento mutava, crescevano anche le preoccupazioni delle autorità politiche e intellettuali confederate. Il federalismo, la democrazia, il liberalismo economico, il pluralismo e la neutralità risentivano, di volta in volta, il contraccolpo dei tumulti europei, e si trovavano confrontati con l'ascesa delle ideologie *fasciste e comuniste, l'arretramento della democrazia di fronte ai totalitarismi tedeschi e italiani, l'emergere in Francia della coalizione dei partiti di estrema sinistra (il «Fronte popolare» del 1936), lo scoppio della guerra civile spagnola e la crisi economica mondiale. Fu in particolare l'ascesa dei regimi nazifascisti in Italia e in Germania a determinare le forme del nuovo nazionalismo elvetico: difatti, la narrazione della Patria coesa e indissolubile si profilava come uno scudo discorsivo di fronte alla minaccia dell'irredentismo.

L'elvetismo primonovecentesco venne promosso in seno a un circolo ristretto di politici, giornalisti e accademici, residenti nelle maggiori città della Svizzera (perlopiù tedesca e francese). Tra di essi spicca in particolare il nome di Philip Etter, rappresentante del Partito Popolare Democratico nel Consiglio federale dal 1934, il quale nel 1938 pubblicò il controverso *Botschaft des Bundesrates an die Bundesversammlung über die Organisation und die Aufgaben der schweizerischen Kulturwahrung und Kulturwerbung* (ovvero il Messaggio del Consiglio federale all'Assemblea federale concernente l'organizzazione e i compiti tesi a conservare e a promuovere il patrimonio culturale svizzero), riconosciuto oggi come il manifesto programmatico della «Geistige Landesverteidigung» (ossia la *Difesa spirituale del Paese: cfr. infra). Accanto al manifesto politico di Etter, andrà però messo in evidenza anche il ruolo svolto dagli intellettuali e dagli studiosi di letteratura legati al mondo accademico svizzero. Dovremo perciò ricordare il già nominato Gonzague de Reynold (professore di Letteratura francese all'Università di Friburgo) e il professore di Letteratura romanza Ernst Bovet (Zurigo), due delle voci più rilevanti dell'elvetismo negli anni Dieci e Venti. Nel periodo successivo, invece, furono attivi soprattutto il professore di Letteratura tedesca e comparata Fritz Ernst (Zurigo), il professore di Letteratura italiana al Politecnico *Giuseppe Zoppi e i professori di Letteratura romanza Reto Raduolf Bezzola, Theophil Spoerri (Zurigo) e Arminio Janner (Basilea). Di seguito ci interessa soprattutto illustrare il contributo degli accademici zurighesi: meno noto agli studi storici, non essendo questi universitari mai intervenuti direttamente nella vita politica, esso risulta invece fondamentale dal punto di vista degli studi culturali, dato che nei loro contributi di carattere divulgativo – in particolare in alcune loro conferenze – si rivela l'influenza dell'immaginario figurativo del discorso elvetista e la loro organicità all'ordine politico confederato.

Il dispositivo discorsivo e la sua funzione

Per esaminare quali fossero le principali strategie discorsive dell'elvetismo conviene prendere le mosse dal suo manifesto programmatico, per l'appunto il già citato *Botschaft*, ovvero il discorso pronunciato da Philip Etter di fronte al Consiglio federale il 9 dicembre 1938. Si trattava in sostanza di un richiamo all'unità nazionale e di un invito alla presa di coscienza dei valori specifici dell'elveticità di fronte alla minaccia sempre più concreta di un'invasione del territorio nazionale da parte delle truppe dell'asse. «Die tiefgreifenden Umwälzungen, die sich seit dem Weltkrieg im geistigen, politischen, wirtschaftlichen und sozialen Leben Europas vollzogen, werfen ihren Wellenschlag auch in unser Land»;[4] così esordiva Etter, ovvero ponendo l'accento sull'infuocato contesto politico europeo con cui la Svizzera si trovava a dialogare. Il testo prosegue definendo i mezzi con cui la Confederazione avrebbe dovuto reagire agli imminenti pericoli:

> In einer Zeit geistiger Umwälzung stellen sich einem Volk, das den festen Willen zur Selbstbehauptung besitzt, neue Aufgaben, denen es sich nicht entziehen darf. Unser

---

4 «Gli sconvolgimenti profondi che si sono compiuti nella vita spirituale, politica, economica e sociale dell'Europa a partire dalla guerra hanno gettato la loro ondata anche nel nostro Paese» (Philipp ETTER, *Botschaft des Bundesrates an die Bundesversammlung über die Organisation und die Aufgaben der schweizerischen Kulturwahrung und Kulturwerbung: vom 9. Dezember 1938*, Schweizerischer Bundesrat, Berna, 1938, p. 1. Quando non indicato altrimenti, le traduzioni sono nostre).

Land hat während der letzten Jahre für seine militärische und wirtschaftliche Verteidigung gewaltige Mittel in vordem unerhörtem Ausmass eingesetzt. Indessen hat die Erkenntnis, dass wir es nicht bei der blossen bewaffneten und wirtschaftlichen Landesverteidigung bewenden lassen dürfen, in wachsender Kraft weiteste Kreise erfasst. In der Presse, in Vereinigungen und Versammlungen wurde während der letzten Jahre die Notwendigkeit einer geistigen Landesverteidigung lebhaft besprochen. Von allen Seiten erhob sich immer dringender der Ruf, auch die geistigen Kräfte des Landes zu mobilisieren und für die geistige und politische Selbstbehauptung unseres Staates einzusetzen.[5]

Tra gli strumenti di difesa, accanto ai mezzi propri dell'ambito economico e bellico, Etter voleva investire le risorse confederate anche per sostenere la mobilitazione delle "forze spirituali" (geistige Kräfte). Siamo qui di fronte alla formulazione ufficiale di ciò che sarebbe passato alla storia come la «Geistige Landesverteidigung», ossia la Difesa spirituale del Paese. Nell'anno dell'Anschluss dell'Austria da parte della Germania nazista e della promulgazione delle leggi razziali in Italia, si trattava di attuare un piano per difendere lo 'spirito' elvetico dalle pressioni ideologiche del nazionalismo etnico basato sull'unità tra 'stato', 'popolo', 'cultura' e 'razza',[6] elaborando un piano di difesa che doveva esplicarsi nell'ambito della produzione e della diffusione culturale. Dal discorso di Etter trapela la necessità di far leva sui valori morali peculiari del modello elvetico, sul rispetto e la convivenza della diversità linguistica, culturale e

---

5   «In un periodo di sconvolgimenti spirituali un popolo che possiede una ferma volontà di autodeterminazione non può sottrarsi ai nuovi compiti che gli si pongono. Negli ultimi anni il nostro Paese ha impiegato mezzi enormi e misure prima di allora inaudite per la propria difesa militare ed economica. Nel frattempo, in cerchie sempre più vaste, è tuttavia maturata la consapevolezza che la difesa del Paese non può limitarsi unicamente alle armi e all'economia. La necessità di una difesa anche spirituale del Paese è stata così negli ultimi anni oggetto di accesi dibattiti sia da parte della stampa, che dalle associazioni e assemblee nazionali. Da tutte le parti si è alzato sempre più forte il coro per la mobilitazione delle forze spirituali in funzione dell'autoaffermazione spirituale e politica del nostro Stato» (ivi, pp. 1-2, corsivo aggiunto).

6   Nei suoi lavori sul nazionalismo svizzero dal 1870 al 1945 Oliver Zimmer ha dimostrando come la retorica nazional-patriottica svizzera vada interpretata alla luce dei nazionalismi di carattere etnico e culturale che si erano affermati in tutta Europa, in particolare in Germania e in Italia, per cui cfr. Oliver ZIMMER, *In search of Natural Identity: Alpine Landscape and the Reconstruction of the Swiss Nation*, in «Comparative Studies in Society and History», a. IL, n. 4 (1998), ottobre, pp. 637-665; ID., *A Contested Nation: History, Memory and Nationalism in Swizerland, 1761-1890*, Cambridge, Cambridge University Press, 2003; ID., *Switzerland*, in Timothy Baycroft, Mark Hewitson (ed.), *What is a nation? Europe 1789-1914*, New York, Oxford University Press, 2006, pp. 100-119.

religiosa. «Der schweizerische Staatsgedanke ist nicht aus der Rasse, nicht aus dem Fleisch, er ist aus dem Geist geboren» (L'idea dello Stato svizzero non è nata dalla razza, né dalla carne, bensì dallo spirito),[7] sosteneva Etter, e questo spirito andava difeso dalle pressanti aspirazioni irredentiste della Germania e dell'Italia. Nella *Botschaft* la forza argomentativa dell'elvetismo, funzionale a promuovere la difesa spirituale della nazione, serviva dunque a tracciare un *confine e marcare una differenza tra la Svizzera e i paesi circostanti. Nel caso della Svizzera italiana ciò significava differenziarsi dall'Italia.

L'immaginario alpino

Se non sono i fattori culturali, linguistici o etnici a unire la popolazione della Svizzera, quale poteva essere la base comune nella quale i romandi, i germanofoni, gli italofoni e i romanci potevano rispecchiarsi? Qual è l'immagine fondamentale del dispositivo discorsivo elvetista, capace di fare appello all'emotività delle masse e a risvegliare in loro un profondo sentimento d'amore per la Patria? La *Botschaft* di Etter risponde così:

> Ein Blick auf die europäische Karte zeigt uns, dass der gewaltige Wall der Alpen an einer Stelle sich zurück- und zusammenzieht auf einen massigen, aber einzigen Gebirgsblock: am St. Gotthard. Es kommt nicht von ungefähr, dass die ersten eidgenössischen Bünde sich um den Gotthardpass lagerten. Diese Tatsache war providentiell und wesentlich für den Sinn und die Sendung des eidgenössischen Staatsgedankens.[8]

La rappresentazione simbolica del paesaggio montano viene posta alla base dell'impianto discorsivo elvetista e le *Alpi – secondo una concezione deterministica della natura – vengono identificate come il luogo d'origine delle virtù morali della nazione (secondo Etter, in particolare: l'amore per la libertà e l'indipendenza politica, e la neutralità di fronte ai conflitti europei). La popolazione svizzera – posta per volere divino intorno alle Alpi ed eletta a loro custode – sarebbe per natura orientata a svolgere un ruolo di mediazione tra le diverse culture e rappresenterebbe una sintesi tra la mentalità francese, tedesca e italiana. Intorno alle Alpi si sarebbe formato naturalmente un ordine politico

---

7   ETTER, *Botschaft*, cit., p. 15. Corsivo aggiunto.
8   «Uno sguardo alla cartina dell'Europa mostra che l'imponente parete delle Alpi si ritira e si stringe in un unico massiccio blocco di montagne: il San Gottardo. Non è una coincidenza che i primi gruppi di confederati si siano insediati intorno al passo del Gottardo. Ciò rappresenta un evento provvidenziale ed essenziale per definire il senso e la missione dell'idea dello Stato svizzero» (ivi, p. 14).

federalista, ovvero una struttura in grado di accogliere e valorizzare le diversità culturali ed etniche delle tre grandi aree linguistiche del centro europeo.

Per comprendere la forza retorica del dispositivo discorsivo elvetista è importante notare che il sentimentalismo di cui era intrisa l'idealizzazione del rapporto tra gli svizzeri e le Alpi si fondava sull'accostamento metaforico tra il paesaggio montano e la casa. In molte testimonianze elvetiste – che tendono a strumentalizzare i miti di fondazione[9] della Confederazione, popolati da figure di contadini armati con i quali gli elvetisti del primo Novecento si sentivano direttamente imparentati – la popolazione svizzera è rappresentata come un'unica comunità che, dal Medioevo in avanti, avrebbe abitato il territorio alpino.

Nell'insistenza sul legame tra gli svizzeri e il paesaggio montano e nell'attenzione rivolta al passato mitologico («die alten Eidgenossen») si riconosce un rifiuto della modernità ideologicamente rilevante: l'elvetismo forza la realtà storica, evitando in primo luogo di considerare la Costituzione del 1848 e, di conseguenza, la formazione dello Stato contemporaneo. Esso presenta la nazione svizzera come il risultato delle scelte delle prime comunità di contadini che la abitavano ai tempi dei miti di fondazione: a loro viene attribuito il merito di aver dato luogo, tramite la stesura dei primi patti d'alleanza, alla formazione di un modello di società federale *ante litteram*, basato sul principio della libertà dell'individuo e sull'alleanza politica. In questo grande albero genealogico nazionale ogni confederato poteva riconoscere un solido profilo identitario e in questa rappresentazione naturalistica e idealizzata del Paese i moti nazionalisti ottocenteschi che coinvolsero l'*Europa intera venivano messi in ombra e taciuta l'importanza dei processi di modernizzazione dello Stato. Tuttavia, all'altezza del primo Novecento – in seguito all'incremento che i settori secondario e terziario avevano conosciuto a discapito del primario e alla conseguente urbanizzazione – solamente una parte della popolazione svizzera era effettivamente composta da contadini. Per essere efficace, dunque, il discorso elvetista non poneva l'accento

---

9 I miti di fondazione sono i racconti leggendari intorno alla nascita della Confederazione, che ebbero inizio nel Quattrocento; le testimonianze si basano sulle tradizioni locali e su temi narrativi di origine straniera. I racconti più importanti sono la saga di Guglielmo Tell, quella del giuramento di alleanza dei tre Cantoni primitivi e quello del sacrificio di Arnold Winkelried nella battaglia di Sempach. Nessuna ricerca storiografica è riuscita a stabilire una corrispondenza diretta tra gli episodi delle leggende e i fatti registrati intorno al 1300 (per maggiori informazioni, si consiglia la lettura di Peter KAISER, *Miti di formazione*, in «Dizionario Storico della Svizzera» (DSS), versione del 3 agosto 2009 (traduzione dal tedesco), online: http://www.hls-dhs-dss.ch/textes/i/I17474.php, consultato il 18 giugno 2021).

sul lavoro agricolo e alpestre, quanto, piuttosto, sull'immagine moralmente edificante dei tratti caratteriali associati alla personificazione del contadino, nella cui umiltà e libertà anche l'abitante di città poteva facilmente riconoscersi.

In sostanza, il discorso elvetista accantonava ogni considerazione di tipo etnico (l'interesse nei confronti del profilo genetico non rientrava nelle argomentazioni delle/gli intellettuali elvetisti) e negava ogni problematicità alla diversità linguistica e culturale, proponendo invece il plurilinguismo e la multiculturalità della Svizzera come tratti unicamente positivi. L'elemento geografico assumeva la funzione di un catalizzatore, capace di spiegare la coesione tra le comunità linguistiche diverse e, in questo modo, di distogliere l'attenzione dai fattori etnici, linguistici e culturali. Inoltre, l'elvetismo taceva sulla formazione dello Stato moderno nell'Ottocento, valorizzando invece il passato mitologico medievale a favore dell'argomentazione secondo cui la Svizzera sarebbe stata da sempre custode del valico alpino, e questo non solo per volere umano, ma addirittura divino.

L'*Europa in miniatura

Torniamo a riflettere sul paradosso di cui ebbe sentore anche Filippini e che coinvolge il rapporto ambiguo che l'elvetismo instaurava tra la Svizzera e i paesi confinanti. Si è detto che, nonostante l'intento di tracciare dei netti confini nazionali tra la Confederazione e i suoi vicini, distinguendo le caratteristiche morali della popolazione confederata e ribadendone l'indipendenza politica, il discorso elvetista presupponeva un indissolubile legame spirituale delle tre maggiori aree linguistiche svizzere con, rispettivamente, la Germania, la Francia e l'Italia. Con le parole di Etter: «Es wäre ein naturwidriges Unterfangen, die Kultur unseres Landes von der kulturellen Gemeinschaft mit den drei Lebensräumen losreissen zu wollen, denen wir weitgehend verbunden sind» («Strappare la cultura del nostro Paese dall'unione culturale con i tre spazi vitali a cui siamo largamente congiunti sarebbe un'impresa contro natura»).[10] Anche in questo caso l'uso dell'immaginario alpino risulta fondamentale: alle pendici del Gottardo si trovano infatti le sorgenti dei tre fiumi che, attraversando la Svizzera, sfociano in Italia, in Francia e in Germania, ovvero il Reno, il Rodano e il Ticino. L'immagine fluviale diventa allora il simbolo prediletto per spiegare il rapporto vitale e il legame culturale tra la Svizzera, che si posiziona al centro dell'Europa, e le nazioni confinanti:[11]

---

10 ETTER, *Botschaft*, cit., p. 14.
11 Si torni ancora una volta a leggere il testo di Etter: «Am Gotthard entspringen die drei Ströme, durch die wir den drei für die Geschichte des Abendlandes bedeutungsvollsten geistigen Lebensräumen verbunden sind: Rhein, Rhone und Tessin» («Sul

Elvetismo 111

Der schweizerische Staatsgedanken ist nicht aus der Rasse, nicht aus dem Fleisch, er ist aus dem Geist geboren. Es ist doch etwas Grossartiges, etwas Monumentales, dass um den Gotthard, den Berg der Scheidung und den Pass der Verbindung, eine gewaltig grosse Idee ihre Menschwerdung, ihre Staatwerdung feiern durfte, eine europäische, eine universelle Idee: die Idee einer geistigen Gemeinschaft der Völker und der abendländischen Kulturen! Diese Idee, die Sinn und Sendung unseres eidgenössischen Staatsgedankens zum Ausdruck bringt, bedeutet im Grunde genommen nichts anderes als den Sieg des Gedanklichen über das Materielle, den Sieg des Geistes über das Fleisch auf dem harten Boden des Staatlichen. Und auf dieses wahrhaft Monumentale, wahrhaft Wunderbare in unserem eidgenössischen Staatsgedanken zu besinnen und uns dessen in tiefster Seele bewusst zu werden, das allein schon ist ein wesentliches Element geistiger Verteidigung unseres Landes.[12]

Il passo mette in evidenza anche un secondo aspetto fondamentale del discorso elvetista, ovvero l'idea che la Svizzera potesse rappresentare un modello politico per l'*Europa del futuro. "Grandiosa" (*grossartig*) e "monumentale" è detta questa idea di una comunanza spirituale e pacifica fra i diversi popoli e le culture dell'Occidente, e mostrare questa idea all'Europa e al mondo rappresentava il senso e la missione (Sinn und Sendung) dell'ordine politico della Confederazione elvetica. Con ciò, pure senza mai criticare apertamente, per rispettare una posizione di neutralità, le politiche di Hitler e di Mussolini, l'elvetismo proponeva un modello alternativo alle argomentazioni irredentiste provenienti dalle politiche fasciste e naziste, una coesistenza pacifica delle diversità culturali, linguistiche e religiose di fronte a un'Europa sull'orlo del secondo conflitto mondiale. Quella sorta di Europa in miniatura che è la Svizzera nell'immaginario elvetista, proiezione su scala nazionale di un'ideale unità di spirito dei popoli europei più forte di ogni diversità di lingua, di religione, di costume, "vittoria dello spirito sulla carne" (sono parole di Etter), si pone come alternativa ideale alla transitorietà di ogni *fascismo e nazionalsocialismo. La

---

Gottardo hanno origine i tre fiumi che ci uniscono ai tre spazi di vita spirituale più importanti per la storia dell'Occidente: Reno, Rodano e Ticino»; ivi, p. 14).

12 «La concezione dello Stato svizzero non è nata dalla razza, né dalla carne, bensì dallo spirito. È straordinario e monumentale che intorno al Gottardo, la montagna che divide e il passo che unisce, abbia potuto essere incarnata nell'umanità e in uno Stato un'idea grandiosa, un'idea europea e universale: l'idea di una comunità spirituale dei popoli e delle culture occidentali! Questa idea, che esprime il senso e la missione della nostra concezione dello Stato confederato, non rappresenta altro che la vittoria del pensiero sulla materia, la vittoria dello spirito sulla carne, nell'ambito concreto dello Stato. E concentrarci su questo aspetto monumentale e meraviglioso della nostra concezione dello Stato confederato e esserne profondamente coscienti, già soltanto questo è un elemento essenziale alla difesa spirituale del nostro Paese» (ivi, p. 15).

difesa della purezza delle *Alpi diventa così il simbolo della difesa dell'unità spirituale dei popoli europei. Le Alpi diventano il luogo simbolo dell'identità nazionale svizzera e di una presunta vocazione europea che a questa identità si vuole connaturata.

Questo complesso discorso nazional-patriottico, che inizialmente includeva una potenziale apertura verso lo scambio culturale e artistico europeo, con l'acuirsi delle tensioni in Europa nella seconda metà degli anni Trenta e per il timore di un attacco da parte dei regimi nazifascisti, finisce per rivelare piuttosto l'approccio conservatore insito in tutti i discorsi nazional-patriottici, traducendosi in una strategia di chiusura e fortificazione dei confini di Stato. Riconoscendo in sé stessa un insieme di virtù politiche moralmente eccelse che la distinguevano e la rendevano superiore agli altri Stati, la Confederazione fortificava, infine, i propri confini nazionali. La «Geistige Landesverteidigung» sintetizza e istituzionalizza così la piega conservatrice che caratterizza il discorso identitario elvetista nel corso degli anni Trenta. Le iniziative culturali promosse negli otto capitoli della *Botschaft* manifestano appieno l'approccio difensivo promosso dalla politica della Confederazione ed evidenziano i valori patriottici della versione più conservatrice dell'elvetismo.

L'elvetismo italofono

È precisamente nel corso degli anni Trenta che, con un certo ritardo rispetto a quello germanofono e francofono, si consolida in Svizzera una versione italofona della narrazione patriottica.[13] Questa attinge agli elementi linguistici e figurativi del dispositivo discorsivo della versione confederata (nello specifico

---

13 Silvano Gilardoni ha situato cronologicamente lo sviluppo dell'elvetismo italofono negli anni Dieci del Novecento, quando in Ticino furono lanciate – dal professore basilese Arminio Janner, dal giornalista vodese Edouard Platzhoff-Lejeune, e dall'avvocato luganese Brenno Bertoni – delle importanti iniziative di carattere culturale (cfr. GILARDONI, *Italianità ed elvetismo nel Canton Ticino negli anni precedenti la prima guerra mondiale (1909-1914)*, in «Archivio storico ticinese», n. 45-46 (1971), pp. 1-84). Ampliando le ricerche svolte in precedenza da Gilardoni ai decenni successivi, riteniamo tuttavia che l'elvetismo nella Svizzera italiana si sia consolidato e abbia ottenuto un carattere ufficiale nel secondo decennio fascista, in particolare nel 1936, quando le autorità politiche cantonali (Dipartimento della Pubblica Educazione del Cantone Ticino) finanziarono la stesura della prima storia letteraria della Svizzera italiana, ovvero *Scrittori della Svizzera italiana* (Bellinzona, Istituto editoriale ticinese, 1936, 2 voll.), divisa nelle seguenti sezioni: *Scrittori ticinesi dal Rinascimento a oggi* (Giuseppe Zoppi), *Scrittori d'oggi* (Arminio Janner), *Gli scrittori del Grigione italiano* (Francesco Dante Vieli), *Scrittori e oratori politici ticinesi* (Brenno Bertoni), *La storiografia ticinese* (Emilio Bontà), *Naturalisti ticinesi* (Mario Jäggli), *Moralisti*

all'immaginario alpino, al passato mitologico medievale e all'innalzamento della Svizzera a modello politico per l'Europa) e adatta il dibattito identitario della Svizzera tedesca e francese a un pubblico scolarizzato in italiano e al quale è familiare la cultura italiana.

L'elvetismo italofono si sviluppa in conseguenza a uno specifico dibattito sull'identità della Svizzera meridionale, in risposta ad alcune tendenze, talvolta pericolosamente vicine all'argomentazione irredentista, che in Ticino e nei Grigioni volevano rinforzare i legami dell'ambito culturale con l'Italia, a discapito di quelli con i restanti Cantoni della Confederazione.[14] Difatti, al centro

---

e pedagogisti (Carlo Sganzini) e *Scrittori ticinesi di Storia dell'Arte* (Luigi Simona). Dell'elvetismo ticinese si è occupato più recentemente Orazio Martinetti nello studio *Tra arte, letteratura e poesia*, che offre una panoramica sulle personalità più influenti del mondo culturale della Svizzera italiana che promuovono di volta in volta i valori nazional-patriottici elvetisti e che si pongono in dialogo con gli esponenti del fascismo italiano (cfr. Orazio MARTINETTI, *Tra arte, letteratura e poesia*, in «I quaderni dell'Associazione Carlo Cattaneo», 64, 2009, pp. 135-162).

14 Un organo fondamentale dove si definirono le controversie intorno all'identità regionale e all'italianità del Canton Ticino e dei Grigioni italiani era il periodico di cultura «L'Adula», fondato nel 1912 per volontà di Teresa Bontempi e Rosetta Colombi, che grazie alla collaborazione di figure rilevanti nel panorama letterario e culturale della Svizzera italiana – tra cui Francesco Chiesa, Giacomo Bontempi, e Carlo Salvioni – ottenne una chiara linea editoriale, orientata a promuovere e salvaguardare l'italianità letteraria e culturale del Ticino. La redazione ambiva a diventare un faro culturale per la popolazione del Ticino. Tuttavia, a cavallo degli anni Venti, il periodico (a cui si erano aggiunte nuove voci fortemente polemiche e in contatto con i dirigenti fascisti) prese una direzione più marcatamente politica, avvalendosi delle argomentazioni irredentiste proprie del governo di Mussolini e dichiarandosi favorevole all'ideologia fascista. La redazione – accusata innumerevoli volte dalle autorità federali di tradimento nei confronti della Patria e in aperta polemica con diverse testate svizzero-tedesche e ticinesi – fu chiusa nel 1935 e la sua direttrice incarcerata per alcuni mesi, prima di essere processata e infine scagionata. Per un approfondimento riguardo alla storia editoriale dell'«Adula» e una contestualizzazione socio-culturale del dibattito a sfondo politico sorto intorno al progetto editoriale cfr. Ferdinando CRESPI, *Ticino Irredento, La frontiera contesa. Dalla battaglia culturale dell'«Adula» ai piani d'invasione* (Milano, Franco Angeli, 2004), dove sono esaminati a fondo gli intenti che muovevano i membri più anziani della redazione, in particolare la direttrice Teresa Bontempi. Per un quadro storico degli anni 1920-1940 e l'influsso del fascismo nella Svizzera italiana cfr. Pierre CODIROLI, *L'ombra del duce, Lineamenti di politica culturale del fascismo nel Canton Ticino (1922-1943)*, Milano, Franco Angeli, 1988; ID., *Tra fascio e balestra: un'acerba contesa culturale (1941-1945)*, Locarno, Armando Dadò Editore, 1992; Teresa BONTEMPI, *Memoriale e diario di prigionia*, a c. di Pierre Codiroli, Locarno, Armando Dadò

del dibattito identitario regionale c'era il tema dell'italianità. Come illustra più dettagliatamente Bragato nel relativo capitolo in questo volume, gli intellettuali svizzero-italiani si confrontarono con tre diverse declinazioni di questo concetto: l'italianità romana, l'italianità elvetista e l'italianità ticinese. Queste diverse idee di italianità esistevano e alle volte si confondevano anche in ragione del bisogno della Svizzera di restare neutrale di fronte all'incombente conflitto mondiale. Se l'approccio romano, riconoscibile, innanzitutto, nelle testimonianze degli intellettuali che lavoravano a stretto contatto con gli enti culturali italiani, fondamentalmente riproponeva l'ideologia del regime fascista (secondo cui in Italia la cultura avrebbe conosciuto l'apice del proprio sviluppo sotto il Regime e, perciò, sarebbe coincisa pienamente con la cultura fascista), e quello ticinese si concentrava esclusivamente su una definizione di italianità interna al Ticino, l'elvetista, invece, – in linea con quanto affermato dagli elvetisti del nord – leggeva l'italianità della Svizzera come conseguenza della multiculturalità elvetica, ovvero come un'italianità avulsa dal confine politico e geografico e distinta dall'italianità del Regime promossa da Mussolini.

L'approccio elvetista si fonda, infatti, su un'interpretazione del concetto di cultura diametralmente opposta rispetto a quella fascista: secondo gli elvetisti la sfera della cultura è avulsa dalla politica, determinata come è da un insieme di valori meramente spirituali e non, invece, materiali, quali sono ad esempio i confini tra gli Stati. Gli elvetisti italofoni non negano, perciò, il legame tra la Svizzera italiana e l'Italia, tuttavia interpretano tale legame come qualcosa di astratto rispetto alla contingenza storica e politica del fascismo. La loro visione giustifica l'esistenza di un'italianità alternativa a quella promossa dal fascismo e – concordemente con la politica di neutralità – rappresenta un rifiuto netto del tentativo di colonizzazione culturale operato dagli organi ufficiali del Regime. L'approccio elvetista all'italianità ha, semmai, lo scopo di rafforzare il senso d'appartenenza nazionale tra gli italofoni della Svizzera, promuovendo un'identità che possa coincidere con gli ideali della Confederazione e giustificare l'appartenenza politica alla Svizzera delle regioni a sud delle Alpi. Ma come viene intesa la questione dell'italianità dagli intellettuali attivi nelle altre aree linguistiche del paese?

Editore, 1992. Sulla vicenda editoriale dell'«Adula» è stato scritto molto nel campo della storiografia; mancano ancora degli studi approfonditi dal punto di vista della critica letteraria e culturale. Sul ruolo svolto dall'autrice bellinzonese Elena Bonzanigo nella redazione nel corso degli anni Dieci e Venti, cfr. Felicity BRUNNER, *Fiera t'ergevi, tu «Chiave d'Italia»! Elena Bonzanigo e l'irredentismo della Svizzera italiana negli anni del fascismo*, in «PhiN. Philologie im Netz», Beiheft 17, 2019, pp. 26-37, e Elena BONZANIGO, *Dania. Commedia musicale in tre atti sulla musica di Luigi Tosi*, edizione critica e commentata a c. di Felicity Brunner, Ferrara, Luciana Tufani Editrice, 2019, pp. 17-45.

Come già anticipato da Bragato, è in particolare nella cerchia accademica zurighese che si manifesta la maggiore ostilità al concetto fascista di italianità. Qui l'approccio elvetista è promosso dagli intellettuali più influenti nell'ambito della diffusione interculturale della letteratura tra l'Italia e la Svizzera tedesca. A tal proposito risultano particolarmente interessanti i due testi, ancora poco studiati dalla critica, *Vocazione europea della Svizzera (conferenza tenuta da *Giuseppe Zoppi al Politecnico di Zurigo nell'inverno del 1940 e pubblicata nel 1941) e *Libertà, diritti e doveri del cittadino nella democrazia svizzera (conferenza tenuta tra il 1944 e il 1945 da Reto Radulf Bezzola, di cui ci resta un dattiloscritto inedito). Zoppi e Bezzola, assumendo il ruolo di intellettuali organici alla politica culturale elvetista promossa dalla «Geistige Landesverteidigung», erano intervenuti con lo scopo di rinsaldare il legame tra i confederati di lingua italiana e il resto della popolazione svizzera e ciò che, nello specifico, accomuna i loro due testi è il tentativo di tradurre e adattare al contesto identitario della Svizzera italiana la retorica elvetista e il suo immaginario discorsivo, anche – lo vedremo in particolare per il caso di Bezzola – attraverso richiami intertestuali con la tradizione letteraria della Penisola.

Zoppi, *Vocazione europea della Svizzera*

Vocazione europea della Svizzera è la testimonianza più rappresentativa del discorso elvetista di lingua italiana e – come lascia intuire il titolo – tratta in primo luogo della posizione della Svizzera nel contesto europeo. Zoppi introduce il tema tramite il ricorso all'immaginario geografico, in modo simile dunque a quanto detto nella *Botschaft* di Etter: innanzitutto, concentra lo sguardo del pubblico sulla cartina dell'Europa, attirando l'attenzione sulla posizione centrale della Svizzera, sul valico del San Gottardo e sui tre fiumi che lì nascono.

> Siamo stati posti da Dio in mezzo all'Europa, piuttosto in alto, vicino alle grandi montagne, vicino alle sorgenti dei fiumi che, dipartendosi in ogni senso dal massiccio del San Gottardo, vanno verso il nord e verso il sud, verso oriente e verso occidente. In ogni tempo gli Svizzeri, per una ragione o per l'altra, hanno sentito il dovere di scendere coi loro fiumi a valle, sempre più a valle, di entrare con essi nelle riposte pianure mentre i monti nativi si facevano sempre più pallidi all'orizzonte, di soffermarsi negli altrui paesi, nelle grandi e nelle piccole città, all'ombra dei palazzi e delle cattedrali, e di arricchirsi dei tesori più ambiti e più preziosi della civiltà. Talora vi sono poi rimasti a lungo, o per sempre; talora invece, afferrati dalla nostalgia, sono tornati ben presto indietro, verso la rustica soglia di casa loro.[15]

---

15 ZOPPI, *Vocazione europea della Svizzera*, Zurigo, Edizioni Poligrafiche, 1941, p. 6.

Accanto agli «Svizzeri» evocati da Zoppi, anche alcuni importanti scrittori delle tre grandi aree linguistiche confinanti avrebbero seguito il medesimo tragitto culturale nei secoli: «D'altra parte, andando dal nord verso il sud, o dal sud verso il nord, gli uomini di altri paesi sono sempre passati fra noi».[16] Zoppi ricorda dunque che Goethe, Nietzsche, Piccolomini, Cellini, Foscolo, Mazzini e Romains avevano attraversato le regioni della Confederazione ed erano entrati in contatto con la multiculturalità della Svizzera. Lo scopo dell'immagine è di evidenziare il parallelismo tra il flusso dell'acqua – che, come si è precedentemente potuto constatare in rapporto alla *Botschaft*, è un simbolo della vitalità e della naturalità – e il flusso della cultura, che «in ogni tempo» avrebbe coinvolto i circoli di intellettuali della Confederazione.

In secondo luogo, Zoppi recupera dal serbatoio dell'immaginario discorsivo elvetista la riflessione sul carattere predeterminato dell'ordinamento politico, federalista e democratico, della Svizzera. Il fatto che la Carta costituzionale del 1848 permettesse alle tre culture (italiana, francese e tedesca) di coesistere e di estendere il proprio raggio d'azione al di là delle barriere linguistiche, ponendole vicendevolmente in contatto, sarebbe – nella prospettiva di Zoppi – una logica conseguenza della vocazione europea innata di questa comunità:

> Da quando, in tempi più recenti, per preciso dispositivo della Costituzione Federale, abbiamo come lingue nazionali il tedesco, il francese e l'italiano, la vocazione europea della Svizzera s'è fatta di gran lunga più chiara, più impegnativa. Le ragioni derivanti direttamente dalla natura persistono; ma ad esse vengono ad aggiungersi ragioni, assai più imperative, di intelletto e di volontà. Da allora noi siamo, direi ufficialmente, una piccola Europa in mezzo alla grande, a tutto vantaggio di quest'ultima.[17]

È in questo paragrafo che traspare esemplarmente il carattere organico dell'impegno intellettuale dimostrato da Zoppi. Infatti, l'analisi dei rapporti culturali intrattenuti dalla popolazione svizzera al suo interno nel corso dei secoli culmina in una dichiarazione che è di carattere totalmente politico. Il testo suggerisce in definitiva che la reale vocazione europea della Svizzera non sarebbe tanto quella di promuovere lo scambio culturale tra le tre aree linguistiche maggiori del Paese, quanto piuttosto di proporre un modello in miniatura dell'ordinamento politico che l'Europa del futuro dovrebbe assumere una volta terminato lo stato di guerra. Nel mezzo del tumulto bellico, Zoppi dunque inserisce il suo discorso sulla cultura letteraria di lingua italiana in un quadro politico, in perfetto accordo con le linee guida ufficiali della Difesa spirituale del Paese.

---

16 Ibidem.
17 Ivi, p. 11.

Bezzola, *Libertà, diritti e doveri del cittadino nella democrazia svizzera*

Reto Raduolf Bezzola (Schlarigna/Celerina 1898 – Samedan 1983)[18] è stato docente privato (dal 1929) e professore straordinario (dal 1938) di Letteratura francese, italiana e romancia all'Università di Zurigo. Benché il suo principale campo di studi fosse la letteratura medievale francese, Bezzola è oggi ricordato soprattutto per il suo impegno nella difesa della lingua romancia, in particolare nel corso degli anni Trenta. Poco considerato è poi, nell'ambito degli studi sugli intellettuali svizzeri, il suo ruolo come divulgatore della letteratura italiana nei Cantoni germanofoni. I materiali archivistici reperiti nel corso del nostro studio ci permettono infatti di affermare che il professore grigionese, accanto a Zoppi, Ernst e Janner, si impegnò attivamente per promuovere una rete di contatti tra la Svizzera tedesca e l'Italia. Sebbene nel panorama intellettuale degli anni Trenta e Quaranta il ruolo di Bezzola, che divenne ordinario di Letteratura romanza presso l'Università di Zurigo nel 1945, risulti meno centrale rispetto a quello di Zoppi, andranno però ricordate almeno le mansioni da lui svolte in quanto segretario per l'*Associazione Svizzera per i Rapporti culturali ed economici con l'Italia (ASRI), nel periodo in cui Zoppi era vicepresidente (dal 1937). L'ente zurighese rappresentava per Bezzola un canale importante per diffondere la produzione culturale italiana presso il pubblico svizzero tedesco più colto.

Il dattiloscritto inedito della conferenza sulle *Libertà, diritti e doveri del cittadino nella democrazia svizzera* è stato reperito nel corso delle indagini per «La gita a Chiasso», nel fondo Bezzola dell'archivio di Stato di Coira. Si tratta di un discorso che il professore aveva tenuto, per incarico della sezione «Esercito e Focolare», negli anni tra il 1944 e il 1945, in un campo di soldati e ufficiali italiani internati in Svizzera. Il dattiloscritto non reca indicazioni temporali e geografiche più precise, perciò non è stato possibile definire quale fosse il campo di internamento dove Bezzola lesse il documento (potrebbe, del resto, aver ripetuto la stessa conferenza in diversi campi nella Svizzera tedesca, nei Grigioni o in Ticino). Lo scritto, che affronta non una tematica letteraria bensì civica, contiene alcuni elementi interessanti che manifestano la vicinanza di Bezzola all'ideologia elvetista.

---

18 Per maggiori informazioni riguardo alla biografia di Bezzola cfr. Lucia WALTHER, <Bezzola, Reto Raduolf>, in «Dizionario Storico della Svizzera» (DSS), versione del 1 settembre 2004 (traduzione dal tedesco), online: http://www.hls-dhs-dss.ch/textes/i/I42200.php, consultato il 18 giugno 2021.

Libertà, diritti e doveri del cittadino nella democrazia svizzera si delinea come una lezione teorica sulla democrazia, con lo scopo di insegnare i fondamenti della vita civile elvetica ai soldati italiani che, al termine della guerra, avrebbero dovuto adempire al compito di ricostruire l'ordinamento politico del proprio Paese. Sin dalle prime righe è evidente che il discorso si basa sull'assunto che la Svizzera sarebbe dovuta diventare il modello politico per l'Italia uscita sconfitta dal conflitto bellico, liberata dal regime fascista e pronta a costruire le nuove basi legali per il proprio Stato. Nell'impostazione della conferenza si manifesta appieno il carattere di intellettuale organico di Bezzola, che agiva per conto dell'istituzione militare «Esercito e Focolare» – che insieme alla «Pro Helvetia» era una delle istituzioni governative chiamate a propagare la dottrina dell'elvetismo – e mostrava di aver inteso i precetti della «Geistige Landesverteidigung». Infatti, malgrado il tema, non vi è nel testo di Bezzola alcun accenno alla costituzione del 1848 ed è invece ripresa l'argomentazione secondo cui l'ordinamento federalista sarebbe la conseguenza diretta della volontà dei primi confederati medievali.

Non solo: per illustrare i valori fondanti della democrazia svizzera, Bezzola ricorre ad un vero e proprio *topos* del discorso elvetista, ossia la poesia *Il contadino sovrano* composta da Gion Antoni Huonder in lingua romancia nel 1863-65. Nel corso dei primi decenni del Novecento la poesia fu tradotta nelle altre tre lingue nazionali, poiché, spiega Bezzola, «subito sentita come l'espressione più genuina dell'anima svizzera che si possa immaginare».[19] Il testo, nella traduzione italiana di Bezzola, suona così:

> Questa è la mia roccia, questo è il mio sasso
> Qui poso il mio piede;
> Ereditato vi ho da mio padre,
> Non ne so grado né grazia a nessuno.
>
> Questo è il mio prato, questo il mio granaio,
> Questo è mio diritto e usufrutto;
> Non ne sono obbligato a nessuno,
> Io sono qui, io stesso il re.
>
> Questi sono i miei bimbi, mio proprio sangue,
> Del mio caro Signore il dono;
> Li nutro col mio proprio pane,
> Dormono sotto il mio tetto.

---

19 Reto R. Bezzola, *Libertà, diritti e doveri del cittadino nella democrazia svizzera (conferenza per gli internati italiani, 1944/45)*, in UNA 31, «Referats sur differents temas 1», Archivio di Stato del Canton Grigioni, Coira, Fondo Reto R. Bezzola, foglio 3.

O libera, libera povertà,
Ereditata dai miei vecchi,
Difender ti voglio con forza e <con> coraggio,
Come la pupilla dei miei occhi.

Sì, libero son nato,
Tranquillo voglio poter dormire
E libero son cresciuto
E libero voglio morire.[20]

Con *Libertà, diritti e doveri del cittadino nella democrazia svizzera* siamo dunque di fronte ad una totale mitizzazione del concetto di libertà: a fondare la democrazia elvetica non è una carta costituzionale, né un insieme di leggi, istituzioni, organi ecc., bensì un'idea di libertà intesa come «bene spirituale» da salvaguardare. Nonostante parli delle implicazioni politiche della libertà dei cittadini – Bezzola descrive gli svizzeri in primo luogo come una comunità che si rifiuta di riconoscersi in un singolo partito o sovrano – si nota una certa ritrosia da parte del professore romancio a nominare esplicitamente il regime fascista, a cui, tuttavia, l'intervento faceva implicitamente riferimento: tale reticenza è da ascrivere naturalmente all'ostentato atteggiamento di neutralità da parte dello svizzero nei confronti delle nazioni circostanti.

Un ulteriore aspetto interessante è la presenza nel testo dei richiami ad alcuni autori della tradizione letteraria italiana degli esuli e ad alcuni capitoli libertari della storia politica d'Italia. Difatti, nelle pagine iniziali Bezzola cita Foscolo e Cattaneo e, più avanti nel testo, approfondendo il motivo del patto d'alleanza delle comunità dei contadini medievali, propone il confronto tra gli antichi confederati e le forme di alleanza che si erano sviluppate in seno ai comuni toscani del Due- e Trecento:

> Oggi si sa come siano nati tali comuni: Dei piccoli nobili del contado, vedendosi oppressi dai grandi signori, più forti di loro, si rifugiarono in città. Giunti colà si unirono e conclusero fra di loro dei patti giurati per difendere con forza comune i loro interessi fuori nel contado contro quei potenti soverchiatori che li avevano obbligati a fuggire. Queste associazioni, chiamate "compagnie" o "comuni" diventarono presto delle vere associazioni di mutuo soccorso, sempre più vi si affiliarono anche i ceti borghesi della città. [...] Ora patti, simili a codesti dei comuni italiani, sorsero da noi in Isvizzera nel Due-, Tre- e Quattrocento nelle valli al nord del Gottardo, nei Grigioni, nel Vallese, nel Friburghese. L'idea del patto nacque spontanea, da noi come in Italia.[21]

---

20 Ibidem.
21 Ivi, foglio 5.

Il riferimento al contesto socio-culturale italiano aveva chiaramente lo scopo di avvicinare il discorso elvetista all'orizzonte conoscitivo del pubblico di soldati a cui era rivolto, delineando un quadro che fosse in grado di muovere gli affetti degli italiani internati.

Sia la conferenza di Bezzola che quella di Zoppi proponevano dunque, in anni molto vicini, una prospettiva diversa da quella fascista sullo scambio tra le culture all'interno della Svizzera e tra questa e i paesi confinanti, e intendevano mettere in evidenza il continuo scambio di idee tra gli artisti e gli intellettuali di paesi diversi. In tal modo entrambi si oppongono ad un approccio nazionalista alla tradizione letteraria e artistica (che veniva promosso in primo luogo, lo si è detto, dalle personalità e dagli enti più vicini al regime di Mussolini) e ne propongono uno maggiormente aperto all'idea di una cultura internazionale europea. L'elvetismo italofono dei due academici zurighesi coglie e valorizza il potenziale di apertura nei confronti della circolazione delle persone e della cultura a livello europeo e risulta pertanto in linea con le istanze promosse dall'elvetismo nel suo momento di maggiore popolarità, quando, nel corso della Seconda Guerra Mondiale, la politica culturale della Svizzera era determinata dalle direttive della «Geistige Landesverteidigung».

Declino dell'elvetismo

Al termine della guerra, in conseguenza del mutato assetto politico internazionale, all'elvetismo si sostituirono altre logiche che determinarono l'orientamento della politica culturale della Svizzera. Insieme alla generazione degli intellettuali coevi a Ernst, Zoppi e Bezzola si spensero anche gli interventi elvetisti.

In conclusione ricordiamo soltanto una trasmissione radiofonica sul tema della letteratura svizzera quadrilingue andata in onda nel 1950 sui canali della RTS (Radio Télévision Suisse) con il titolo *La littérature, reflet de l'âme helvétique*.[22] Vi parteciparono Giuseppe Zoppi, Henri de Ziegler, Paul Chaponnière, Reto R. Bezzola e Hans Zbinden. Dal dibattito si intuisce bene come la

---

22 Cfr. *La littérature, reflet de lâme helvétique*, «Tribune libre de Radio-Genève», 30 gennaio 1950, 21 minuti: si tratta di un'intervista, in francese, a cinque voci, in cui Zoppi, de Ziegler, Chaponnière, Bezzola e Zbinden intervennero intorno alla domanda se esistesse o meno una letteratura nazionale svizzera. Interessante ai fini di questo lavoro è la prospettiva di Zoppi, che identificava il tema alpino come predominante nella scrittura di autori e autrici svizzeri/e. La contestualizzazione storico-culturale di *La littérature, reflet de lâme helvétique* andrebbe di certo approfondita in studi futuri. L'archivio della RTS (Radio Télévision Suisse) ha recentemente digitalizzato il documento: «Tribune libre de Radio-Genève», *La littérature, reflet de l'âme helvétique*

narrazione nazionalista incentrata sul rapporto deterministico tra la popolazione svizzera e il paesaggio alpino sia ormai giunto a un punto di sterilità di fronte al nuovo approccio all'apertura europea che il panorama culturale postbellico stava sperimentando.

Interventi come quelli di Zoppi e Bezzola vanno letti in rapporto a una realtà politica svizzera complessa, in cui la cultura italiana era vista come uno strumento ideologico potenzialmente pericoloso e la cui circolazione in Svizzera andava quindi costantemente giustificata. Dietro alla longevità di questo dibattito intorno all'italianità della Svizzera e alla sua "fastidiosa ambiguità" (nelle parole di Filippini) si nascondeva uno sforzo continuo da parte degli intellettuali svizzeri di consolidare uno scambio artistico e culturale italo-svizzero, nonostante la guerra, la pericolosa vicinanza con il fascismo e la posizione di neutralità della Svizzera.

Al termine della guerra l'importanza di definire la natura dell'italianità svizzera si era poi velocemente ridimensionata e (come dimostra l'intervento radiofonico del 1950) il dibattito si ripresentava soltanto occasionalmente attraverso le stesse vecchie voci in un panorama culturale e politico profondamente mutato.

(audio 21 min., 30 gennaio 1950), in «Les archives de la RTS», online: https://www.rts.ch/archives/radio/tribune-libre-de-radio-geneve/10088770.html, consultato il 18 giugno 2021.

III. Percorsi

Alessandro Bosco

1 Arte e propaganda. Maraini, Scheiwiller e la mostra *Pittori e scultori italiani contemporanei* al Kunsthaus di Zurigo (1940-1941)

Premessa

Tra le tendenze più recenti e interessanti nell'ambito degli studi museali e curatoriali vi è senz'altro un nuovo modo di guardare alle mostre, non più concepite come semplici contenitori di oggetti bensì come oggetti culturali in se stesse. Si guarda cioè alla mostra come ad un'opera autonoma e in sé conclusa, frutto di un insieme di relazioni e di pratiche culturalmente e storicamente determinate. Ne derivano sostanzialmente due principali direzioni di ricerca. Da un lato la tendenza a riallestire storiche mostre del passato tramite minuziose ricostruzioni filologiche degli allestimenti: vere e proprie nuove "messe in scena" che non solo fanno emergere, rendendola fruibile ad una sorta di metalivello, la specifica storicità della mostra, ma riattualizzano al contempo la performatività del percorso allestitivo in un contesto fruitivo radicalmente diverso da quello originario (col rischio, a volte, di feticizzare l'oggetto). Il caso forse a tutt'oggi più celebre è in questo senso *When attitudes become Form – Bern 1969/Venice 2013*, in cui nelle sale della Fondazione Prada di Venezia Germano Celant, Thomas Demand e Rem Koolhaas hanno riallestito la celebre mostra bernese di Harald Szeemann. La seconda direzione di ricerca, invece, è quella pioneristicamente indicata da Jeffrey T. Schnapp nel suo *Anno X. La mostra della rivoluzione fascista del 1932*.[1] Qui lo studioso attraverso l'indagine della fase di progettazione, l'analisi dell'allestimento, lo studio della ricezione e delle varie fasi evolutive della mostra (divenuta permanente prima di chiudere definitivamente i battenti nel 1943), riesce a mettere in luce in modo estremamente tangibile le varie sfaccettature della politica culturale del fascismo.

Queste due direzioni di ricerca muovono da un comune postulato di fondo, ovvero dall'idea che attraverso l'indagine filologica, la ricostruzione della rete dei rapporti personali e istituzionali e l'analisi del percorso allestitivo di una

---

1 Cfr. Jeffrey T. SCHNAPP, *Anno X. La Mostra della Rivoluzione fascista del 1932*, con una postfazione di Claudio Fogu, Pisa-Roma, Istituti Editoriali e poligrafici internazionali, 2003.

mostra sia possibile far emergere da una prospettiva inedita un insieme di pratiche e di logiche culturali che hanno caratterizzato quel determinato frangente storico in quella specifica area geografica. Il tentativo forse più ambizioso in questa direzione è *Post Zang Tumb Tuuum. Art Life Politics: Italia 1918-1943*, la mostra allestita da Germano Celant presso la fondazione Prada di Milano dal 18 febbraio al 25 giugno 2018. Qui Celant sviluppa ulteriormente il principio metodologico del «mostrare il mostrare» già sperimentato in occasione di *When attitudes become Form*, con l'ambizione di «offrire al pubblico una prospettiva che, seppur selezionata, presenti a trecentosessanta gradi un momento storico».[2]

La breve indagine del presente capitolo, che ha per oggetto la mostra *Pittori e scultori italiani contemporanei* allestita presso il Kunsthaus di Zurigo nell'inverno del 1940/1941, si ispira alle tendenze di ricerca qui brevemente tratteggiate, con obiettivi tuttavia diversi. Più che ricostruire un momento storico «a trecentossessanta gradi», si tratta qui invece di analizzare specificamente, attraverso la mostra, l'articolarsi dei rapporti culturali italo-svizzeri in un frangente storico più che mai caratterizzato dall'intreccio del discorso estetico con quello politico. A livello metodologico, rispetto all'indagine proposta da Celant in occasione della già ricordata *Post Zang Tumb Tuuum*, il presente studio deve tuttavia fare i conti con un grave *handicap*, ovvero con la totale assenza di materiale fotografico, così decisivo invece nella ricerca di Celant. Ad eccezione delle riproduzioni di una parte delle opere esposte – così come si ritrovano nel catalogo o nei quotidiani che recensirono la mostra – l'archivio del Kunsthaus di Zurigo non conserva infatti nessuna traccia fotografica dell'evento. Per la ricostruzione del percorso espositivo ci si è dunque dovuti limitare alle scarse notizie che ne diedero le recensioni dell'epoca. Di notevole interesse per la ricostruzione della rete dei rapporti culturali da cui è scaturita la mostra si sono rivelati invece i verbali della commissione esecutiva del Kunsthaus, così come il carteggio e gli elenchi delle opere approntati in vista della selezione definitiva degli oggetti da esporre. Si tratta di materiale inedito e fino ad oggi mai studiato che, debitamente contestualizzato, fa emergere tutta una serie di riferimenti che vanno ad integrare, sfumare ed arricchire il complesso quadro dei rapporti

---

2   Cfr. Germano CELANT, *Verso una storia reale e contestuale*, in Id. - Chiara Costa, *Post Zang Tumb Tuuum. Art Life Politics: Italia 1918-1943*, Milano, Fondazione Prada, 2018, pp. 553-557, a p. 556. Per una discussione dell'approccio storiografico di Celant si veda Francesca LEONARDI, *Curating the context: re-enacting and reconstructing exhibitions as ways of studying the past*, in «Museum Management and Curatorship», 10 agosto 2020 consultabile su https://www.tandfonline.com/doi/full/10.1080/09647775.2020.1803118.

culturali italo-svizzeri durante gli anni del fascismo già in parte abbozzato nei capitoli precedenti.

La genesi della mostra

A giudicare dai dati esteriori, cioè dal catalogo della mostra, si ha la netta impressione di un evento esplicitamente propagandistico, patrocinato non a caso dal Ministero della Cultura Popolare. La raffinata veste tipografica del volumetto, stampato in Italia e non in Svizzera come ci si dovrebbe invece legittimamente attendere da una mostra organizzata dal Kunsthaus, colpisce intanto per il suo rigoroso attenersi al calendario dell'era fascista.[3] La stessa selezione delle opere riprodotte nel catalogo – appositamente corredate da un'introduzione non già del direttore del Kunsthaus (com'era prassi all'epoca) ma di Antonio Maraini, segretario generale della Biennale di Venezia nonché capo del Sindacato Nazionale Fascista di Belle Arti – non lascia dubbi circa l'orientamento ideologico della mostra. Se a ciò si aggiunge il fatto che la selezione delle opere da esporre a Zurigo era avvenuta, sotto i «vigili auspici» del Ministero di Pavolini, direttamente nelle sale della Biennale veneziana del 1940 – ricordata dagli storici dell'arte, lo vedremo, come una delle Biennali più allineate al regime –, il quadro è completo: una mostra direttamente promossa dal regime fascista in terra elvetica. Gli sforzi immani con cui, sia in Italia che all'estero, il regime sostenne e promosse le mostre durante il Ventennio – nella convinzione che tale strumento potesse davvero «plasmare le coscienze e allineare i visitatori alle priorità del fascismo» –[4] sono noti. Ci sarebbe, tuttavia, da rimanere quantomeno sorpresi di fronte all'arrendevolezza degli apparati istituzionali svizzeri nei confronti di un'operazione dai fini palesemente propagandistici. Ebbene, lo studio delle carte d'archivio conservate presso il Kunsthaus di Zurigo non solo relativizza l'impressione che deriva dall'impatto immediato del catalogo, ma fa apparire tali connotati esteriori della mostra per quello che sono, ovvero una vera e propria messa in scena. L'allestimento reale – ciò che i visitatori della mostra effettivamente videro nelle sale del Kunsthaus in quell'inverno del 1940 – pur confermando nella sostanza l'impressione derivante dal catalogo, testimonia di un quadro assai più complesso, fatto di assenze, di richiami,

---

3   Il catalogo della mostra è consultabile online nell'archivio digitale del Kunsthaus di Zurigo all'indirizzo https://digital.kunsthaus.ch/viewer/fullscreen/44467/1/
4   Marla STONE, *Le esposizioni e il culto dell'allestimento nell'Italia fascista*, in Germano Celant – Chiara Costa, *Post Zang Tumb Tuuum. Art Life Politics: Italia 1918-1943*, cit., pp. 567-569, a p. 568. Sull'argomento si veda inoltre SCHNAPP, *Mostre*, in Id., *Modernitalia*, ed. by Francesca Santovetti, Oxford, Peter Lang, 2012, pp. 145-170.

di relazioni a mostre passate che non potevano non determinare la fruizione dell'allestimento. Anche a livello istituzionale le dinamiche si rivelano meno immediate rispetto all'apparenza.

Prendendo le mosse da questa premessa, si tratta dunque di capire come nacque e quali furono le tappe realizzative del progetto della mostra. Stando ai verbali relativi alle periodiche riunioni della giunta esecutiva del Kunsthaus (la «Ausstellungskommission»), il primo cenno ad una mostra di pittura italiana risale al 17 settembre 1938. Al punto IV del verbale «Neue Mitteilungen und Anfragen» ("nuove comunicazioni e richieste"), infatti, si legge: «Italienische Landmalerei der Gegenwart, mündl. Vorschlag K. Hügin. Die Kommission bekundet Interesse und wünscht, dass geprüft wird, was für Material zugänglich ist, Zeit 1939».[5] Karl Hügin, pittore e grafico di origini basilesi stabilitosi a Zurigo nel 1906,[6] era il Presidente della giunta esecutiva del Kunsthaus. Proprio nell'estate di quel 1938 Hügin aveva trascorso un soggiorno di studi in Italia, ed è quindi ipotizzabile che la sua proposta di una mostra dedicata alle pitture paesaggistiche italiane nascesse dalle suggestioni ancora vive di quel viaggio. Per oltre un anno i verbali non fanno più menzione del progetto. I lavori per la sua realizzazione, tuttavia, erano andati avanti, come testimonia il seguente passo del verbale del 12 ottobre 1939:

> Der Kriegsausbruch schliesst Ausstellungen mit Beschickung aus dem Ausland einstweilen aus. [...] Auch die noch im Rundschreiben vom 19. September erwähnte Ausstellung Zeitgenössische italienische Malerei und Plastik im Umfang von 120-150 ausgewählten Werken von 10-12 Künstlern, muss nach einem Schreiben des italienischen Generalkonsuls S. [sic] Gemelli vom 11. Oktober auf unbestimmte Zeit verschoben werden. Der Direktor wird immerhin versuchen, durch Vermittlung der Herren Giovanni Scheiwiller und Dr. E. Aeschlimann vom Verlag Ulrico Hoepli in Mailand diese Ausstellungsanfrage weiter zu verfolgen und zu fördern.[7]

---

5 «Pittura paesaggistica italiana contemporanea, proposta orale di K. Hügin. La commissione manifesta interesse e desidera che si verifichi quale materiale sia accessibile, periodo 1939».
6 https://www.sikart.ch/KuenstlerInnen.aspx?id=4000056
7 Cfr. verbale del 12 ottobre 1939, Archiv Kunsthaus Zürich: «Lo scoppio della guerra esclude al momento esposizioni con forniture dall'estero. Anche la mostra Pittura e scultura italiana contemporanea con una scelta di circa 150 opere di 10-12 artisti menzionata nella circolare del 19 settembre, va posticipata in data da destinarsi secondo quanto comunicato dal Console Generale d'Italia S. [sic] Gemelli in uno scritto dell'11 ottobre. Il direttore comunque continuerà a seguire e a promuovere la richiesta relativa a questa mostra tramite la mediazione dei signori Giovanni Scheiwiller e Dr. E. Aeschlimann della casa editrice Ulrico Hoepli di Milano».

L'invasione della Polonia da parte delle truppe naziste l'1 settembre del 1939, e quindi l'inizio della seconda guerra mondiale, avevano momentaneamente congelato la realizzazione della mostra. Ma le basi del progetto a quest'altezza cronologica erano già state chiaramente definite, come testimoniano sia il titolo («Zeitgenössische italienische Malerei und Plastik») – che guarda oltre l'esclusivo ambito della «Landmalerei» inizialmente proposto da Hügin e anticipa già quello che sarebbe stato poi il taglio effettivo della mostra –, sia il numero delle opere da esporre (leggermente inferiore a quello delle opere poi effettivamente esposte). Tramite lo storico direttore del Kunsthaus, Wilhelm Wartmann, erano poi stati avviati i contatti con i rappresentanti delle istituzioni italiane, come attesta il riferimento alla lettera del Console Generale d'Italia a Zurigo Bruno Gemelli. Infine erano stati individuati i mediatori chiamati a fare da ponte con gli artisti italiani, ovvero Erhard Aeschlimann, amministratore delegato della libreria e casa editrice italo-svizzera Hoepli di Milano, e, soprattutto, Giovanni Scheiwiller, anch'egli impiegato alla Hoepli ma noto soprattutto come una delle figure di riferimento fondamentali della scena artistica italiana (e milanese in particolare) di quegli anni.

Scheiwiller, del resto, aveva già collaborato con il Kunsthaus di Zurigo in due occasioni. La prima volta nel 1927, in quella che fu in assoluto la prima esposizione di arte italiana allestita nelle sale del museo zurighese, ovvero la mostra *Italienische Maler*, che rimase aperta dal 18 marzo al primo maggio. Dal punto di vista strettamente estetico questa mostra ebbe uno spessore maggiore rispetto a quella del 1940: nei tredici anni che separano le due mostre il clima artistico italiano, come vedremo poi meglio, era infatti profondamente mutato a causa, soprattutto, del potere sempre più pervasivo esercitato dal fascismo sulla vita artistica nazionale.[8] Promossa da Arduino Colasanti, direttore generale per le Antichità e Belle Arti, e, soprattutto, da Margherita Sarfatti, la mostra del '27 fu una sorta di parziale riedizione della *Iª Mostra di Novecento italiano* allestita nel febbraio del 1926 al Palazzo della Permanente di Milano. Del gruppo originario di Novecento nel catalogo zurighese figurano Achille Funi, Emilio Malerba, Pietro Marussig, Ubaldo Oppi e Mario Sironi (mancano all'appello i soli Anselmo Bucci e Leonardo Dudreville), ai quali si aggiungono, tra gli altri, Massimo Campigli, Carlo Carrà, Felice Casorati, Giorgio De Chirico, Filippo De Pisis e Alberto Salietti. A ben guardare risulta tuttavia riduttivo ricordare questa mostra come una semplice riedizione

---

8 Per un quadro complessivo del periodo si veda l'ottimo studio di Sileno SALVAGNINI, *Il sistema delle arti in Italia (1919-1943)*, Bologna, Minerva, 2000.

della *Iª Mostra di Novecento italiano* alla stregua di quelle allestite in altre città europee.[9] L'impronta decisiva alla mostra zurighese più che dalla Sarfatti fu infatti impressa proprio da Scheiwiller tramite la presenza massiccia di Amedeo Modigliani (il più rappresentato con ben 13 opere insieme a De Chirico con 14) che, scomparso nel 1920, non figurava invece tra gli artisti esposti dalla Sarfatti alla Permanente. La scelta di Modigliani riveste un significato particolare: proprio in quello stesso 1927 Scheiwiller – nella sua storica collana *Arte Moderna Italiana* che, fondata nel 1925, nei primi sette numeri aveva accolto diversi esponenti del gruppo di Novecento – pubblica un volumetto dedicato a Modigliani, artista noto in Francia ma, per affermazione dello stesso Scheiwiller che firma il saggio introduttivo, poco considerato fino a quel momento dalla critica italiana.[10] L'operazione segnava quindi uno scarto considerevole rispetto ai canoni (anche nazionalistici) perseguiti dalla Sarfatti con *Novecento*. Con la posizione di rilievo assegnata a Modigliani, la mostra di Zurigo apriva dunque orizzonti sconosciuti alla *Mostra del Novecento italiano*, che fornivano anche la misura del detto scarto e, con esso, dell'imprinting scheiwilleriano.[11] Per il catalogo della mostra zurighese Scheiwiller curò inoltre la bibliografia, il che attesta ulteriormente il peso decisivo del suo apporto, sottolineato del resto dallo stesso Wartmann nell'introduzione.[12] La seconda occasione collaborativa

---

9   Sempre al 1927 risalgono le mostre di Amsterdam e Ginevra alle quali si aggiungono, dopo la *Seconda Mostra del Novecento Italiano* del 1929, quella di Nizza nel 1929, di Buenos Aires nel 1930 e poi, nel 1931, di Stoccolma, Helsinki e Oslo (cfr. SALVAGNINI, *Il sistema delle arti in Italia (1919-1943)*, cit., p. 53).
10 Cfr. Giovanni Scheiwiller (a cura di), *Amedeo Modigliani*, Milano, Hoepli, 1927, p. 1: «Fra i tipi più singolari d'artisti che abbia prodotto l'attuale generazione occupa certamente uno dei posti migliori il livornese Amedeo Modigliani, esaltato sul finire del suo tormentato cammino in Francia, ignorato ancor oggi quasi completamente in Italia. [...] Non ricordo infatti d'aver trovato riprodotte opere sue su riviste di una certa importanza, né d'aver letto critica che invogliasse a conoscere e comprendere un artista pur tanto personale e significativo. L'incomprensione circonda infatti assai spesso il vero valore».
11 Nel rievocare l'esposizione zurighese Salvagnini vede nella Sarfatti «la vera artefice della mostra» senza, a mio parere, dare il giusto peso al contributo di Scheiwiller, che non viene neanche menzionato (cfr. SALVAGNINI, *Il sistema delle arti in Italia (1919-1943)*, cit., pp. 75-76).
12 Cfr. *Italienische Maler*, Ausstellung im Zürcher Kunsthaus, 18. März bis 1. Mai 1927, Katalog mit Bibliographie und Abbildungen, p. 3: «von ganz besonderer Art war die Mitarbeit von Herrn G. Scheiwiller vom Haus Ulrico Hoepli in Mailand; mit unermüdlicher Hingebung besorgte er vor und nach der durch di Zürcher Kunstgesellschaft getroffenen Wahl der Werke die Vermittlung zwischen einer grossen Zahl

tra il critico d'arte italo-svizzero e il Kunsthaus si ebbe invece nel 1931 con la mostra internazionale di scultura,[13] in cui Scheiwiller mediò la presenza degli scultori italiani tra cui Libero Andreotti, Eugenio Baroni, Francesco Messina e Romano Romanelli.

I rapporti tra il Kunsthaus e Scheiwiller per il tramite della Hoepli erano dunque già ben consolidati nel momento in cui Wartmann, in vista di una nuova esposizione di pittori e scultori italiani, decide di riattivare i contatti con la casa editrice milanese. La guerra, come abbiamo visto, frenò inevitabilmente la macchina organizzativa, ma nuovi impulsi sembrarono derivare da una visita del pittore italiano Ettore Cosomati di passaggio a Zurigo, come ci informa il verbale del 22 novembre 1939:

> Italienische Ausstellung. Besuch Ettore Cosomati 11. November. Die Aussichten für die Durchführung einer Ausstellung lebender italienischer Künstler nach eigener Auswahl scheinen gut zu sein und die Kommission beschliesst deshalb erfreut, zuzugreifen wenn sich eine solche Möglichkeit bietet. Es wäre schön, wenn auch Landmalerei einbezogen werden könnte. Als Termin käme vielleicht Mai/Juni in Frage. Bei guter Auswahl könnte die Ausstellung die Hauptveranstaltung des Jahres 1940 werden für das Kunsthaus.[14]

Ettore Cosomati conosceva bene la Svizzera, e Zurigo in particolare, per averci vissuto dal 1915 al 1922, anno in cui si trasferì a Londra, da dove faceva definitivamente ritorno precisamente in quel 1939. È probabile che prima di rientrare a Milano nel 1940 Cosomati abbia fatto tappa a Zurigo o vi abbia perlomeno trascorso dei periodi più o meno lunghi. Di certo sappiamo che il 21 marzo del 1939 era stata inaugurata presso la Galleria Neupert di Zurigo una sua mostra personale patrocinata dall'*ASRI. Appare tuttavia abbastanza misteriosa questa apparizione di Cosomati al cospetto di Wartmann. Tra i due non vi era alcun legame particolare, se si eccettua il fatto che nel 1906 e nel 1916 il pittore italiano aveva esposto delle tele al Kunsthaus. Inoltre Cosomati non ricopriva alcun ruolo ufficiale né disponeva della minima autorevolezza all'interno del

---

von Künstlern und Sammlern in Mailand und dem Zürcher Kunsthaus». Il catalogo è consultabile online su https://digital.kunsthaus.ch/viewer/fullscreen/46267/3/ .

13 *Plastik. Internationale Ausstellung*, Kunsthaus Zürich, 25. Juli-30. September 1931.

14 «Mostra italiana. Visita Ettore Cosomati 11 novembre. Le prospettive per la realizzazione di una mostra di artisti italiani viventi a nostra scelta sembrano essere buone; la commissione se ne rallegra e decide di cogliere l'occasione se dovesse presentarsi. Sarebbe bello poter includere anche della pittura paesaggistica. Come periodo si potrebbe forse considerare maggio/giugno. Nel caso di una buona selezione la mostra potrebbe diventare l'evento principale del Kunsthaus per l'anno 1940».

panorama artistico italiano contemporaneo per assumersi in modo credibile la funzione di mediatore tra il Kunsthaus e le istanze italiane. In realtà, come emerge dalle lettere di Wartmann, dietro Cosomati si nascondeva un'altra persona, ovvero la già ricordata e molto ambigua figura di Carlo Bianchi, vicinissimo agli ambienti fascisti e segreto architetto, insieme a Gemelli, della costituzione dell'ASRI.[15]

Sta di fatto, come riferisce il verbale, che Cosomati – dopo aver evidentemente sondato o, più verosimilmente: dopo che Bianchi aveva sondato per lui gli ambienti italiani – prospetta dunque al Kunsthaus delle buone possibilità per la realizzazione della mostra «nach eigener Auswahl». Quest'aspetto è decisivo, poiché evidentemente il Kunsthaus stava cercando di capire se vi fosse spazio di manovra sufficiente per garantirsi l'autonomia nella scelta delle opere. In una successiva lettera del 23 dicembre 1939 Cosomati finalmente conferma a Wartmann che il ministro Pavolini in persona concede al Kunsthaus piena libertà nella scelta degli artisti e delle opere.[16] Si profila così una svolta nei lavori di progettazione della mostra. Da una lettera di Wartmann a Scheiwiller del 6 gennaio 1940 apprendiamo, infatti, che solo sei mesi prima le istanze italiane avevano negato tale opzione, offrendo al Kunsthaus unicamente la possibilità di riallestire in Svizzera una mostra precedentemente e ufficialmente già presentata in Italia. Tale proposta era stata tuttavia rifiutata dal Kunsthaus per i motivi che Wartmann espone esplicitamente a Scheiwiller:

> Vor einem halben Jahre wurde uns noch bedeutet, dass wir eine offiziell in Italien zusammen gestellte [sic] Ausstellung haben können und keine andere. Darauf konnten wir nicht eingehen, schon weil das Kunsthaus eine private Gesellschaft repräsentiert und sich mit offiziellen Veranstaltungen nicht wohl in die hohe Politik mischen

---

15 Sulla fondazione e le attività dell'ASRI, nonché sul ruolo assunto da Bianchi nel contesto della colonia italiana a Zurigo si veda in questo volume il capitolo 1 alle pp. 23-45. Lo stesso giorno della visita di Cosomati a Wartmann, il direttore del Kunsthaus scrive, su invito del pittore, una lettera a Carlo Bianchi il quale, per bocca di Cosomati, si era offerto di fungere da mediatore tra il pittore, residente a Milano, e il Kunsthaus. Richiesta alquanto strana dal momento che era ormai stato stabilito un contatto diretto tra il Kunsthaus e Cosomati. Di fatti Wartmann lo stesso giorno scrive anche al pittore per informarlo dell'avvenuta presa di contatto con Bianchi: «Nach der vorgesehenen Besprechung mit Herrn Bianci [sic] wird es sich wohl nicht vermeiden lassen, dass wir auch im direkten Briefwechsel mit Ihnen Sie werden bemühen müssen» (cfr. Kunsthaus Archiv, fascicolo 2001.002.071, lettera di Wilhelm Wartmann a Ettore Cosomati, Zurigo, 11 novembre 1939).

16 Cfr. Archiv Kunsthaus Zürich, Sitzungsprotokolle Ausstellungskommission 1940-1943, fascicolo 10.30.10.32, verbale del 9 gennaio 1940.

kann. Das Wesentliche ist aber die Freiheit und Unabhängigkeit in den künstlerischen Entscheidungen.[17]

Se di fronte all'impossibilità di potere liberamente scegliere le opere il Kunsthaus aveva dunque sospeso il progetto, ecco che la alquanto inattesa mediazione di Bianchi e Cosomati aveva apparentemente spianato, non senza sorpresa di Wartmann,[18] la strada alla realizzazione della mostra.

Fino a quest'altezza cronologica i preparativi della mostra si erano mossi sulla base di negoziazioni private come era solito fare il Kunsthaus. L'interessamento di Pavolini si rivela tuttavia un'arma a doppio taglio. Se da un lato viene salutato come un ottimo viatico alla buona riuscita della mostra («Die Ausstellung geniesst die Unterstützung höchster offizieller Stellen in Italien; sie berechtigt zu den schönsten Erwartungen», si legge nel verbale del 27 marzo 1940),[19] dall'altro non manca di suscitare qualche sospetto che difatti trapela sempre dai verbali. Il 24 aprile si legge: «Die Kommission hofft, dass sich diese Ausstellung durchführen lässt; sie glaubt nicht, dass sie propagandistisch der Schweiz oder dem Kunsthaus schaden könnte».[20] Ben presto ci si rende conto che alla luce dell'evolversi della situazione politica internazionale la via delle negoziazioni private non è più percorribile, poiché nel detto contesto l'evento trascende ormai gli interessi

---

17 Lettera di Wilhelm Wartmann a Giovanni Scheiwiller, [Zurigo], 6 gennaio 1940, Kunsthaus Archiv, fascicolo 2001.002.071. «Solo mezzo anno fa ci fu detto che potevamo avere una mostra ufficialmente allestita in Italia, e non un'altra. Proposta che abbiamo rifiutato, già per il solo fatto che il Kunsthaus rappresenta una società privata e non può quindi, tramite eventi ufficiali, immischiarsi nell'alta politica. La cosa essenziale, tuttavia, è la libertà e l'autonomia nelle scelte artistiche». Per questo come per gli altri passi citati dalla corrispondenza di Giovanni Scheiwiller sono grato a Matteo Schubert e agli eredi Scheiwiller che ne hanno autorizzato la pubblicazione.
18 Cfr. la lettera di Wartmann a Cosomati del 28 dicembre 1939, in cui il direttore del Kunsthaus risponde abbastanza sorpreso alla notizia che Pavolini avesse concesso al Kunsthaus piena autonomia nella scelta delle opere: «Sehr geehrter Herr, Ihr Brief vom 23. Dezember, in welchem Sie über das Ereignis Ihrer Unterredung mit Minister Pavolini sprechen, ist ein richtiger Fest- und Weihnachtsbrief. Die überaus erfreulichen Nachrichten, mit denen Sie uns überraschen, kommen eben recht für unsere schon für die ersten Tage Januar geplante Sitzung der Ausstellungskommission zur Bereinigung des Jahresprogrammes 1940 auch in seinen Einzelheiten» (cfr. Kunsthaus Archiv fascicolo 2001.002.071).
19 Archiv Kunsthaus Zürich, Sitzungsprotokolle Ausstellungskommission 1940-1943, fascicolo 10.30.10.32, verbale del 27 marzo 1940: «La mostra gode del sostegno delle massime sedi istituzionali in Italia; è lecito nutrire le migliori aspettative».
20 Ivi, verbale del 24 aprile 1940: «La Commissione spera che la mostra si possa realizzare. Non crede che essa possa nuocere propagandisticamente alla Svizzera o al Kunsthaus».

puramente artistici ponendo, suo malgrado, questioni di opportunità politica. Il 14 maggio si decide così di interpellare direttamente il Ministero degli Interni nella persona del Consigliere federale Philipp Etter:

> Die heutige politische Situation - si legge nella lettera di Wartmann ad Etter - stellt uns vor die Frage, ob eine derartige Ausstellung im schweizerischen Interesse heute wünschbar ist, und wenn ja, ob sie nicht besser als offizielle Veranstaltung unter dem Schutz der Eidgenössischen Behörden und der Mitwirkung der offiziellen italienischen Stellen stattfindet.[21]

In una lettera del 29 maggio 1940, Etter conferma che la mostra non comporta nessun pericolo per l'interesse nazionale. Da questo momento in poi, l'evento assume una nuova dimensione acquistando un carattere ufficiale e non più privato.

Intanto la data di apertura della mostra era stata posticipata in estate (luglio/agosto). Wartmann aveva già, come detto, ripreso i contatti con la Hoepli approfittando anche di una visita di Aeschlimann al Kunsthaus in occasione dell'esposizione dei libri dell'editore Vollard (marzo/aprile 1940). Rientrato a Milano Aeschlimann discute del progetto espostogli da Wartmann con Scheiwiller, il quale sconsiglia di allestire la mostra in estate per la difficile reperibilità, in quel periodo, sia degli artisti (che passano l'estate fuori città) che delle opere (a Venezia si preparano le sale della XXII Biennale). Propone invece di programmare l'evento per l'inverno per assicurarsi così un'ampia scelta di opere anche recenti.[22] A scombussolare ulteriormente i piani di Wartmann, il 10 giugno,

---

21 Lettera di Wartmann a Philipp Etter, Zurigo, 14 maggio 1940, Kunsthaus Archiv fascicolo 2001.002.072: «l'odierna situazione politica ci pone di fronte al quesito se una tale mostra possa oggi ritenersi opportuna ai sensi dell'interesse svizzero e, in caso affermativo, se non debba piuttosto assumere un carattere ufficiale col patrocinio delle isituzioni federali e la collaborazione delle istanze ufficiali italiane».

22 Cfr. Archiv Kunsthaus Zürich, cartella 10.30.30.67 - Korrespondenz Ausstellung Besitzer / Händler 1939, lettera di Erhard Aeschlimann a Wilhelm Wartmann, Milano, 18 maggio 1940: «Sehr geehrter Herr Doktor, bei meiner Rückkehr nach Mailand habe ich mit Herrn Scheiwiller Ihren Plan einer Ausstellung zeitgenössischer italienischer Kunst noch einmal durchgesprochen. Herr Scheiwiller machte mich mit Recht darauf aufmerksam, dass der Zeitpunkt für eine Sommerausstellung wohl eher ungünstig sei und das nicht aus politischen Gründen, sondern weil die Künstler gegenwärtig sehr wenig Bilder in den Ateliers haben. Ein Grossteil wurde an die *Venezianische Biennale* geschickt, und zudem gehen die meisten Maler spätestens Ende Juni aufs Land um zu arbeiten und kehren vor Oktober kaum mehr nach Mailand zurück. Dadurch wird die Auswahl der Bilder natürlich ziemlich erschwert. Es wäre unserer Ansicht nach wohl besser eine Ausstellung auf kommenden Winter vorzunehmen; Sie hätten dann eine reiche Auswahl von Werken neuesten Datums».

mentre le truppe di Hitler invadono la Francia, l'Italia entra in guerra. La tensione del clima politico è palpabile nelle pagine dei verbali. Il 4 giugno il Console Generale tedesco a Zurigo, Hermann Voigt, convoca Wartmann per concedergli l'autorizzazione a procedere con i preparativi per la mostra di arte contemporanea tedesca. Mostra che il Kunsthaus non aveva mai progettato. Tutto lascia pensare che le autorità tedesche avessero appreso con una certa irritazione dei preparativi per la mostra italiana e volessero ora tacitamente imporre un'analoga mostra tedesca. Almeno è così che Hügin sembra decifrare il messaggio quando il 28 giugno convoca una riunione straordinaria per discutere di *entrambe* le esposizioni. Che si tratti o meno di un equivoco (il Console tedesco, si legge nel verbale, avrebbe forse fatto confusione con una progettata mostra internazionale sul rapporto tra arti visive e architettura in cui era prevista una rappresentanza tedesca), Hügin è del parere che la mostra italiana non possa più essere allestita senza realizzarne al contempo anche una tedesca.[23] La commissione approva e Wartmann viene incaricato di portare avanti le negoziazioni per la realizzazione di entrambe le mostre. In realtà, come attestano i verbali degli anni successivi, una mostra di arte contemporanea tedesca non sarebbe mai stata allestita.

I preparativi per la mostra italiana, invece, proseguono spediti malgrado le dette complicazioni. Risulta decisivo l'intervento di Augusto Giacometti, Presidente della Commissione federale di Belle Arti, presso il già ricordato Antonio Maraini, segretario generale della Biennale di Venezia nonché capo del Sindacato Nazionale Fascista di Belle Arti. In una circolare del 22 giugno 1940, Franz Meyer, Presidente della Zürcher Kunstgesellschaft, informa infatti i membri della giunta esecutiva del Kunsthaus che la realizzazione della mostra è ormai cosa certa per intervento personale di Giacometti presso Maraini. Il 2 luglio Karl Hügin e Wartmann si rivolgono, tramite Etter, all'amabsciatore svizzero a Roma pregandolo di sondare i favori delle massime istituzioni italiane nei confronti della mostra del Kunsthaus per il definitivo benestare.[24] Infine, il 28 agosto, Wartmann richiede alla direzione della Biennale un catalogo delle opere in mostra visto che si prevede di approfittare della *kermesse* veneziana per vedere e selezionare le opere da esporre a Zurigo. Entrano così nel vivo i rapporti con Maraini che si rivelerà la figura centrale nei lavori di allestimento della mostra.

---

23 Cfr. Archiv Kunsthaus Zürich, Sitzungsprotokolle Ausstellungskomission 1940-1943, fascicolo 10.30.10.32, verbale del 28 giugno 1940: «Herr Hügin findet, dass entweder *beide* Ausstellungen durchzuführen oder beide aufzugeben sind». Corsivi nel manoscritto originale.
24 Cfr. lettera di Karl Hügin e Wilhelm Wartmann a Paul Ruegger, Zurigo, 2 luglio 1940, Archiv Kunsthaus Zürich, fascicolo 2001.002.072.

Dopo che nel 1932, per esplicita volontà di Mussolini, Margherita Sarfatti era stata estromessa dalla Commissione per le Mostre all'Estero,[25] l'organizzazione di queste ultime era passata saldamente nelle mani di Maraini. Come ha osservato Salvagnini «Maraini interpretava il proprio ruolo soprattutto come quello di un ufficiale di governo che doveva progettare mostre con intendimenti di politica estera generale, per mezzo delle quali dimostrare la supremazia dell'Italia fascista anche in questo campo».[26] Quest'interpretazione del ruolo di intellettuale perfettamente organico al regime faceva il pari con il modo in cui Maraini gestiva la Biennale di Venezia che nel 1940, con la XXII edizione, toccò uno dei punti più bassi della propria storia sia per effetto della guerra, che ridusse al minimo la partecipazione estera, sia per effetto della legislazione fascista che, specie a partire dalla seconda metà degli anni Trenta, aveva portato ad un avvilente appiattimento della produzione artistica italiana, come impietosamente emerge dall'attento studio di Giuliana Tomasella:

> La Biennale del 1940 risulta in tal senso un capolavoro di obbedienza alla politica culturale del regime e costituisce un esempio paradigmatico dei risultati cui portò la progressiva irreggimentazione e gerarchizzazione delle leve artistiche negli anni estremi del fascismo. L'irrigidimento dei criteri di selezione ha come fine l'allineamento degli artisti, non la qualità delle opere. L'obbligo di iscrizione al sindacato, l'adozione di regolamenti per i concorsi sempre più limitativi, non solo riguardo al tema, ma anche alle modalità di ammissione (provenienza da scuole e accademie, iscrizione al Guf), la scelta dei vincitori delle sindacali e di altri agoni artistici istituzionali, il trattamento privilegiato riservato ai professori d'accademia sono tutti provvedimenti con cui si vuole indurre pittori e scultori a entrare nei ranghi, a porsi sotto l'ala protettrice dello Stato. Ciò a cui si mira è la distruzione della figura dell'artista come *deraciné*, come isolato e ribelle, la negazione cioè del ruolo che egli aveva assunto (l'unico possibile) nella modernità.[27]

Questa negazione della figura dell'artista moderno andava di pari passo, e non solo nel caso di Maraini, con il recupero della tradizione del verismo ottocentesco e il rifiuto delle conquiste del modernismo, pur senza arrivare al punto in cui ci si era spinti in Germania con l'esplicita condanna della cosiddetta "arte degenerata". Classicista convinto, Maraini in ogni caso diffidava «degli oltraggi alla forma, portatori di una eversiva carica di denuncia morale (quando non politica)»,[28] il che non poteva non ripercuotersi almeno in parte,

---

25 L'episodio è stato ricostruito da Salvagnini per cui cfr. Id., *Il sistema delle arti in Italia*, cit., p. 55.
26 Ivi, p. 79.
27 Giuliana TOMASELLA, *Biennali di guerra. Arte e propaganda negli anni del conflitto (1939-1944)*, Padova, Il Poligrafo, 2001, pp. 38-39.
28 Ivi, p. 41.

come chiaramente emerge dallo studio di Tomasella, sulle scelte espositive della Biennale. Tale gusto estetico sommato alle capacità diplomatiche di Maraini (convinto promotore della legislazione fascista in materia d'arte) fecero sì che sotto la sua direzione la Biennale divenisse vie più il luogo della «promozione della mediocrità», come probabilmente constatarono anche i due commissari del Kunsthaus che nei primissimi giorni di ottobre del 1940 si recarono nelle sale veneziane per selezionare, insieme a Maraini, le opere da esporre a Zurigo.

La selezione delle opere

Franz Meyer, Presidente della Zürcher Kunstgesellschaft, e l'architetto Ernst Burckhardt, incaricato dell'allestimento della mostra, si recano dunque a Venezia nella prima settimana di ottobre, presumibilmente il 5 e il 6. Ad attenderli, come detto, trovano Antonio Maraini. I due emissari zurighesi si presentano al cospetto del Segretario con un elenco da opere che il direttore Wartmann ha stilato sulla base delle puntuali indicazioni fornite da Scheiwiller.[29] L'editore italo-svizzero aveva in precedenza declinato l'invito di Wartmann ad accompagnare a Venezia i due emissari del Kunsthaus, nella convinzione che Maraini non avrebbe gradito la sua presenza.[30] Come attestano i documenti conservati nell'archivio del Kunsthaus, Scheiwiller opera la propria selezione sulla base di un elenco degli artisti italiani presenti alla Biennale. Tale elenco di nomi gli era stato inviato da Wartmann con la preghiera di distinguere in una scala da 1 a 3 gli artisti «particolarmente intressanti», da quelli «interessanti» e quelli, invece, «meno interessanti», e di integrare inoltre la lista con nominativi mancanti.[31] Dei circa 430 nomi presenti sull'elenco Scheiwiller ne seleziona appena 21, di cui solo 4 ritenuti indispensabili, ovvero: Marino Marini, Carlo Carrà, Arturo Tosi

---

29 L'archivio del Kunsthaus, cartella 10.30.30.67 – Korrespondenz Ausstellung Besitzer / Händler 1939, conserva un dattiloscritto di due pagine firmato da Wartmann in data 27 settembre 1940 intitolato «Wunschliste Kunsthaus». Si tratta della messa in forma delle precedenti indicazioni fornite da Scheiwiller in un documento anch'esso conservato presso l'archivio del Kunsthaus come allegato alla lettera di Scheiwiller a Wartmann del 26 settembre 1940.
30 Cfr. lettera di Giovanni Scheiwiller a Wilhelm Wartmann datata Milano, 30 settembre 1940, AK, cartella 10.30.30.67 – Korrespondenz Ausstellung Besitzer / Händler 1939: «Ich hätte die Reise nach Venedig mit den beiden Herren sehr gerne gemacht, aber aus Rücksicht gegen Herrn Maraini ist mir dies nicht möglich: er würde es ganz bestimmt übel nehmen».
31 Cfr. La lettera di Wartmann a Giovanni Scheiwiller del 25 settembre 1940, Archiv Kunsthaus, fascicolo 2001.002.073.

e Enrico Prampolini. Seguono col voto 2: Francesco Messina, Ugo Carà, Quirino Ruggeri, Filippo Tallone, Francesco De Rocchi, Virgilio Guidi, Domenico Colao, Felice Casorati, Achille Funi, Gianfilippo Usellini, Gino Severini, Afro e Francesco Menzio. Infine, contrassegnati con un 3: Felice Carena, Fioravante Seibezzi, Alberto Salietti, Umberto Lilloni e Guido Peyron. Ad eccezione di Prampolini, Colao, Afro e Seibezzi tutti gli artisti qui elencati saranno esposti al Kunsthaus.

A questo elenco Scheiwiller ne aggiunge, come richiestogli da Wartmann, un altro, più nutrito, con i nomi di alcuni artisti non presenti alla Biennale. Prima di dare uno sguardo a tale secondo elenco, qualche considerazione si impone sul primo. In primo luogo va precisato che Scheiwiller basa la propria scelta sul valore generale degli artisti indicati, e non sulle opere esposte alla Biennale che, nel momento in cui invia l'elenco a Wartmann, non ha ancora visto.[32] Va poi notato lo scarso credito che Scheiwiller riserva a Felice Carena, vincitore – insieme a Guido Galletti (che Scheiwiller non prende nemmeno in considerazione) – del premio più importante (pari a 25.000 lire). Maraini era al contrario un grande estimatore dell'opera di Carena (improntata ad un gusto classicista che si richiama alla grande tradizione italiana) tanto è vero che nel 1930 aveva scritto il saggio introduttivo della piccola monografia su Carena uscita per la già ricordata collana scheiwilleriana.[33] A dire il vero la poca considerazione che Scheiwiller nutriva per Carena colpisce fino a un certo punto, visto che la Commissione designata dal neonato Ufficio per l'Arte Contemporanea per l'acquisto di opere d'arte da parte dello Stato non scelse, tra i lavori esposti alla Biennale, nessuna opera di Carena, tanto che Giuliana Tomasella avanza il sospetto «che l'esclusione del vincitore della Biennale voglia essere una bocciatura della sua stessa vittoria, tanto più significativa in quanto espressa da una commissione che era sotto stretto controllo del ministro Bottai».[34] Più significativa appare invece l'esclusione di Efisio Cipriano Oppo, segretario della Quadriennale di Roma nonché figura di spicco, insieme all'accademico d'Italia Carena, appunto, del panorama artistico del ventennio. Il nome di Oppo non figura infatti, come abbiamo visto, nella lista stilata da Scheiwiller né in quella definitiva approntata

---

32 Cfr. lettera di Giovanni Scheiwiller a Wilhelm Wartmann datata Milano, 26 settembre 1940, AK, cartella 10.30.30.67 – Korrespondenz Ausstellung Besitzer / Händler 1939: «Leider habe ich noch keine Zeit gefunden [sic] die Ausstellung in Venedig zu besuchen, so dass [ich] über viele junge Künstler nicht auf den Laufenden [sic] bin und deshalb deren Arbeit nicht beurteilen kann».
33 Cfr. Antonio MARAINI, *Felice Carena*, Milano, Scheiwiller (Arte Moderna Italiana N. 16), 1930.
34 TOMASELLA, *Biennali di guerra*, cit., p. 77.

e firmata da Wartmann che segue fedelmente i suggerimenti dell'editore italo-svizzero e con la quale i commissari del Kunsthaus si presentano nelle sale della Biennale. Eppure Oppo con ben 13 opere sarebbe stato poi l'artista più rappresentato alla mostra zurighese. Di fatti la presenza di Oppo fu imposta da Maraini, come emerge a chiare lettere dal carteggio di quest'ultimo col ministro plenipotenziario del Minculpop Ottaviano Koch studiato da Tomasella: «È interessante sottolineare il fatto che proprio il pittore presente con più opere, Oppo, non fu scelto dai commissari svizzeri, ma inserito nell'elenco da Maraini, convinto dei suoi meriti di artista, ma anche preoccupato per le sue eventuali lagnanze presso Pavolini».[35]

Il caso di Oppo è certo quello più eclatante, ma non fu l'unico. Dal confronto della lista ufficiale firmata da Wartmann e gli artisti esposti nelle sale del Kunsthaus emerge infatti come anche i seguenti nomi fossero stati inseriti da Maraini: Italico Brass, Ugo Capocchini, Primo Conti, Carlo Dalla Zorza, Raffaele De Grada, Giuseppe Leone, Carlo Prada, Bruno Saetti e Mario Varagnolo tra i pittori; Venanzo Crocetti, Carlo De Veroli, Ercole Drei, Guido Galletti, Giuseppe Graziosi, Mirko (Basaldella), Rito Valla tra gli scultori. Insieme ad Oppo, sono quindi in totale 18 gli artisti "suggeriti" da Maraini su un numero complessivo di 45 presenti a Zurigo. Ben 12 delle 25 tavole che illustrano il catalogo riportano opere di questo gruppo. Il resto delle illustrazioni, con un'unica eccezione di cui diremo, proviene dal primo gruppo di artisti, ovvero quello selezionato dai commissari del Kunsthaus in base all'elenco di Scheiwiller. Nel complesso sono quindi 35 gli artisti presenti al Kunsthaus che provengono direttamente dalle sale della Biennale del 1940, per un totale di 145 opere sulle 182 complessivamente esposte. Delle dette 145 solo 52 sono riconducibili al diretto volere di Maraini, ma è proprio da questo gruppo imposto dal Segretario della Biennale che proviene la metà delle illustrazioni del catalogo.

A completare il quadro delle opere esposte al Kunsthaus resta quel gruppetto di artisti non rappresentati alla Biennale del 1940 che nell'elenco di Scheiwiller sono tutti ritenuti «particolarmente interessanti», ovvero: Massimo Campigli, Giorgio De Chirico, Filippo De Pisis, Mario Mafai, Giorgio Morandi, Ottone Rosai, Mario Sironi, Giacomo Manzù, Arturo Martini. 9 artisti tra i più affermati nel panorama internazionale per un totale di 34 opere. I più rappresentati sono De Pisis e Sironi con rispettivamente 9 lavori, seguiti da Morandi (4), De Chirico (3) e Rosai (3). A questi si aggiunge Renato Guttuso presente anch'egli con 3 opere. Guttuso non figura nell'elenco del Kunsthaus, ma data «la scarsa

---

35 Ivi, p. 81.

simpatia di Maraini nei confronti della cosiddetta "Scuola Romana"» (tanto che la richiesta di ammissione di Guttuso alla XXII Biennale era stata rifiutata proprio dal Segretario),[36] è ipotizzabile che anche la presenza dell'artista siciliano sia da ricondurre alla mediazione di Scheiwiller. Ebbene, ad eccezione del solo Sironi di cui viene riprodotto un *Nudo*, nessuno dei detti artisti è rappresentato nel catalogo della mostra. Il che indubbiamente contribuisce a distorcere ulteriormente il quadro, già sbilanciato del resto dall'improporzionale presenza di opere, come abbiamo visto, scelte direttamente da Maraini.

Ancor più significativo per cogliere l'immagine ufficiale che attraverso il catalogo si tenta di dare alla mostra è il carattere stesso delle opere riprodotte. Lasciando da parte i ritratti scultorei più apertamente ossequiosi alla retorica propagandistica del fascismo e frutto di uno dei sei concorsi indetti dalla commissione della Biennale, ovvero i vari *Il Duce, Il Re e Imperatore* (Ercole Drei), *Balilla* (Guido Galletti), *S. E. Felice Carena* (Giuseppe Graziosi), *Paolo Balbo* (Quirino Ruggeri), *L'atleta* (Ugo Carà), e omettendo anche ciò che risultava dal «concorso per affreschi e bassorilievi ispirati a temi fascisti»[37] (come, ad esempio, *Le nuove città* di Giuseppe Leone), le opere riprodotte nel catalogo si rifanno spesso a modelli rinascimentali (ad esempio la *Rebecca al pozzo* di Funi), a canoni ottocenteschi (*Le comunicande* di Salietti, *I due ragazzi di Olevano* di Severini, lo stesso *I saltimbanchi* di Oppo), alla tradizione paesaggistica italiana (le vedute di Venezia di Italico Brass o Giuseppe Dalla Zorza), a soggetti religiosi (*La carità di San Martino* di Casorati), per non dire della buona dose di accademismo che deriva dalla massiccia presenza del tema del nudo. Di Carrà, tra i pochi acuti di una galleria per il resto abbastanza mediocre tutta improntata ad un piatto figurativismo, viene scelto per il catalogo un motivo molto caro alla retorica fascista, ovvero la *Vittoria*. La selezione delle tavole per il catalogo vuole dunque fornire un'immagine ben precisa e quanto più possibile omogenea dell'indirizzo artistico complessivo dell'arte italiana: un'arte, cioè, perfettamente allineata ai canoni promossi dal regime e quindi tesa, là dove non scade nel più avvilente propagandismo, al recupero dell'Ottocento e all'esclusiva esaltazione della tradizione italiana.

Gli artisti riconducibili alla mediazione di Scheiwiller, specie quelli non presenti alla Biennale (verso i quali, occorre dirlo, Maraini non oppone nessuna

---

36 Cfr. TOMASELLA, *Biennali di guerra*, cit., risp. alle pp. 41 e 35.
37 I temi in concorso erano: "Il Duce e il popolo", "Squadrismo", "Marcia su Roma", "Le nuove città", "La famiglia", "L'Impero", "Legionari" per cui cfr. TOMASELLA, *Biennali di guerra*, cit., p. 42.

resistenza se non di ordine prettamente organizzativo),[38] stridono evidentemente con questo tentativo di allineamento generale. Nell'introduzione al catalogo Maraini manifesta non a caso un certo imbarazzo nel ribadire «l'unità di intenti» che caratterizzerebbe il panorama dell'arte italiana contemporanea di fronte alla diversità di tendenze e ricerche che caratterizzano invece le opere esposte. Varietà che Maraini giustifica col fatto che «in Italia non si è voluto imporre e non si è imposto nessun determinato credo artistico ufficiale», salvo poi rivendicare il merito dell'«organizzazione sindacale» data agli artisti dal fascismo allo scopo di «migliorare le loro condizioni di lavoro» e nella convinzione che «da questa maggior sicurezza di vita sarebbe sorta una visione delle cose più sana, forte e felice». Sul fatto che questa «visione» fosse in realtà un invito se non un'implicita richiesta di ritorno all'ordine, ovvero di rifiuto delle conquiste del modernismo, le parole di Maraini non lasciano dubbi:

> Infatti, meno qualche residuo in via di dissoluzione, quelle convulse e morbose astrazioni dalle quali era stata inquadrata l'arte dei decenni passati, non fanno più presa sulla mentalità dei nostri artisti, che ritornano a sentire il valore della forma e del colore in quanto espressione non di astrusi concepimenti, ma di aspetti reali dedotti dal vero, e a questi si attengono.[39]

Forse non aveva del tutto torto Maraini nell'indicare in questa tendenza una sorta di comun denominatore delle opere esposte a Zurigo, dove nulla restava, ad esempio, delle splendide prove futuriste di un Severini, e dove, ad eccezione magari dei *Manichini*, poco rimaneva anche della stagione metafisica di un De Chirico, per non dire del percorso di un Carrà. Ciò non toglie che i veri punti di riferimento artisitici della «visione» di Maraini erano altri, ovvero in particolare Oppo e Carena ai quali, come vedremo, vengono non a caso destinate delle sale personali. Ma il discorso dei "benefici" che gli artisti avrebbero tratto dall'inquadramento sindacale vale soprattutto per i più giovani, ed è infatti su di loro che Maraini ripone le proprie speranze di un'arte futura finalmente «sana, forte e felice»:

> L'ispirazione degli artisti giovani tende [...] a rivolgersi nuovamente verso quelle che sono state le caratteristiche della nostra tradizione durante il rinascimento. Rispondenza cioè delle arti figurative alle esigenze dell'architettura e chiarezza

---

38 Si vedano in proposito le osservazioni di TOMASELLA, *Biennali di guerra*, cit., pp. 79 sgg.
39 Cfr. l'introduzione di Maraini al catalogo della mostra *Ausstellung zeitgenössischer italienischer Maler und Bildhauer*, Zürich, November-Dezember 1940, XIX der faschistischen Ära, p. 14, consultabile online su https://digital.kunsthaus.ch/viewer/fullscreen/44467/1/.

rappresentativa per poter parlare alle folle, mediante la narrazione o l'allegoria di eventi contemporanei. S'intende che per giungere a rispondere a questi requisiti gli artisti dovranno riacquistare una conoscenza della tecnica e riprendere una padronanza della composizione, dalle quali per qualche generazione si erano costantemente allontanati. Ma se la produzione artistica è, come deve essere, l'espressione degli indirizzi spirituali e delle esigenze materiali di un determinato momento storico, non è dubbio che il fine di «andare con l'arte verso il popolo» secondo il precetto mussoliniano, sarà dagli artisti italiani delle nuove generazioni, raggiunto.[40]

Maraini in altre parole prospetta all'arte italiana uno scenario in cui la pittura (il «quadro da cavalletto») è destinata ad assumere un ruolo subalterno rispetto all'architettura e alle arti decorative, chiamate a celebrare in opere monumentali e sempre più scenografiche i fasti del regime. Sono i segni, e lo ha giustamente notato Salvagnini, della «progressiva affermazione del fascismo più retrogrado»,[41] del quale Maraini si fa qui portavoce, come testimonia anche l'allestimento delle sale zurighesi da lui personalmente curato.

L'allestimento delle sale

Come emerge esplicitamente dai verbali, Maraini si recò dunque personalmente a Zurigo per curare l'allestimento di una mostra direttamente promossa dal regime, tanto che in un primo momento era stata prevista per l'inaugurazione la presenza dello stesso ministro Pavolini (poi sostituito da Ottaviano Koch).[42] In assenza, come già anticipato, di materiale fotografico relativo all'allestimento delle sale, le fonti a disposizione si riducono alle frammentarie descrizioni verbali. Una prima preziosa indicazione è lo stesso Maraini a fornircela nella già ricordata introduzione al catalogo:

> Due opere di giovani accolgono il visitatore all'entrare: sono un bassorilievo in terracotta dello scultore Rito Valla di Bologna e un affresco del pittore Giuseppe Leone di Napoli. Artisti entrambi giovanissimi, poco più che ventenni, che con le loro opere danno una idea del ritorno alla grande decorazione murale, cui il fascismo ha dato un grandioso impulso, con la construzione di innumerevoli edifici pubblici e con la fondazione sempre crescente di nuove città.[43]

---

40 Ivi, pp. 8-10.
41 Su questo aspetto decisivo della politica estetica del tardo fascismo si vedano in particolare le osservazioni di SALVAGNINI, *Il sistema delle arti in Italia*, cit., p. 85.
42 Cfr. verbale dell'8 ottobre 1940: «die Ausstellung [soll] hochoffiziellen Charakter erhalten, indem der Propagandaminister als Vertreter der Regierung aus Rom kommen wird».
43 *Ausstellung zeitgenössischer italienischer Maler und Bildhauer*, cit., p. 6.

Sia l'affresco di Leone (*Le nuove città*) che il bassorilievo di Valla (*La Gioventù Italiana del Littorio*) erano frutto dei concorsi indetti in occasione della XXII Biennale, della cui funzione "normalizzatrice" si è già detto. Con questi due giovani artisti l'allestimento si apre dunque nel segno di quel «ritorno alla grande decorazione murale» secondo i canoni appena discussi di un'arte di stato chiamata ad andare «verso il popolo». Il bassorilievo di Valla (vincitore del relativo concorso veneziano) aveva del resto già accolto i visitatori della Biennale nella rotonda all'ingresso del Palazzo dell'Italia, dove figurava insieme a due cere di Ercole Drei che ritraevano *Il Re e Imperatore* nonché *Il Duce*.[44] Le stesse cere che il visitatore del Kunsthaus si trovava di fronte nel varcare la soglia del museo, come ci informa un recensore della "Neue Zürcher Zeitung":

> Werke von grossdekorativer Art, die als Schmuck öffentlicher Bauten ihren Zweck am besten erfüllen werden, sind in der Treppenhalle, zusammen mit den plastischen Bildnissen des Königs und des Duce von Ercole Drei, ausgestellt: das aus vollplastischen lebensgrossen Figuren aufgebaute Relief *Jugendorganisationen* von Rito Valla und das motivisch stark belebte Fresko *Die neuen Städte* von Giuseppe Leone.[45]

Il passo ci fornisce qualche elemento più preciso circa la collocazione di queste opere, che sono infatti esposte nella «Treppenhalle», ovvero nell'atrio (la sala X nella fig. 1, per cui cfr. anche fig. 2) che collega i due scaloni tra primo e secondo piano e che da accesso al cosiddetto «Ausstellungsflügel»,[46] dove furono allestite le restanti sale della mostra (cfr. fig. 1, I-IX).

Il visitatore veniva dunque accolto da una scenografia volta a celebrare il regime esaltando con due monumentali esempi di decorazione murale quell'arte esplicitamente promossa dal fascismo.

Entrando dall'atrio nella detta ala espositiva dell'edificio si accedeva al «Kuppelsaal» (sala I nella fig. 1, per cui cfr. anche fig. 3) dove erano esposte alcune sculture, tra cui sono esplicitamente menzionate quelle di Quirino Ruggeri (tra cui *Paolo Balbo*), Ugo Carà (*L'atleta*) e Giuseppe Graziosi, caratterizzate da uno spiccato gusto classicistico specie nell'affrontare motivi graditi al regime. Di

---

44   Cfr. TOMASELLA, *Biennali di guerra*, cit., p. 38.
45   Cfr. «Neue Zürcher Zeitung» del 20 dicembre 1940: «nell'atrio [Treppenhalle], insieme a due ritratti scultorei del Re e del Duce di Ercole Drei, sono esposte opere decorative di grandi dimensioni che andranno ad abbellire gli edifici pubblici adempiendo in tal modo pienamente al loro scopo: il bassorilievo *La gioventù italiana del Littorio* di Rito Valla composto da figure plastiche a grandezza d'uomo, e l'affresco *Le nuove città* di Giuseppe Leone vivacissimo per ricchezza di motivi».
46   Sulle varie tappe della costruzione del Kunsthaus si veda in particolare Bendikt LODERER, *Die Baugeschichte des Kunsthaus Zürich 1910-2020*, Zürich, Scheidegger&-Spiess, 2021.

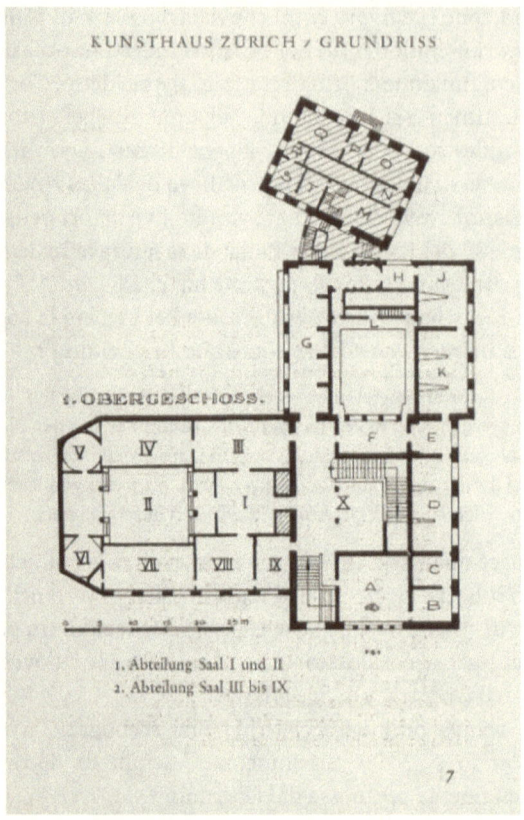

Figura 1 – La piantina del primo piano del Kunsthaus così come si presentava nel 1940. Le sale I-X sono quelle che ospitarono la mostra.

Graziosi (Professore presso l'Accademia di Belle Arti di Firenze) troviamo qui il busto che ritrae il suo collega *S. E. Felice Carena* al quale è dedicata la sala successiva, ovvero il salone d'onore («Grosser Ausstellungssaal», indicato col n. II nella fig. 1, per cui cfr. anche le figg. 4 e 5). La sala più importante viene dunque dedicata al discusso vincitore della XXII Biennale particolarmente stimato da Maraini e, in quanto accademico d'Italia, ufficialmente gradito anche al regime. Ebbene, basta osservare la disposizione delle dette opere nelle rispettive sale in base alla piantina riprodotta alla figura 1 per rendersi conto di come Maraini organizzi l'intero allestimento intorno ad un asse centrale improntato a criteri di massima ufficialità che in linea retta dall'atrio conduce al salone

Arte e propaganda 145

Kunsthaus: Aus dem Vestibül des 1. Stockwerks (nach der Aufnahme im Frühjahr 1910).

Figura 2 – L'atrio al primo piano salendo dal primo scalone. A sinistra l'ingresso all'«Ausstellungsflügel», in fondo a destra le scale per salire al secondo piano (foto: Baugeschichtliches Archiv der Stadt Zürich).

d'onore. Palese conferma degli intendimenti propagandistici di Maraini, del suo modo di interpretare il ruolo dell'allestimento a fini di "politica estera" e, quindi, dell'inestricabile intreccio tra discorso politico e discorso estetico.

Accanto alle opere di Carena (9), evidentemente disposte in modo da acquistare più rilievo, figuravano in questa stessa sala alcune vedute paesaggistiche di Arturo Tosi (9) e, sempre impostate su criteri espressivi veristici, le tele di Alberto Salietti (9).

Oltre alla detta personale di Carena, altre due personali caratterizzavano l'ossatura della mostra, ovvero quelle di Oppo (13 tele, di cui 11 effettivamente esposte) e di Carrà (11), in assoluto i più rappresentati.[47] Non si hanno notizie

---

47 Cfr. in tal senso l'elenco delle opere esposte contenuto nel catalogo della mostra *Ausstellung zeitgenössischer italienischer Maler und Bildhauer*, cit.

Figura 3 – Il «Kuppelsaal» con vista sul salone d'onore in occasione della mostra *Schweizerische Städteausstellung* del 1928.

Figura 4 – Il salone d'onore o «Grosser Ausstellungssaal» (foto: Baugeschichtliches Archiv der Stadt Zürich).

Kunsthaus: Großer Ausstellungsaal (nach der Aufnahme bei der Eröffnung im Frühjahr 1910).

Figura 5 – Il salone d'onore con sguardo verso il «Kuppelsaal» e l'atrio sullo sfondo (foto: Baugeschichtliches Archiv der Stadt Zürich).

certe circa l'ubicazione di queste due sale, ma è ipotizzabile che si trattasse rispettivamente della quarta e della settima, ovvero le più grandi (dopo il salone d'onore) insieme alla terza. I restanti artisti – De Pisis (9), Sironi (9), Severini (6), Funi (5) i più rappresentati – si spartivano infine gli spazi rimanenti intorno al detto asse centrale.

La critica

Nel complesso la critica sui quotidiani svizzzero-tedeschi fu abbastanza unanime nel giudicare mediocre, quando non addirittura «deludente», la mostra zurighese. L'inevitabile pietra di paragone fu la già ricordata mostra del 1927, rispetto alla quale quella del 1940 appariva fiacca e priva di quell'impeto espressivo che aveva determinato talune ricerche dei novecentisti. I motivi della sostanziale involuzione del panorama artistico italiano, a partire soprattutto dalla seconda metà degli anni Trenta, emergono *e contrario* attraverso le recensioni "fiancheggiatrici", tese cioè non solo a giustificare, ma a fare l'elogio della legislazione fascista in materia d'arte. Uno dei casi più eloquenti in questo senso è senz'altro l'articolo di Reto Roedel apparso sulla "Neue Zürcher Zeitung" il primo dicembre del 1940. Roedel – nato in Piemonte da famiglia grigionese, dal 1934 professore di letteratura italiana presso l'Alta Scuola e poi Università di San Gallo, autore di prose teatrali nonché di liriche, molto legato a Francesco Chiesa, e di sentimenti non avversi al regime mussoliniano – non esita infatti a legittimare quella che senza mezzi termini chiama l'«autarchia» dell'arte italiana, ovvero la volontà promossa dal regime fascista di emancipare l'arte italiana dall'influsso di modelli stranieri (e nella fattispecie francesi) in funzione del recupero di una tradizione esclusivamente italiana. Nessuna nazione, per storia e tradizione, poteva al pari di quella italiana, scrive Roedel, vedere in tale aspirazione addirittura un dovere, «un ritorno a se stessi, e cioè la possibilità di estrarre nuova forza dalla propria terra». Il discorso di Roedel si spinge ancora oltre, fino a giustificare, con argomenti che si commentano da soli, tutti quegli sforzi strutturali e istituzionali (dai ministeri, ai concorsi, ai sindacati, alle organizzazioni universitarie e via dicendo) volti a promuovere un' "arte di stato":

> Es ist klar, dass alle diese organisierten Bemühungen um die Kunst vor allem eine Kunst mit historisch-politischem Hintergrund im Auge haben. Das mag überempfindlichen Aestheten einen Schock versetzen, kann aber denjenigen nicht stark stören, der der Meinung ist, dass eine neu erwachende geistige Kraft das Bestreben hat, auf die reale Welt umgestaltend einzuwirken. Haben nicht die Römer den Reliefs an den Denkmälern Trajans, von Nerva bis Commodus und unter Konstantin, einen epischen Charakter mit der offensichtlichen Absicht einer Verherrlichung [sic]? Bediente sich nicht die Kirche in der glänzendsten Periode ihrer Geschichte der Kunst für die Zwecke der religiösen Erziehung und zur Zeit der Gegenreformation auch für die Zwecke einer leidenschaftlichen Propaganda? Und wer wagte zu sage, dass dies der Kunst geschadet habe? Wurden Michelangelo, Raffael oder Tizian an der Schaffung von Meisterwerken gehindert, weil ihre Auftraggeber von ihnen Darstellung bestimmter Motive verlangten?[48]

---

48 Reto ROEDEL, *Zeitgenössische italienische Kunst*, in «Neue Zürcher Zeitung», 1 dicembre 1940: «È chiaro come tutti questi sforzi organizzativi intorno all'arte mirino ad un'arte a sfondo storico-politico. Questo può scioccare qualche esteta dalle nari particolarmente sensibili, ma non può invece disturbare chi è del parere che il destarsi di una nuova forza spirituale non possa non ambire ad agire sul mondo reale per trasformarlo. I romani non hanno forse conferito ai bassorilievi sui monumenti di Trajano, da Nerva a Commodus e sotto Costantino, un carattere epico esplicitamente finalizzato alla pubblica glorificazione? E la Chiesa, nel periodo più illustre della sua storia, non si è forse servita dell'arte a scopi pedagogici e, al tempo della controriforma, anche a scopi appassionatamente propagandistici? E chi oserebbe dire che ciò abbia

Più che recensire la mostra, Roedel sembra voler legittimare le premesse ideologiche da cui muove l'allestimento, fungendo di fatto, volente o nolente, da portavoce della linea ufficiale del regime, cosa che non doveva certo dispiacere a Maraini.

Quanto fosse immediatamente riconoscibile il carattere ufficiale della mostra lo testimonia una recensione (firmata con le iniziali "er.") apparsa sul quotidiano zurighese indipendente "Die Tat", che descrive l'allestimento come una «mostra di arte di stato e di artisti corporativisticamente inquadrati», pur concedendo al fascismo, rispetto al nazismo, una maggiore apertura verso l'aborrita arte astratta:

> Zwar fehlen an der Ausstellung – nota giustamente il recensore – die für Italien geradezu übertypischen Futuristen, die den Dynamismus in der Kunst verkündeten, bevor ihn der Faschismus in der Politik verwirklichte. Dagegen sind die übrigen – malerisch weit wertvolleren – Modernen vertreten, wenn auch in einer Auswahl ihrer Werke, die nur einen ungenügenden Begriff von ihrer Kunst vermittelt und weniger ihrer individuellen Tendenz als der offiziellen Tendenz eines gemässigten Verismus entsprechen.[49]

L'esclusione di Prampolini – che pure nella lista del Kunsthaus figurava, su segnalazione di Scheiwiller, tra gli indispensabili – decretò di fatto, come non manca di osservare il nostro recensore, la totale assenza di rappresentanti del futurismo che, invece, alla XXII Biennale occupavano due sale indipendenti coordinate direttamente da Marinetti. Ma a parte questo colpisce la precisione con cui il recensore coglie lo scarto tra ciò che promettono i *nomi* di alcuni tra i maggiori rappresentanti del modernismo pittorico (e, nella fattispecie, ovviamente i "francesi" Campigli, De Chirico, De Pisis lo stesso Severini e via dicendo) presenti alla mostra, e ciò che nei fatti offrono invece le *opere* esposte, selezionate secondo un criterio di maggiore o minore rispondenza al canone verista. I dipinti di De Chirico, ad esempio, appaiono al nostro visitatore come «cagionevolmente oscillanti tra realismo politicizzante e surrealismo poetico»; l'opera di Severini sembra ridursi a quadretti di genere, e qualcosa di simile suggeriscono anche i quadri esposti di Campigli. Nel complesso, quindi, il

---

nuociuto all'arte? I committenti che a Michelangelo, Raffaello o Tiziano chiedevano la raffigurazione di determinati motivi hanno forse impedito a questi artisti di creare dei capolavori?».

49 [Non firmato], *Moderne italienische Kunst*, in «Die Tat», n. 277, 23/24 novembre 1940: «È vero che manca alla mostra la presenza tipicamente italiana dei futuristi, che annunciarono il dinamismo nell'arte prima che il fascismo lo realizzasse nella politica. In compenso sono rappresentati gli altri moderni – artisticamente di gran lunga più preziosi –, seppure in una selezione delle loro opere che non riesce a fornire un'idea sufficiente della loro arte e che pare corrispondere non tanto alla tendenza individuale quanto alla tendenza ufficiale di un moderato verismo».

recensore evoca un panorama abbastanza depresso, dove i grandi nomi presenti più che riscattare il quadro complessivo della mostra sembrano, al contrario, alimentare la delusione per l'assenza della parte più valida della loro opera.

Più circostanziato, ma non diverso nella sostanza, è invece il giudizio di un altro recensore in un articolo apparso sul mensile "Das Werk". Rispetto alla forza dirompente della mostra del 1927 quella del 1940 appare al nostro:

> più calma, più equilibrata, più mite. Alcune invenzioni pittoriche estreme documentano come l'Italia non pretenda la discriminazione di un' "arte degenerata". Tuttavia la tendenza generale mira alla comprensibilità, all'enfasi del sano e del popolare e, quando può, alla traduzione formale di motivi significativi derivanti dalla vita nazionale. In tutto ciò restano comunque palpabili i legami stilistici con correnti e scuole precedenti, e nel caso della scultura emerge soprattutto un tratto classicheggiante e idealizzante.[50]

Anche in questo caso l'indirizzo complessivo della mostra emerge in modo evidente. La presenza degli artisti riconducibili alle indicazioni di Scheiwiller appare di fatto depotenziata dal modo in cui furono selezionate le loro opere per l'esposizione zurighese. Non è dato sapere come tale selezione sia avvenuta. Dai verbali si apprende che Scheiwiller avrebbe permesso ai due funzionari del Kunsthaus recatisi appositamente in Italia di visitare, a Milano, alcune non meglio specificate collezioni private.[51] Ma da cosa sia effettivamente dipesa la scelta delle opere, se dalla difficile reperibilità di molti dipinti messi in salvo a causa della guerra oppure dal vaglio di Maraini (o da entrambi questi fattori), le fonti disponibili non consentono di dirlo con sicurezza. Di certo però il tenore delle tele esposte non doveva dispiacere più di tanto a Maraini, vista la loro tendenza a convergere, sia pur con qualità e stili diversi, verso i canoni imperanti. Resta il fatto che la presenza di questi artisti finiva comunque per avere un effetto constrastivo nell'economia della mostra, nel senso che introduceva nell'allestimento uno spazio *latente*, ovvero la presenza assente della parte

---

50 Cfr. Eb., *Italienische Kunst in Zürich*, in «Das Werk. Schweizer Monatsschrift für Architektur, freie Kunst und angewandte Kunst», Jg. 27, November 1940, Heft 11, pp. xii-xiv: «Heute wirkt alles ruhiger, ausgeglichener, milder. Einzelne extreme Bild-Erfindungen dokumentieren, dass Italien die Diskrimination einer «entarteten Kunst» nicht verlangt. Doch geht das allgemeine Bestreben auf Verständlichkeit, auf Betonung des Gesunden und Volkstümlichen und nach Möglichkeit auf Gestaltung bedeutsamer, dem nationalen Leben entspringender Motive. Dabei bleiben die Bindungen an frühere Richtungen und Schulen oft als selbstbestimmend fühlbar, und bei der Plastik tritt vor allem ein klassizistischer, idealisierender Zug in Erscheinung». Traduzione mia.
51 Si veda in particolare il già citato verbale dell'8 ottobre 1940.

più rilevante e storicamente più significativa della produzione dei detti artisti che non poteva non sfuggire, come di fatto non sfuggì, al pubblico più attento (memore anche dell'esposizione del 1927). Se questo da un lato certo non giovò alla ricezione della mostra, dall'altro però fece emergere "in negativo", per così dire, quello spazio *altro* che la Biennale del 1940 si era invece sforzata di eludere. Ed è proprio il palesarsi di questo spazio che fornisce la misura del contributo di Scheiwiller, tramite cui il Kunsthaus aveva tentato di assicurarsi un margine di manovra autonomo.

L'inaugurazione e la chiusura della mostra

La mostra fu inaugurata il 16 novembre del 1940 all'insegna della massima ufficialità istituzionale, ovvero alla presenza dei consiglieri federali Philipp Etter, Ministro dell'Interno, e Enrico Celio, capo del Dipartimento federale delle Poste e delle Ferrovie, nonché, per parte italiana, del Ministro plenipotenziario e Direttore Generale per i servizi della Propaganda al Ministero della Cultura Popolare Ottaviano Armando Koch. A suggerire ulteriormente il carattere ufficiale dell'evento, messo in scena come una vera e propria celebrazione dei rapporti di «amicizia» italo-svizzeri, la mostra era patrocinata da un comitato d'onore italiano, in cui spiccano i nomi del Ministro della Cultura popolare Alessandro Pavolini e del Presidente della Biennale di Venezia Giuseppe Volpi di Misurata, e da un comitato svizzero composto, tra gli altri, dallo stesso Etter e dall'ambasciatore svizzero a Roma Paul Ruegger.[52] Il discorso inaugurale fu tenuto da Giuseppe Zoppi, in qualità di vicepresidente dell'ASRI che aveva patrocinato l'evento. Come riportano i quotidiani dell'epoca, dove l'evento inaugurale trovò ampia risonanza, Zoppi esordì sottolineando l'importanza che storicamente l'arte italiana da Holbein in poi aveva rivestito per gli artisti svizzeri, per tessere poi gli elogi dell'arte italiana contemporanea il cui pacato modernismo (specie se paragonato al fermento avanguardistico che aveva caratterizzato i primi due decenni del secolo) rispecchierebbe il senso del bello

---

52 Gli altri membri dei rispettivi comitati erano il Ministro d'Italia a Berna Attilio Tamaro, il Presidente della Confederazione Nazionale Fascista dei Professionisti e degli Artisti Cornelio Di Marzio, il già ricordato Ottaviano Koch, il Console Generale d'Italia a Zurigo Bruno Gemelli e Marino Lazzari, Direttore Generale delle Belle Arti al Ministero dell'Educazione Nazionale. Il comitato svizzero era invece composto, oltre che da Etter e Ruegger, da Agusto Giacometti (presidente della commissione federale di belle arti), Ernst Nobs (Consigliere di stato nonché presidente del governo cantonale di Zurigo), Emil Kloeti (Sindaco di Zurigo), Franz Meyer (Presidente della Zürcher Kunstgesellschaft) e Plinio Pessina (presidente dell'ASRI).

e dell'armonia che da sempre avrebbero costituito l'essenza dell'arte italiana.[53] Un'argomentazione, quella di Zoppi, perfettamente in linea con l'indirizzo espressivo esplicitamente promosso dal regime fascista.

Al discorso pomeridiano di Zoppi seguì, la sera, una conferenza di Maraini con proiezione di diapositive. Stando alle cronache giornalistiche dell'epoca l'intervento di Maraini, sulla falsariga di quanto già emerso nel corso della presente indagine, esaltò gli sforzi profusi dal regime per sostenere e valorizzare l'arte e gli artisti tramite mostre, organi corporativi e, soprattutto, l'istituzione di un'organizzazione sindacale volta a migliorare le loro condizioni di lavoro. Le sculture monumentali, i monumenti, i bassorilievi, i mosaici che Maraini proiettava alle pareti della sala conferenze del Kunsthaus avevano il compito di illustrare i risultati più significativi di tale politica culturale, ovvero un'arte che rispondendo alle esigenze dell'architettura (di un'architettura intesa come strumento di comunicazione di massa) andasse, secondo il precetto mussoliniano, «verso il popolo».[54] Nella sua conferenza Maraini riprese, dunque, e sviluppò sulla base di un arsenale di immagini ben più nutrito, quanto già accennato nella detta introduzione al catalogo in riferimento alla promessa riposta nelle giovani leve chiamate ad emanciparsi dal «quadro da cavalletto».

La mostra fu ben frequentata per un totale di 23'501 visitatrici e visitatori. La sera del 10 gennaio 1941, a due giorni dalla chiusura, la Zürcher Kunstgesellschaft organizzò, in collaborazione con l'ASRI, una conferenza di Carlo Carrà dal titolo *La pittura europea del novecento*. Nel salone d'onore (per cui cfr. figg. 4 e 5) Carrà illustrò i propri esordi in seno al futurismo al fianco di Boccioni, Russolo e Marinetti, facendo riferimento in particolare alla concezione dei manifesti e all'organizzazione delle serate futuriste in funzione rivoluzionaria. Poi evocò l'importanza della mostra parigina del 1912 che segnò la definitiva apertura europea del movimento attraverso i rapporti con i cubisti, e

---

53 Si veda in particolare l'articolo non firmato dal titolo *Eröffnung der italienischen Ausstellung im Zürcher Kunsthaus* apparso sulla «Neue Zürcher Zeitung» il 18 novembre 1940.

54 Ivi: «Er schilderte die mannigfaltigen Auswirkungen des Neuaufschwungs auf die allgemeine Hebung des Künstlerstandes, auf das Ausstellungswesen, die behördliche und korporative Kunstpolitik und die soziale Fürsorge für die Künstlerschaft. Eine der wichtigsten Richtlinien der staatlichen Kunstpflege ist die gegenseitige Annäherung von Kunst und Öffentlichkeit, die Steigerung des nationalen Kunstbewusstseins und Kunstgeniessens. Die Illustrationen zu seinen schlicht und sachlich formulierten Darlegungen wählte Prof. Maraini aus der grossen Zahl der Monumentalskulpturen, Denkmäler, Wandbilder und Mosaiken, die als Werke öffentlicher Kunst geschaffen wurden».

le avanguardie inglesi e tedesche, fino al sodalizio con il gruppo di Lacerba. Rammentando il periodo del primo dopoguerra, fece quindi riferimento al movimento di Valori plastici e poi all'esperienza del già ricordato gruppo di Novecento per giungere, infine, ai contemporanei:

> Als Carlo Carrà – come scrive un cronista della NZZ – in seinem Vortrag auf eine grosse Zahl zeitgenössischer Künstler aus anderen Ländern hinwies, gab er mehr persönliche Aperçus als eigentliche Charakteristiken; er verlangte vom künstlerischen Schaffen vor allem die Vereinigung des Intellektuellen mit dem Intuitiven, der «Visione sensibile», und lehnte den Abstraktismus ebenso entschieden ab wie den Neurealismus. Ganz besonders lag ihm daran, die Rückkehr zur lebendigen Tradition als Gegengewicht zum Revolutionären zu rechtfertigen. Im Lichtbild führte Carlo Carrà eine grosse Zahl von Bildern italienischer Zeitgenossen vor, wobei er mit Lob keineswegs geudete.[55]

Il rifiuto dell'astrattismo e del neorealismo in funzione della «visione sensibile», nonché il ritorno alla tradizione, riassumono bene la posizione poetica dell'ultimo Carrà, evidenziando allo stesso tempo i punti di contatto con alcuni dei canoni estetici promossi dal regime. La parabola artistica di Carrà, così come egli stesso veniva definendola nel corso della sua conferenza zurighese, riassumeva in sé, per molti versi, la parabola del modernismo in Italia, che dopo gli incendiari esordi di inizio secolo si rifugiava adesso in un pacato recupero della tradizione. Sebbene per vie assai diverse, che facevano ora più ora meno tesoro del bagaglio dell'esperienza modernista, fu forse proprio questa la cifra che in generale distinse più di altre l'allestimento delle sale zurighesi.

Nota conclusiva

Gli elementi emersi nel corso della nostra indagine ci permettono di fare, in conclusione, alcune osservazioni sulle dinamiche dei rapporti culturali italo-svizzeri durante il periodo del tardo fascismo. Intanto va sottolineato come l'iniziativa della mostra nasca direttamente dal Kunsthaus che in un primo momento inizia a muoversi, per la sua realizzazione, attraverso canali in primo

---

55 Cfr. non firmato, *La pittura del novecento*, in «Neue Zürcher Zeitung», 13.1.1941: «Durante il suo intervento Carlo Carrà ha fatto riferimento a diversi artisti di altri paesi parlandone, tuttavia, in termini di testimonianze personali più che di caratteristiche vere e proprie. Dal fare artistico pretende in primo luogo l'unione dell'intelletto e dell'intuito, ovvero la «visione sensibile», rifutando in modo deciso sia l'astrattismo che il neorealismo. In particolare gli preme giustificare il ritorno alla tradizione viva come conrappeso al rivoluzionario. Nelle diapositive Carlo Carrà ha presentato un gran numero di italiani contemporanei, senza tuttavia spendersi in lodi».

luogo non istituzionali, come dimostra il rapporto con la casa editrice Hoepli. È solo in un secondo momento che, tra i fragori della guerra, entrano in scena i canali ufficiali, determinando un netto riequilibrio delle dinamiche organizzative. Wartmann si rende conto che una mostra di arte italiana assume in quel dato momento storico un signficato che travalica il mero interesse artistico, per sconfinare negli interessi della politica nazionale. Non a caso la giunta esecutiva decide di rivolgersi direttamente al Ministero degli Interni, nella persona di Philipp Etter, per avere un parere circa l'opportunità politica della mostra, ma anche per chiedere il riparo delle istituzioni governative. Etter non ritiene inopportuno l'allestimento della mostra, acconsente di patrocinare l'evento come membro del comitato d'onore e presenzia di persona, insieme a Celio, alla cerimonia inaugurale. È chiaro che il discorso qui ormai trascende la dimensione prettamente estetico-culturale iscrivendosi in una logica di convenienza diplomatica. La presenza dei due consiglieri federali va letta cioè come un gesto di amicizia politico-istituzionale verso un regime che in quel preciso momento storico, con la guerra che sembra ormai prospettare un'Europa governata dall'asse, si trova in una posizione di forza rispetto alla Confederazione elvetica.

Va sottolineato in tale contesto il ruolo assunto dagli intellettuali elvetici che, come nel caso specifico dimostrano Zoppi e Roedel, si rivelano perfettamente organici alle finalità politiche del governo svizzero. Celebrando i legami culturali che uniscono l'Italia e la Svizzera, i due docenti universitari finiscono infatti per legittimare sia, come nel caso di Zoppi, i canoni estetici promossi dal regime fascista, sia, come nel caso di Roedel, la politica culturale che li sostiene. Entrambi si allineano in tal modo sulle posizioni di Maraini il quale, dopo il detto riassetto degli equilibri organizzativi, aveva preso decisamente in mano le operazioni per la concreta realizzazione della mostra: non solo impone alcuni artisti contro il parere del Kunsthaus, non solo cura la concezione del catalogo facendolo stampare (forse per motivi logistici) in Italia (quando il Kunsthaus aveva espressamente richiesto di farlo in Svizzera),[56] ma si occupa anche in prima persona dell'allestimento delle sale. L'apporto di Scheiwiller, al quale fa

---

56 In una lettera del 14 ottobre 1940 Wartmann scriveva a Maraini: «Für den Katalog erwarten wir gern baldmöglichst den vollständigen Text mit dem Verzeichnis des italienischen Ehrenkomite und guten Photographien als Vorlagen für vielleicht 16 Abbildungen. Wir werden den Katalog gern in Zürich drucken lassen, wie auch hier die Clichés für die Reproduktion und der Druck der Abbildungen besorgt würden» (Archiv Kunsthaus, fascicolo 2001.002.073). La lettera di Wartmann faceva seguito ad una esplicita richiesta della giunta esecutiva che, come riporta il verbale dell'8 ottobre 1940, si era opposta alle intenzioni di Maraini di stampare il catalogo in

affidamento il Kunsthaus, viene così inevitabilmente ridimensionato, pur conservando, per quel che riguarda la scelta degli artisti da esporre, una minima funzione di contrappeso rispetto all'azione di Maraini. Ma anche in questo caso lo spazio di manovra autonomo del Kunsthaus appare abbastanza limitato rispetto a quanto ci si era ripromessi nella prima fase delle negoziazioni. L'imposizione delle opere di Oppo e la posizione di rilievo data a Carena nell'allestimento (Carena che, ricordiamolo, non figurava neanche tra gli artisti di particolare interesse nell'elenco del Kunsthaus) testimoniano come l'impronta decisiva venga impressa alla mostra da Maraini. Di conseguenza l'allestimento assunse quel carattere ufficiale che sotto il fascismo significava la strumentalizzazione della cultura ai fini della legittimazione del regime.

Restano in ombra, in tutto ciò, le due figure che inizialmente erano state alla base del progetto della mostra, ovvero Karl Hügin, Presidente della Ausstellungskommission, e Wilhelm Wartmann, direttore del Kunsthaus. Nel catalogo i loro nomi certo compaiono tra quelli del comitato organizzativo, ma risultano decisamente secondari rispetto al ruolo dominante assunto via via da Maraini. Se Wartmann, in occasione della mostra del 1927, aveva firmato l'introduzione al catalogo, ecco che nella mostra del 1940, invece, la sua voce scompare, tanto che non interviene nemmeno in occasione dei discorsi inaugurali. Quale che sia il valore da dare a questo silenzio, di certo testimonia come l'occasione della mostra abbia finito per assumere connotati e dimensioni che trascendevano gli intendimenti di chi concepiva la mediazione culturale in termini meno asserviti alla ragion di stato.

Italia (cfr. Archiv Kunsthaus Zürich, Sitzungsprotokolle Ausstellungskomission 1940-1943, fascicolo 10.30.10.32).

Alessandro Bosco

2 «E cantano ancora». Un capitolo inedito della ricezione di Max Frisch in Italia (1946-1959)

«Un perfetto Carneade in Italia». Tale era Max Frisch agli occhi di *Lavinia Mazzucchetti, quando nell'autunno del 1957 la celebre germanista inviava a Mondadori il proprio parere di lettura su *Homo faber*, il secondo romanzo di Frisch dopo *Stiller* pubblicato da Suhrkamp nel 1954. Di *Stiller* Mondadori aveva acquistato i diritti nel dicembre del 1955, e anche in quell'occasione Mazzucchetti aveva espresso la propria esitazione «di fronte all'impresa di dare al pubblico italiano un volume così costoso per traduzione e mole di un nome del tutto ignoto a noi, e non proprio debuttante, perché Frisch mi pare di ricordare sia già calvo...».[1] Fatto sta che quando Mazzucchetti nell'autunno del 1957 si trovò a dover dare il proprio giudizio su *Homo Faber*, *Stiller* in Italia non era ancora uscito:

> Non so per quali ragioni – scriveva dunque Mazzucchetti – *Stiller*, il "grande" romanzo di Frisch, è stato acquistato ma non pubblicato dalla Mondadori. Certo tale fatto, l'essere cioè Max Frisch un perfetto Carneade in Italia, dove anche il suo teatro non è giunto, rende un poco difficile la decisione circa questo romanzo meno ponderoso e forse meno direttamente cattivante per il grosso pubblico.[2]

Sul margine di questo dattiloscritto recante il parere di Mazzucchetti, Elio Vittorini annota a penna blu:

> Romanzo [*Homo faber*] scritto sotto forma di diario, e perciò meno aperto alla lettura dell'altro romanzo di questo autore [cioè *Stiller*] che noi abbiamo acquistato da tempo e non ancora pubblicato. Questo lo lascerei perdere, salvaguardandoci però il diritto di opzione per i libri futuri. E sottolineo intanto il sollecito che ci fa la Mazzucchetti circa la pubblicazione del già acquistato "Stiller".[3]

Complice soprattutto la pubblicazione del romanzo in Francia, *Stiller* fu finalmente pubblicato da Mondadori nel 1959, mentre *Homo faber* passò a Feltrinelli

---

1 Lavinia Mazzucchetti, Parere di lettura su *Stiller* di Max Frisch, 31 agosto 1955, Fondazione Arnoldo e Alberto Mondadori, Milano, Archivio storico Arnoldo Mondadori editore, sez. segreteria editoriale Estero - AB, busta 30 fasc. 65 (Max Frisch)
2 Ead., Parere di lettura su *Homo faber* di Max Frisch, 15 ottobre 1957, ivi.
3 Ibidem. Sono grato a Demetrio Vittorini, erede di Elio Vittorini, per aver autorizzato la pubblicazione del presente passo.

che lo pubblicò nello stesso anno, a soli tre mesi di distanza dall'uscita di *Stiller*. Il resto è storia più o meno nota. Chi scrive ha studiato qualche anno fa la sapiente regia manageriale con la quale Enrico Filippini – ticinese di nascita, tra i fondatori del Gruppo 63 e redattore presso Feltrinelli dal 1959 al 1968 – lanciò l'opera di Frisch in Italia a cavallo tra la fine degli anni Cinquanta e l'inizio dei Sessanta.[4] Barbara Bellini ha invece esteso anche cronologicamente l'indagine sulla vasta questione della ricezione di Frisch in Italia basandosi sul corpus delle recensioni e dei pareri di lettura.[5]

Del tutto ignoto, e le parole di Mazzucchetti appena riportate stanno lì a testimoniarlo, è rimasto invece fino ad oggi un altro capitolo della ricezione di Frisch in Italia, ovvero la pubblicazione nel febbraio del 1947 della traduzione dell'opera che segnò il debutto teatrale di Max Frisch e, con esso, la rapida ascesa internazionale della sua carriera di drammaturgo e scrittore. Stiamo parlando ovviamente di *Nun singen sie wieder*, dramma in due parti rappresentato per la prima volta allo Schauspielhaus di Zurigo il 29 marzo del 1945, poche settimane prima del termine della seconda guerra mondiale. Ebbene, la traduzione italiana e integrale di *Nun singen sie wieder* fu pubblicata col titolo *E cantano ancora* sull'allora neonata rivista teatrale "Sipario" per la cura di Fantasio Piccoli.[6]

Colpisce intanto la tempestività con cui la rivista pubblica il dramma frischiano che era uscito solo pochi mesi prima per i tipi dello Schwabe Verlag di Basilea.[7] Frisch era allora anche in Svizzera un autore pressoché sconosciuto (non a caso viene presentato da Schwabe come «un giovane poeta svizzero»), che però si era fatto notare per alcune prove romanzesche e per alcuni pezzi giornalistici che andava pubblicando in primo luogo sulla "Neue Zürcher Zeitung". La rivista "Sipario", diretta da Ivo Chiesa e Gian Maria Guglielmino, perseguiva invece l'intento di fornire ai propri lettori «un'antologia quanto mai puntuale del teatro del nostro tempo», pubblicando le traduzioni delle «opere

---

4 Cfr. Alessandro Bosco, *Enrico Filippini e la ricezione di Max Frisch in Italia:* Stiller, Homo faber *e il* Diario d'antepace *(1959-1962)*, in Tatiana Crivelli-Laura Lazzari (a cura di), *«Chi sono io? Chi altro c'è lì?». Prospettive letterarie dalla e sulla Svizzera italiana*, Firenze, Cesati, 2016, pp. 45-66.
5 Cfr. Barbara Bellini, *La ricezione editoriale di Max Frisch in Italia. (1959-1973). Ascesa di uno svizzero engagé*, in «Ticontre. Teoria Testo Traduzione», n. 11, giugno 2019, p. 299-326.
6 Cfr. *Nun singen sie wieder / E cantano ancora*, due parti di Max Frisch tradotte e presentate da Fantasio Piccoli, in «Sipario. Rassegna mensile dello spettacolo», a. II, n. 9-10, febbraio 1947, pp. 37-53.
7 Cfr. Max Frisch, *Nun singen sie wieder*, Basel, Schwabe Verlag, 1946.

più importanti e significative del teatro contemporaneo italiano e straniero».[8] In questa logica rientrava dunque anche la pubblicazione del *Nun singen sie wieder* di Frisch che, infatti, nel numero di novembre-dicembre del 1946 veniva annunciata nei termini seguenti: «*E cantano ancora*, opera di singolare e notevole importanza ha costituito uno dei più grandi successi allo Schauspielhaus di Zurigo. Presentandola al pubblico italiano "Sipario" ancora una volta mantiene l'impegno di allineare nelle sue pagine l'antologia più preziosa e puntuale del teatro contemporaneo».[9] In quest'antologia la parte del leone la facevano le autrici e gli autori statunitensi (Connelly, Wilder, Sherwood, Saroyan, Wright, Hellman, Shaw, ecc.) e francesi (Sartre, Camus, Mauriac, Anouilh, Salacrou, Gide, Marcel, e via dicendo). Oltre all'austriaco Arthur Schnitzler (morto nel 1931) gli unici rappresentanti dell'area germanofona erano Brecht, con *Terrore e miseria del III Reich*, e Frisch, con *E cantano ancora*. Tale dato risulta assai significativo se messo in relazione ai testi pubblicati nello stesso arco di tempo dall'editore Rosa e Ballo nelle collane "Teatro" e "Teatro Moderno" dirette da Paolo Grassi. Come ha ben messo in evidenza Michele Sisto, autore di un recente studio sulle dette collane dell'editore milanese, oltre un terzo dei titoli teatrali pubblicati da Grassi per la Rosa e Ballo (18 su un numero complessivo di 46) provengono infatti dall'area germanofona: Büchner, Hebbel, Kaiser, Wedekind, Hofmannsthal, Toller, Schnitzler, Brecht. Se è vero, come afferma Sisto, che le scelte di Grassi erano principalmente orientate dal suo interesse per la tradizione dell'espressionismo tedesco, è anche vero tuttavia, ed è sempre Sisto a sostenerlo, che l'obiettivo principale di Grassi non era tanto quello di scoprire nuovi autori, bensì di mettere assieme un repertorio di opere già affermate e riconosciute che avrebbero dovuto garantire anche l'affermazione e il riconoscimento delle collane di Grassi nel panorama della cultura teatrale italiana del secondo dopoguerra.[10] Resta il fatto che, quali che fossero i motivi dell'esclusione di Frisch dal canone grassiano, tale esclusione avrebbe di fatto segnato una condanna per le future sorti del teatro di Frisch in Italia. Quando Grassi nel 1953 prese in mano quella che in pratica fino ai nostri giorni è rimasta la più influente collana teatrale in Italia, ovvero l'einaudiana "Collezione di teatro", Frisch era già un drammaturgo affermato a livello internazionale. Eppure

---

8   Cfr. «Sipario. Rassegna mensile dello spettacolo», a. I, n. 1, maggio 1946, p. 34.
9   Cfr. «Sipario. Rassegna mensile dello spettacolo», a. I, n. 7-8, novembre-dicembre 1946, p. 7.
10 Cfr. Michele SISTO, *Rosa e Ballo and German literature in Italy: the genesis of an intellectual network and the production of a new repertoire in the field of theatre*, in «Journal of Modern Italian Studies», 21:1, 2016, pp. 65-80.

dovette aspettare l'iniziativa di Filippini e la disponibilità di Feltrinelli per assistere nel 1962 alla prima rappresentazione di un suo dramma in Italia, che poi fu *Andorra*, messo in scena dalla Compagnia dei Quattro di Franco Enriquez presso il teatro Manzoni di Milano. Per l'occasione Feltrinelli ristampò il dramma in un volume a sé stante, mentre pochi mesi prima lo stesso editore aveva pubblicato, per la cura di Filippini, un volume che conteneva per la prima volta in Italia la traduzione di una scelta dei più significativi drammi di Frisch.[11]

Ma torniamo al *Nun singen sie wieder* pubblicato, come detto, nel 1947 su "Sipario". Nel 1962, nel pieno fervore del lancio di Frisch in Italia, nessuno evidentemente se ne ricordò, a cominciare da Filippini stesso. Il che stupisce fino ad un certo punto, visto che già nel 1947 quella pubblicazione era passata praticamente inosservata. Eppure, come abbiamo visto, "Sipario" ne aveva annunciato la pubblicazione sull'onda dell'enorme successo che il dramma aveva riscontrato sul palco forse allora più importante della scena teatrale europea, ovvero lo Schauspielhaus di Zurigo. Proprio Paolo Grassi, come inizialmente annunciato da Sipario,[12] avrebbe inoltre dovuto presentare il dramma di Frisch, cosa che poi in realtà non avvenne, sicché fu alla fine lo stesso traduttore, cioè Fantasio Piccoli, ad introdurre il testo. Che il nome di Grassi si trovi qui associato al dramma di Frisch, tuttavia, non è un caso. Come è emerso dalle ricerche d'archivio condotte insieme a Stefano Bragato, la traduzione del dramma di Frisch non pare sia stata commissionata né da "Sipario" né da altro editore e nacque per iniziativa privata di Piccoli, il quale, a traduzione ultimata, si rivolse a Grassi in cerca di una possibile sede di pubblicazione. Questo è quanto si desume da una lettera inedita inviata da Grassi a Piccoli il 15 luglio del 1946 che riporto qui integralmente:

> Caro Fantasio,
> ho letto il copione datomi da Diana Torrieri del lavoro di Frisch. Lo posseggo anch'io in tedesco "Nun singen sie wieder" ma, da due anni e più, cioè da quando non ho più tradotto nulla, leggo male la lingua germanica e mi è fatica seguire un testo.
> La tua traduzione è buona, spesso assai felice; il lavoro non direi che entusiasma, è molto "svizzero" come costume, linguaggio, mentalità: la sua scrittura letteraria ricorda il lago di Lucerna.

---

11 Max FRISCH, *Il teatro*, a cura di Enrico Filippini, trad. di Enrico Filippini e Aloisio Rendi, Milano, Feltrinelli, 1962. Il volume conteneva le seguenti opere: *Öderland, Don Giovanni o l'amore per la geometria, La grande rabbia di Philipp Hotz, Omobono e gli incendiari, Andorra*.

12 Cfr. «Sipario. Rassegna mensile dello spettacolo», a. I, n. 7-8, novembre-dicembre 1946, p. 7.

È però interessante, cosa assai degna.
Vorrei parlarti in merito. Veder cosa si può fare. Soprattutto dato che esiste questa tua traduzione.
Io sono fraternamente amico di amici intimi di Frisch, e sono in contatto con lui.
Sarebbe opportuno, ripeto, vederci.
Ti saluto assai cordialmente!
Paolo[13]

Si tratta di un documento molto interessante e non soltanto, come vedremo subito meglio, per questioni strettamente editoriali. Da notare intanto il fatto che non solo Grassi dice di possedere anch'egli il lavoro di Frisch, ma di essere addirittura in contatto con lo scrittore attraverso delle comuni amicizie. Il dramma non lo entusiasma, ma è evidentemente Grassi a far sì che la traduzione di Piccoli venga da lì a poco pubblicata su "Sipario". Non a caso, la lettera di Grassi a Piccoli è scritta su carta intestata di "Sipario", sebbene Grassi non risulti esplicitamente tra i redattori della rivista. Dal fondo della Rosa e Ballo, e precisamente della sezione teatrale diretta da Grassi, sono inoltre emerse due lettere tra Grassi e il Theaterverlag Reiss di Basilea. La Reiss AG deteneva i diritti delle opere di Frisch (nonché di Brecht), e Grassi evidentemente si rivolse a Reiss per chiedere i diritti relativi a *Nun singen sie wieder*. La documentazione in merito è molto lacunosa visto che gli archivi del Theaterverlag Reiss sono stati mandati al macero negli anni '80.[14] Sappiamo tuttavia che Kurt Reiss perseguiva in quegli anni una precisa politica di espansione internazionale, e la diffusione delle opere di Frisch in Italia non poteva che essere una ghiotta opportunità in tal senso. Così, in una lettera alla Rosa e Ballo del 18 ottobre del 1946, Reiss, facendo riferimento ad una lettera precedente, chiede notizie su *Nun singen sie wieder*. La Rosa e Ballo risponde a distanza di un mese, il 18 novembre, nei termini seguenti: «Circa la pubblicazione e la rappresentazione del lavoro "NUN SINGEN SIE WIEDER" di Max Frisch Vi saremo precisi fra pochi giorni».[15] In assenza di ulteriori documenti che chiariscano a che tipo di

---

13 Lettera di Paolo Grassi a Fantasio Piccoli, Milano, 15 luglio 1946, Fondo Piccoli-Addoli, Milano, Biblioteca Università Cattolica del Sacro Cuore. Sono grato a Francesca Grassi, erede di Paolo Grassi, così come al prof. Paolo Biscottini e agli eredi di Fantasio Piccoli per aver autorizzato la pubblicazione della lettera.
14 Cfr. Werner WÜTHRICH, *Bertold Brecht und die Schweiz*, Zürich, Chronos, 2003, pp. 291-314.
15 Lettera dell'editore Rosa e Ballo al Theaterverlag Reiss di Basilea, Milano, 18 novembre 1946, Fondazione Arnoldo e Alberto Mondadori – Archivio Rosa e Ballo, fasc. Svizzera. La trascrizione del dattiloscritto è consultabile sul sito del progetto all'indirizzo https://www.rose.uzh.ch/static/gitachiasso/lettera-della-rosa-e-ballo-alla-theaterverlag-reiss-su-nun-singen-sie-wieder-di-m-frisch-18-novembre-1946/.

pubblicazione si facesse qui riferimento, non possiamo che avanzare qualche congettura.

Intanto va registrato che Grassi si rivolge a Reiss per conto della Rosa e Ballo e non per conto di "Sipario". Reiss, dal canto suo, non poteva che essere interessato a far pubblicare il dramma di Frisch nella collana teatrale di Grassi. Che vi fosse un esplicito progetto che mirava al mercato italiano pare confermato dall'esistenza, tra le carte del Max Frisch-Archiv di Zurigo, di un dattiloscritto inedito e non datato contenente la traduzione italiana di *Santa Cruz*, ovvero del primo dramma composto da Frisch nel 1944, ma rappresentato per la prima volta (sempre allo Schauspielhaus) un anno dopo il debutto con *Nun singen sie wieder*, quindi nel 1946. Ebbene, questo dattiloscritto reca il timbro del Theaterverlag Reiss indicandone così la provenienza. Con ogni probabilità si trattò quindi di una traduzione fatta su commissione di Reiss. Il timbro riporta inoltre l'indirizzo della prima sede dell'editore basilese, il che ci permette di datare il documento esattamente in quegli anni, cioè tra il 1946 e il 1949. Ciò che sappiamo è che né *Santa Cruz* né *Nun singen sie wieder* furono mai pubblicati dalla Rosa e Ballo, né da altro editore italiano. Grassi evidentemente scartò quest'opzione, ma procurò a Piccoli la possibilità di pubblicare la propria traduzione in rivista. Per il resto non sono note rappresentazioni di *Nun singen sie wieder* in quegli anni, a meno che dal Fondo Piccoli-Àddoli, attualmente in via di catalogazione, non emergano notizie in merito, visto che proprio nel 1947 Fantasio Piccoli aveva fondato la compagnia itinerante detta "il Carrozzone".[16]

Ma torniamo alla citata lettera di Grassi, il cui interesse, come detto, non si esaurisce certo in queste considerazioni di carattere strettamente editoriale. Ad attirare la nostra attenzione non può che essere il tipo di giudizio che Grassi esprime sul dramma di Frisch: «il lavoro non direi che entusiasma, è molto "svizzero" come costume, linguaggio, mentalità: la sua scrittura letteraria ricorda il lago di Lucerna».[17] Ora, esprimere un giudizio estetico in base al paese di origine di un autore è un'operazione abbastanza problematica. Se poi si fa addirittura ricorso al più classico degli stereotipi la cosa diventa decisamente equivoca. Fu lo stesso Frisch a mettere in evidenza tale atteggiamento verso gli

---

16 Dopo l'esperienza del "Carrozzone" Piccoli fondò il teatro stabile di Bolzano che diresse per molti anni prima di assumere, verso la fine degli anni Sessanta, la direzione del Teatro San Babila di Milano.

17 Lettera di Paolo Grassi a Fantasio Piccoli del 15 luglio 1946, Fondo Piccoli-Addoli, Milano, Biblioteca Università Cattolica del Sacro Cuore.

intellettuali svizzeri in un articolo pubblicato il 26 aprile del 1946 sulla "Neue Zeitung" di Monaco di Baviera in occasione di un soggiorno in quella città:

> Dieser Tage besuchte ich einen deutschen Intellektuellen, dem ich Grüsse und Nachrichten überbringen musste. Auch er schwärmt sofort von der Schweiz: Ich habe sie schon immer geliebt, wissen Sie, die Berge und Seen; wann werden wir wieder dahinkommen? Ich denke: vielleicht hast du auch S-cheveningen geliebt, immer schon, und die dalmatinische Küste und die norwegischen Fjords und die griechischen Hirten, die später als Partisanen an den Bäumen hingen. Damit allein, dass er unsere Landschaft liebt, stiftet er noch kein Vertrauen. Er spürte es. Wir kamen uns nicht näher, auch als er den Emmenthaler lobte, die Schokolade: Ihr Emmenthaler, Ihre Schokolade! Nun bin ich aber Schriftsteller und Architekt... Ich blickte auf die Uhr und erhob mich...[18]

Frisch si alza e se ne va perché di fronte a chi tende a ridurre la sua identità al suo paese d'origine, e per di più ad una visione stereotipizzata di quel paese, non si sente preso sul serio né in quanto scrittore né in quanto professionista. Evidentemente, e la lettera di Grassi lo dimostra, neanche in Italia l'opera di Frisch era immune da tali pregiudizi. In quell'immediato dopoguerra, poi, quei pregiudizi erano acuiti dal fatto che la Svizzera era stata risparmiata dal conflitto bellico: «Ach, Sie aus der Schweiz» – doveva spesso sentirsi ripetere Frisch –, «Sie haben ja keine Ahnung, was wir gelitten haben!».[19] Si trattava ovviamente anche di un modo per delegittimare chi, non essendo stato direttamente coinvolto nel conflitto, faceva della guerra un argomento letterario. A che titolo poteva prendere la parola chi aveva trascorso quegli anni nella felice e libera Svizzera, tra paesaggi integri, intatti, incontaminati, idilliaci, illibati, al riparo insomma dai venti della storia, come appunto suggerisce il mito iconografico del lago di Lucerna? Un lago su cui non si addensavano né lo *Sturm* né il *Drang* degli espressionisti tedeschi.

---

18 Max FRISCH, *Das Schlaraffenland, die Schweiz*, in «Neue Zeitung» (München), 26 aprile 1946, ora in ID., *Gesammelte Werke in zeitlicher Folge*, hrsg. von Hans Meyer unter Mitwirkung con Walter Schmitz, Frankfurt am Main, Suhrkamp, 1976, 6 voll., II, pp. 312-318, a p. 317. «In questi giorni ho fatto visita ad un intellettuale tedesco al quale dovevo portare dei saluti e delle notizie. Anche lui si dice subito entusiasta della Svizzera: li ho sempre amati, sa, le montagne e i laghi; quand'è che riusciremo a ritornare da quelle parti? Io penso: forse hai amato anche S.cheveningen, da sempre, e la costiera dalmatina e i fjords norvegesi e i pastori greci che più tardi da partigiani pendevano agli alberi. Solo col fatto di amare il nostro paesaggio non suscita confidenza. Se ne accorse. Non ci sentimmo più vicini neanche quando si mise a lodare l'Emmenthaler, la cioccolata: il vostro Emmenthaler, la vostra cioccolata! Ebbene, io però sono uno scrittore e un architetto... Guardai l'orologio e mi alzai...»
19 Ibidem. «Ah, Lei dalla Svizzera... Lei non ha la più pallida idea di quello che abbiamo sofferto!»

Il discorso dal piano sociologico e antropologico scivola così verso quello più propriamente estetico. *Nun singen sie wieder* era un dramma che, come detto, rientrava nel vasto genere della letteratura di guerra. Ed era un dramma che poneva in primo piano *l'elaborazione di un lutto*. «Es sind Szenen,» – scriveva Frisch nella breve nota che accompagnava l'edizione Schwabe – «die eine ferne Trauer sich immer wieder denken muss».[20] In Italia tuttavia in quegli anni tra il 1945 e il 1946 il clima che agitava Grassi e il progetto della Rosa e Ballo era tutt'altro e molto diverso dalla frischiana elaborazione del lutto. Era un clima di speranza, di rivoluzione, di nuovo inizio, di ricostruzione, così ben descritto da Lavinia Mazzucchetti in un passo giustamente ricordato da Sisto:

> Fu con grata sorpresa e calda comprensione che a Milano, nell'ultimo non dimenticabile periodo della resistenza, io ascoltai i propositi e le speranze del gruppo di Paolo Grassi, Bruno Revel, Luigi Rognoni, Emilio Castellani, Giorgio Strehler ed altri, i sogni concretati poi dalla piccola tenace impresa editoriale Rosa e Ballo. Quei trentenni impazienti di attuare il proprio *Sturm und Drang*, riportavano fuori dalle macerie la nostra giovinezza sconfitta e tendevano istintivamente la mano ai vecchi sodali tedeschi [gli espressionisti appunto] caduti nella prima tappa di una lotta non dissimile.[21]

In tale contesto mal si integrava una proposta come quella di Frisch. E il tipo di giudizio (sbrigativo e riduttivo) che Grassi esprime sul *Nun singen sie wieder* è anche figlio di questa sostanziale incompatibilità dei rispettivi e contingenti slanci culturali.

Alla luce di questo quadro di riferimento, non certo favorevole alla ricezione del dramma frischiano in Italia, non può allora non colpire la precisione con cui Fantasio Piccoli formula invece il proprio giudizio sul *Nun singen sie wieder*. Nella già ricordata introduzione che precede la traduzione del dramma su *Sipario* e che inizialmente, come accennato, avrebbe dovuto scrivere Grassi, Piccoli infatti nota:

> Nel lavoro di Frisch la guerra esiste per una reale trasfigurazione, e non come arida didascalia. L'episodio è superato, nell'impegno di una ricerca morale, che eleva il lavoro su di un piano universale. Il panorama della guerra diventa panorama umano, al quale la guerra ha dato un particolare rilievo, ma non tutto il rilievo. La guerra, insomma, non esaurisce l'umanità, ma diventa un possibile modo di essere dell'umanità. Per questo l'autore – pur lasciandocelo indovinare – evita il fastidioso verismo di un'esatta riproduzione del soldato tedesco o del soldato inglese. A lui non interessa

---

20 «Sono scene che un remoto lutto deve sempre richiamare alla propria mente».
21 Lavinia MAZZUCCHETTI, *Primo ingresso dell'espressionismo letterario in Italia* (1964), in EAD., *Cronache e saggi*, a cura di Eva e Luigi Rognoni, Milano, Il Saggiatore, 1966, pp. 307-317, a p. 316.

una facile e contingente polemica contro il nazismo: a lui il nazismo interessa, per quel che rappresenta, di possibile, nell'umana natura.[22]

Quel che Piccoli coglie qui alla perfezione è la poetica di fondo del dramma frischiano, che rifugge da una rappresentazione diretta della guerra facendo appello ai valori universali di un'umanità destoricizzata.

Ora, questa poetica nel caso di Frisch ha un'origine ben precisa, ovvero l'estetica che caratterizzò lo Schauspielhaus di Zurigo dal 1938 in poi. Come in numerosi studi ha convincentemente dimostrato Ursula Amrein, infatti, per essere rappresentato a Zurigo un dramma doveva rispettare determinati criteri estetici, che Amrein riassume in questi termini: «Ausschlaggebend für eine Aufführung in Zürich war, dass die Stücke sich modellhaft mit dem klassischen Ideal eines überzeitlich gültigen Menschlichen vermitteln liessen».[23] Come abbiamo visto sulla scorta di Piccoli il *Nun singen sie wieder* soddisfa pienamente tali criteri, a cominciare dalla stessa scenografia che, come recita la nota di regia di Frisch, non deve in alcun modo evocare o dare l'illusione di una realtà, bensì profilare un modello: lo spettatore deve cioè sempre essere consapevole di trovarsi di fronte ad un gioco.

Più che in Brecht – che a Zurigo, vale la pena ricordarlo, si stabilì solo a partire dal 1947 – la poetica drammaturgica di Frisch trova dunque il suo immediato punto di riferimento nell'orientamento estetico dello Schauspielhaus, affermatosi dal 1938 in poi sotto la direzione di Oskar Wälterlin. Quel che tuttavia è stato in un certo senso rimosso dalla memoria storiografica è che tale estetica rispondeva alle esigenze di quel preciso indirizzo della politica culturale elvetica che prese il nome di "Geistige Landesverteidigung", la *Difesa spirituale del Paese. Quando lo Schauspielhaus viene ricordato come il teatro degli emigranti, come terra d'asilo degli scrittori in fuga dal nazismo, come luogo della resistenza al fascismo *tout court*, spesso si dimentica, come ha sottolineato Amrein, che antifascismo e "Geistige Landesverteidigung" non erano che due facce della stessa medaglia. In altre parole, l'antifascismo elvetico si traduceva, nei termini della "Geistige Landesverteidigung", in una difesa e

---

22 Fantasio Piccoli, *Introduzione*, in «Sipario. Rassegna mensile dello spettacolo», a. II, n. 9-10, febbraio 1947, pp. 37-38.
23 Ursula Amrein, *Kulturpolitik und Geistige Landesverteidigung – das Zürcher Schauspielhaus*, in Sigrid Weigel und Birgit Erdle, *Fünfzig Jahre danach. Zur Nachgeschichte des Nationalsozialismus*, Zürich, vdf Hochschulverlag an der ETH Zürich, 1996, pp. 281-324, a p. 302. «Per essere rappresentate a Zurigo era decisivo che le *pièces* fossero in grado di veicolare, nella forma astratta del modello, l'ideale classico del valore metastorico dell'"umano"».

rivendicazione di una presunta identità spirituale elvetica chiamata a custodire i valori dell'umanesimo europeo, gravemente minacciato dalla violenza distruttrice dei regimi nazifascisti. L'elvetismo inteso in quanto strenua difesa dell'identità spirituale europea equivaleva in tal senso ad un implicito atto di opposizione al nazifascismo. Su questa base Wälterlin elaborò l'estetica dello Schauspielhaus, facendo appello ad un ideale classico di cultura che guardava a Goethe e Schiller e che rivendicava il valore autonomo, assoluto e incorruttibile dell'arte. Erano questi i valori che andavano messi in scena sulla Pfauenbühne, questa "altra" e "migliore" Germania, che indirettamente e per contrasto, ma senza apertamente tematizzare il nazismo, evocava il Terzo Reich. In questo modo l'estetica di Wälterlin si distanziava nettamente da quella del suo predecessore Ferdinand Rieser che, nei cosiddetti "Zeitstücke", aveva apertamente denunciato gli orrori del nazismo, come ad esempio nel dramma *Die Rassen* di Bruckner che debuttò allo Schauspielhaus il 30 novembre del 1933. Se dunque, da un lato, l'estetica dello Schauspielhaus dal 1938 in poi rifugge dallo Zeitstück "politico", dall'altro si distanzia anche dall'espressionismo, verso il quale, in un'ottica vagamente lukacsiana, nutre delle riserve per via dei suoi ambigui rapporti con l'avvento del nazismo. In questo contemporaneo distanziarsi sia dal naturalismo sia dal modernismo, lo Schauspielhaus si faceva in tal modo latore di un'estetica moderata e fondamentalmente conservatrice, il cui richiamarsi ad uno spazio autonomo dell'arte ben si sposava con il principio della neutralità politica.

Ora, se è vero che l'estetica dello Schauspielhaus non è certo sufficiente per descrivere la complessa poetica di Frisch, è anche vero tuttavia che i debiti che l'autore di *Homo faber* contrae con tale estetica sono evidenti. Basti pensare che quando nel 1938, tra i crescenti fragori di guerra, Rieser finì sotto pressione per l'inasprirsi della dottrina politico-culturale elvetista, Frisch si schierò apertamente per un teatro che rispondesse ai canoni della "Geistige Landesverteidigung", pur declinando i toni espressamente nazionalistici propugnati ad esempio dall'Associazione svizzera degli scrittori: «Wir wollen eine Bühne,» – scriveva Frisch – «die der Kunst dient, nicht irgendeinem europäischen Block, und deren schweizerische Gesinnung ausser jedem Verdacht steht. – Wenn wir das nicht vermögen: dann lieber gar keine!».[24] E si noti come la rivendicazione

---

24 FRISCH, *Ist Kultur eine Privatsache? Grundsätzliches zur Schauspielhausfrage* (1938), in ID., *Gesammelte Werke in zeitlicher Folge*, cit., I, p. 98 sgg. «Vogliamo un palco che serva alla cultura e non a qualche blocco europeo, e il cui carattere svizzero sia fuori discussione. Se non siamo in grado di garantire questo, allora meglio rinunciarvi del tutto!».

del valore autonomo dell'arte venga qui messa in esplicita relazione con una «schweizerische Gesinnung», un carattere svizzero.

Insomma, alla luce di tutto ciò non stupisce che nel 1946 a Fantasio Piccoli Frisch si presentasse come un caso difficilmente collocabile nel panorama del teatro contemporaneo:

> Delle ultime esperienze del teatro contemporaneo, – scrive infatti Piccoli – Max Frisch non tiene gran conto. In lui si sente un'assoluta necessità di espressione, che trova forma in se stessa, e rifugge dalle mode come dalle esperienze altrui. Nel quadro del teatro contemporaneo Max Frisch è uno scontroso e un solitario. In bilico tra realismo e surrealismo, ha un mondo tutto suo, che si sottrae alle comuni definizioni.[25]

E in questo senso allora sì: *Nun singen sie wieder* è effettivamente, cioè al di là di ogni facile stereotipo, molto "svizzero".

---

25 PICCOLI, *Introduzione*, cit., p. 38.

Stefano Bragato e Raffaella Castagnola[1]

3 Editoria transculturale: Eros Bellinelli e i progetti editoriali *Il Roccolo* e *Pantarei*

*"Il Roccolo" e *"Pantarei" furono due imprese editoriali fondate da *Eros Bellinelli a Lugano, attive dagli anni Cinquanta agli anni Ottanta. Benché nate con modalità e scopi differenti, entrambe furono molto impegnate nella promozione degli scambi culturali tra Svizzera e Italia, anche attraverso l'appoggio di istituzioni come la RSI, il quotidiano "Libera Stampa" e l'associato «Premio Libera Stampa», iniziativa – questa – curata dallo stesso Eros Bellinelli.

L'analisi dell'attività di queste due imprese editoriali discute il materiale messo a disposizione sulla piattaforma del progetto *La gita a Chiasso*, con alcuni approfondimenti essenziali, e verte sulla costituzione di relazioni tra Svizzera e Italia nel dopoguerra. Dal 1945 emergono infatti, tra le altre, tre personalità ticinesi di rilievo nella facilitazione degli scambi culturali italo-svizzeri, tutte legate al settore della radio e della televisione (oltre che a quello letterario), e che furono assolute protagoniste della cultura svizzero-italiana nei decenni successivi: Grytzko Mascioni, Eros Bellinelli e Bixio Candolfi. Qui ci occuperemo, demandando lo studio dell'operato di Mascioni ad altra sede, del percorso culturale di Bellinelli, che come nel caso delle due iniziative culturali transnazionali "Il Roccolo" e "Pantarei" (e di quest'ultima, in particolare, la collana "L'Acero"), coinvolge, sebbene indirettamente, anche Candolfi, poiché tra i due sussisteva, fin dalla gioventù, un legame professionale e personale molto forte. Bellinelli e Candolfi si conobbero durante gli anni giovanili, e iniziarono poi una collaborazione professionale alla RSI, dove Bellinelli entrò in qualità di lettore grazie a un concorso per "voci nuove" nel 1941: a condurre la selezione fu il responsabile dei programmi parlati della RSI di allora, Fabio Jaeger. Iniziarono così le sue collaborazioni esterne ma regolari con la RSI, dal 1942 fino alla sua assunzione nel 1946 in qualità di redattore-giornalista. Dal 1965 Bellinelli divenne capo di vari settori, dapprima della RSI e poi della TSI, fino al suo pensionamento nel 1985. Bellinelli e Candolfi ebbero quindi modo di

---

1 Si ripubblica qui, con alcune modifiche e integrazioni, il saggio già uscito in «Opera nuova», 18, 2, 2018, pp. 87-103. Il lavoro di ricerca è stato svolto congiuntamente dall'autore e dall'autrice; della stesura del saggio si è occupato Stefano Bragato.

collaborare regolarmente e intensamente.² Sotto l'impulso di Eros Bellinelli nel 1959 fu poi creata una delle rubriche radiofoniche più longeve e apprezzate dal pubblico (fu trasmessa fino al dicembre 2008), *La Costa dei Barbari*, nata dalla collaborazione tra Candolfi e il milanese Gabriele Fantuzzi (i quali crearono lo pseudonimo Franco Liri, riferito alle valute dei loro due Paesi d'origine). Nel 1965 Bellinelli divenne quindi capo dei programmi culturali della RSI, nel 1970 capoprogramma del settore Educazione e Famiglia, e due anni dopo responsabile dell'intero settore culturale della radiotelevisione, dove promosse la realizzazione di diversi nuovi programmi. In qualità di documentarista radiofonico Bellinelli vinse i premi Saint-Vincent, Torino e Genova, e per l'insieme della sua attività radiofonica vinse nel 1969 il Premio "Ondas" della radio spagnola. Prima dell'esperienza alla RSI, Bellinelli era stato dal 1941 collaboratore radiofonico di Radio Monteceneri e redattore di "Libera Stampa", per cui aveva istituito nel 1947 il fortunatissimo «Premio Libera Stampa», la cui prima edizione fu vinta da Vasco Pratolini con *Cronache di poveri amanti*.³

"Il Roccolo" e "Pantarei" si collocavano all'interno della fioritura culturale del Cantone Ticino nel dopoguerra, in particolare nell'ambito dei rapporti con la cultura italiana. "Il Roccolo. Edizioni di poesia prosa narrativa e critica a cura di Eros Bellinelli" pubblicò sette titoli dal 1951 al 1955, mentre le edizioni "Pantarei" uscirono in due serie, una dal 1965 al 1984, in cui vennero pubblicati

---

2   Su Candolfi e la sua attività culturale nel dopoguerra cfr. Raffaella Castagnola, Maria Grazia Rabiolo e Diana Ruesch (a cura di), *Itinerari umani: omaggio a Bixio Candolfi: lettere dagli Archivi di cultura contemporanea di Lugano*, Firenze, Cesati, 1999; e la relativa voce del *Dizionario Storico della Svizzera* (www.hls-dhs-dss.ch/textes/i/I41565.php). Candolfi (Locarno, 1919) frequentò la scuola magistrale e le università di Losanna e di Berna, dove ottenne l'abilitazione all'insegnamento secondario. Fondò il circolo del cinema di Chiasso e fece parte del comitato centrale della Federazione svizzera dei cineclub e poi della commissione federale del cinema. Dal 1942 al 1967 fu docente di italiano e tedesco alle Scuole Commerciali di Chiasso. Iniziò a collaborare con la RSI nel 1943, e con la TSI dal 1963. Nel 1967 abbandonò l'insegnamento e divenne Capo del Dipartimento della Cultura della TSI e poi della RTSI, e dal 1977 direttore dei programmi della RTSI, finché non lasciò l'incarico nel 1984. Bellinelli e Candolfi rimasero legati in amicizia e complicità fino al rispettivo pensionamento.

3   Cfr. Nelly VALSANGIACOMO, *Dietro al microfono: intellettuali italiani alla Radio svizzera (1930-1980)*, Bellinzona, Casagrande, 2015, pp. 72-73; Eros BELLINELLI, *Il Premio "Libera Stampa"*, in Raffaella Castagnola e Paolo Parachini (a cura di), *Per una comune civiltà letteraria: rapporti culturali tra Italia e Svizzera negli anni '40*, Firenze, Cesati, 2003, pp. 55-67.

testi vari (è la collana "L'Acero", di cui ci si occuperà in queste pagine), e una dal 1968 al 1984, collegata alle mostre della Galleria Tonino a Campione d'Italia.

Bellinelli espose le ragioni dell'istituzione de "Il Roccolo" in un'intervista rilasciata il 16 novembre 1975 alla RSI, all'interno del programma "Paese aperto" (puntata *La cultura nella Svizzera Italiana e vicinanze*). Nell'intervista Bellinelli sottolineava come il mercato editoriale ticinese fosse piuttosto scarso, poiché i libri erano letti soprattutto da persone che facevano della lettura la loro professione e che, di conseguenza, non acquistavano spesso libri, ricevendoli in regalo. "Il Roccolo" si configurava quindi come un'attività non commerciale di rottura, senza scopo di lucro, il cui unico fine era di rendere un servizio alla cultura presentando autori inediti e spesso anticonformisti.[4] Motivazioni simili emergono anche da un breve articolo di lancio del primo titolo della collana (*Le strade rosse* di Adriano Soldini), pubblicato su "Libera Stampa" il 19 giugno 1951:

> *Le strade rosse* è il primo di una serie di libri di prosa, poesia, critica, narrativa, teatro e cinema che vedrà la luce sotto l'insegna di "Il Roccolo", edizioni che vogliono raggiungere due risultati:

1. favorire la pubblicazione dei testi degli scrittori ticinesi e particolarmente di quelli giovani;
2. sviluppare, attraverso la collaborazione di autori italiani, una necessaria azione comune fra l'Italia e il Canton Ticino in favore di un perfezionamento dei rapporti culturali fra italiani e svizzeri.[5]

La creazione delle edizioni "Pantarei" fu invece più direttamente collegata all'esperienza di "Libera Stampa" e del «Premio Libera Stampa»: diversi testi della collana "L'Acero" erano infatti apparsi precedentemente sulla pagina letteraria del quotidiano socialista, del quale molti autori erano da tempo collaboratori. "L'Acero" accolse dunque autori sia svizzeri sia italiani, più o meno famosi o affermati, tra cui figurano lo stesso Bellinelli, Alfred Andersch, Grytzko Mascioni o, in un'iniziativa congiunta con la RSI, Italo Calvino (di cui si parlerà nella seconda parte di questo saggio). Come accennato, dopo l'esperienza di questa collana "Pantarei" pubblicò una seconda serie di volumi, collegati all'attività culturale di Bellinelli per la Galleria Tonino di Campione d'Italia: ogni volume era infatti dedicato alla mostra di un artista che aveva esposto presso

---

4 Cfr. *La cultura nella Svizzera Italiana e vicinanze*, nel programma "Paese aperto", 16 novembre 1975, minuti dal 22 al 24.
5 *Le strade rosse*, in «Libera Stampa», 19 giugno 1951, p. 3.

la galleria, tra cui Giovanni Molteni (1973), Augusto Jäggli (1982), Remo Wolf (1985), ecc.[6]

La composizione delle collane

"Il Roccolo" conta sette titoli, editi dal 1951 al 1955 a Lugano e stampati dalla Tipografia "La Commerciale". Gli autori, tutti uomini, sono ticinesi, e i testi variano tra prosa, poesia e traduzioni:

1. Adriano Soldini, *Le strade rosse: prose*, 1951. Si compone di dodici racconti, inframmezzati da sei illustrazioni del pittore Giuseppe Bolzani. Come si legge da un trafiletto di "Libera Stampa" del 3 luglio 1951 (p. 3) in cui si informa che sono a disposizione le ultime trenta copie, fu stampato in trecento esemplari numerati e firmati dall'autore.[7] Nello stesso trafiletto (come in quello, già citato, del lancio del volume del 19 giugno 1951) si rileva, inoltre, che il libro non era distribuito nelle librerie ma si poteva ottenere solo scrivendo direttamente a Bellinelli. Soldini collaborava frequentemente con "Libera Stampa", e negli ultimi anni di vita del quotidiano subentrò proprio a Bellinelli come curatore della pagina letteraria.[8] Fu membro della giuria del «Premio Libera Stampa», e dal 1973 al 1986 direttore della Biblioteca Cantonale di Lugano, per cui nel 1978 acquisì l'archivio di Giuseppe Prezzolini. Collaborava frequentemente anche con la TSI.
2. Pietro Salati, *Candida e sfrontata coi tuoi pochi anni: poesie*, 1951. Strutturato in sei sezioni di cinque poesie ciascuna, presenta in copertina un disegno dell'autore. Fu edito in mille esemplari, numerati e firmati dall'autore. Salati era una delle firme più frequenti di "Libera Stampa", dove pubblicava spesso sue poesie.[9] Fu membro della giuria del "Premio Libera Stampa", e nel 1960 vinse il Premio Schiller.
3. Giuseppe Scorti, *Sfumatura bassa*, 1951. Si tratta di un racconto diviso in undici capitoli, sintetizzato dal risvolto di copertina («L'autore di questo racconto è un operaio [...]. Incontriamo, in queste pagine, l'uomo che scrive con mano pura e ingenua la sua semplice avventura di lavoratore ticinese

---

6 Cfr. Eros BELLINELLI, *Arte di frontiera: vent'anni della Galleria Tonino 1967-1987*, introduzione di Franco Brevini, Astano, Edizioni del Convento Vecchio, 1989.
7 *Ancora trenta copie*, in «Libera Stampa°», 3 luglio 1951, p 3.
8 Cfr. BELLINELLI, *Il Premio "Libera Stampa"*, cit., p. 66.
9 Cfr. l'archivio delle pubblicazioni di Salati in «Libera Stampa» nel decennio 1940-1950, consultabile sulla piattaforma Archivio Quotidiani e Periodici della Biblioteca cantonale di Lugano.

che ama e spera»). Il disegno in sovraccoperta è di Mario Marioni. Fu ripubblicato otto anni dopo dall'Istituto ticinese di arti grafiche Grassi & Co., come annunciato nel numero di "Libera Stampa" del 2 febbraio 1959.[10]
4. Ugo Frey, *Occhi d'acqua e di sale*, 1952. Il libro raccoglie trentotto poesie scritte in età diverse, da cui la grande varietà formale e contenutistica. La pubblicazione (in trecento copie numerate e firmate dall'autore) fu annunciata su "Libera Stampa" il 1 ottobre 1952. Frey fu segnalato per il "Premio Libera Stampa" e il "Premio Lugano", e vinse il "Premio Francesco Chiesa" con il poemetto *Albero umano*. Era collaboratore occasionale di "Libera Stampa".
5. Remo Beretta, *Versioni*, 1953. Si tratta di una serie di traduzioni da Catullo, Keats, Heine, Hopkins, Eliot, allestite da Beretta nel corso di diversi anni. Fu pubblicato in trecento esemplari firmati dall'autore.
6. Ugo Canonica, *I Falò di Santa Brigida: racconti*, 1954. Sono otto racconti che vertono su varie tematiche memoriali, soprattutto ricordi e paesaggi d'infanzia.
7. Pietro Salati, *Il drago si è rimboccato le maniche*, 1955. È la cronaca poetica di un viaggio in Cina, corredata da una ventina di schizzi e illustrazioni dell'autore. Uscì in mille copie firmate dall'autore.

Sulle sovraccoperte di alcuni di questi libri si annuncia inoltre la pubblicazione di altri titoli, che non videro però mai la luce: Amleto Pedroli, *Poesie*; Ugo Fasolis, *Charles Baudelaire*; Umberto Bellintani, *Poesie*; Aldo Borlenghi, *Saggi su Cesare Pavese* (l'informazione si trova anche in una lettera di Bellinelli a Calvino, su cui si riferirà più avanti); Gualtiero Schönenberger, *Poesie*.

La collana "L'Acero" uscì invece per le edizioni "Pantarei" con ventotto titoli dal 1965 al 1984 (si veda l'elenco in appendice). Si tratta di opere tra loro differenti per natura e temi (poesie, prose, saggi, etc.), spesso aventi a che fare comunque con il contesto culturale della Svizzera italiana. Alcuni titoli erano pubblicati, a volte a puntate, sulla pagina letteraria di "Libera Stampa", come ad esempio quello di apertura, *La botega da nüm matt* di Sergio Maspoli (1965), a cui proprio Eros Bellinelli dedicò una puntata del programma della RSI "Millevoci" (13 aprile 2007) dove fu trasmesso anche uno spezzone di una precedente intervista di Bellinelli a Maspoli del 1955-1956. Come si rileva nella pagina di "Libera Stampa" dedicata all'annuncio della fondazione delle edizioni "Pantarei" (25 novembre 1965),[11] l'iniziativa fu promossa, oltre che da Bellinelli

---

10 *Canonica pubblica i "Falò" in seconda edizione*, in «Libera Stampa», 2 febbraio 1959, p. 2.
11 Cfr. *Per l'arricchimento culturale del Paese: l'iniziativa editoriale Pantarei*, in «Libera Stampa», 25 novembre 1965, p. 2.

che ne assunse la direzione, da quattro personaggi illustri della vita culturale ticinese: lo scultore Manfredo Patocchi, il pittore Nag Arnoldi, l'operatore culturale Franchino Agostini e Natale Bernasconi, già esperto di editoria. Nello stesso articolo si leggono le linee guida impresse alla neonata casa editrice:

> L'attività non si limiterà alla pubblicazione di opere di ticinesi, sarà attenta a ciò che di valido è manifesto nel pensiero europeo. Nel fiorire di iniziative editoriali, talvolta condizionate da stimoli commerciali, si vuole inserire un movimento nuovo come valido strumento della libera circolazione delle idee. Già sono state tracciate le grandi linee dell'iniziativa che non si confinerà in settori specifici: narrativa, poesia, saggistica, opere filosofiche e storiche, pubblicazioni d'arte troveranno voce nelle Edizioni "Pantarei" [...], "Tutto scorre, tutto è vita", a indicare lo slancio impregnato di interessi universali.[12]

Il rapporto tra le due iniziative editoriali e "Libera Stampa" era insomma molto stretto, e non si limitava alla direzione di Bellinelli e alla collaborazione di diversi autori, ma si ampliava anche alla promozione e alla diffusione dei titoli. Nel già citato articolo di lancio di *Le strade rosse* di Soldini del 19 giugno 1951, l'opera è così presentata:

> In questo libro, il giovane letterato nostro presenta una visione delicata e robusta insieme, attenta e penetrante della gente e dei paesi nostri. L'autore cerca in *Le strade rosse* un modo non usato di rappresentazione e la restituzione di un tempo autobiografico unito a un amore attivo e grande (talvolta persino sconfinante in una polemica voluta) per il suo mondo. Ma l'effetto non va scevro da malinconie e delusione, che sono poi negli incontri abituali della vita di ogni uomo.[13]

Le strade rosse fu poi recensito il 28 agosto 1951 sempre su "Libera Stampa" da Ugo Fasolis, il quale mise in evidenza soprattutto la grande padronanza linguistica dell'autore, veicolo di uno stile raffinato e di un tono vero, sincero e familiare (di «aurorale mestizia»).[14]

Diversi altri titoli de "Il Roccolo" e di "Pantarei" furono recensiti su "Libera Stampa". *Candida e sfrontata coi tuoi pochi anni* di Pietro Salati e *Sfumatura bassa* di Giuseppe Scorti (seconda e terza uscita de "Il Roccolo") furono recensiti sulla stessa pagina, il 30 gennaio 1952, rispettivamente da Aldo Borlenghi e Gualtiero Schönenberger; mentre le *Versioni* di Remo Beretta furono recensite da Antonio Manfredi il 23 marzo 1954.[15] Il sesto titolo de "Il Roccolo", *I*

---

12 Ibidem.
13 *Le strade rosse*, in «Libera Stampa», 19 giugno 1951, p. 3.
14 Ugo Fasolis, *Le strade rosse*, in «Libera Stampa», 28 agosto 1951, p. 3.
15 Aldo Borlenghi, *Candida e sfrontata coi tuoi pochi anni*, e Gualtiero Schönenberger, *"Sfumatura bassa", o della grazia di raccontare*, in «Libera Stampa», 30 gennaio

falò di Santa Brigida di Ugo Canonica, ebbe addirittura due recensioni, una di Gualtiero Schönenberger pubblicata il 21 dicembre 1954, e una della redazione del giornale, uscita il 24 marzo 1955.[16] Per quanto riguarda "L'Acero", il primo titolo, *La botega da nüm matt* di Sergio Maspoli (1965), fu presentato da Giorgio Orelli al Circolo di Cultura di Bellinzona il 4 febbraio 1966, come si legge sul numero del 7 febbraio 1966 di "Libera Stampa".[17] Pubblicizzata sul quotidiano fu anche la raccolta di poesie ladine di Andri Peer *L'alba* (diciottesimo volume della collana), con testo italiano di Giorgio Orelli a fronte.[18] Altro titolo de "L'Acero" annunciato su "Libera Stampa" fu *Memorie del primo astrattismo italiano degli anni '30 e '40* di Mario Radice (1979), presentato dal critico d'arte Guido Ballo alla Biblioteca Cantonale di Lugano il 13 luglio 1979.[19] Infine, nel 1966, Francesco Arcangeli, autore del terzo titolo de "L'Acero" *Impressioni di Svizzera* (1966), fu insignito del «Premio Libera Stampa» alla carriera, come riportato nella pagina culturale del quotidiano del 2 novembre, interamente dedicata all'autore bolognese.[20] L'unico altro autore edito nelle due collane vincitore del Premio fu Sergio Antonielli (nel 1962, per il racconto *Il venerabile orango*);[21] il suo *Viaggio nella letteratura italiana* (una raccolta di lezioni su testi di letteratura italiana da lui presentati nel programma "La giostra dei libri" alla RSI) uscì ne "L'Acero" vent'anni dopo, nel 1982.[22]

È insomma evidente come sia "Il Roccolo" sia "Pantarei" costituirono delle tappe importanti dello scambio culturale tra Svizzera italiana e Italia nel dopoguerra. Un capitolo centrale di questa attività transfrontaliera, su cui vale la pena ora soffermarsi diffusamente, fu la collaborazione con Bellinelli di Italo Calvino, che per "L'Acero" pubblicò nel 1974 il testo *Eremita a Parigi*. Questo testo costituisce un interessante caso di studio editoriale, poiché permette da

---

1952, p. 3; Antonio MANFREDI, *"Versioni" di Remo Beretta*, in «Libera Stampa», 23 marzo 1954, p. 3.

16 SCHÖNENBERGER, *I falò di Santa Brigida*; *I falò di Santa Brigida di Ugo Canonica*, in «Libera Stampa», 21 dicembre 1954, p. 3.
17 *Sergio Maspoli al Circolo di Cultura: presentato il libro edito dalla Pantarei*, in «Libera Stampa», 7 febbraio 1966, p. 2.
18 *Andri Peer: l'alba*, in «Libera Stampa», 24 luglio 1975, p. 3.
19 Cfr. *L'astrattismo italiano nelle memorie di Mario Radice*, in «Libera Stampa», 12 luglio 1979, p. 2.
20 Cfr. *A Francesco Arcangeli assegnato ex cathedra il Premio Letterario Internazionale «Libera Stampa» 1966*, in «Libera Stampa», 2 novembre 1966, p. 3.
21 Sergio ANTONIELLI, *Il venerabile orango*, Milano, Mondadori, 1961.
22 Cfr. BELLINELLI, *Il Premio "Libera Stampa"*, cit., pp. 64-65.

una parte di osservare più da vicino i rapporti personali tra editori e autori italiani e svizzero-italiani, e dall'altra di esaminare le dinamiche di diffusione in quegli anni di un prodotto culturale attraverso diversi media, tra cui la radio e la televisione. *Eremita a Parigi*, in altre parole, fu una delle più riuscite manifestazioni concrete dei risultati che le due imprese "Il Roccolo" e "Pantarei" riuscirono a raggiungere in termini di sviluppo di collaborazioni transnazionali.

La collaborazione di Italo Calvino

Come si può vedere dall'elenco in appendice, "L'Acero" pubblicò *Eremita a Parigi* nel 1974. Si tratta di un'operazione editoriale alquanto rilevante per la comprensione delle relazioni culturali tra lo scrittore e la Svizzera italiana, e difatti non è un caso che uscisse proprio all'interno di una collana dedicata specificamente a promuovere questi temi. *Eremita a Parigi* è l'adattamento testuale di un'intervista concessa da Calvino alla RSI l'8 dicembre 1974, in cui lo scrittore discute della sua vita a Parigi, dove si era trasferito con la famiglia dal 1967 e dove sarebbe rimasto fino al 1980.

Calvino e Bellinelli erano in contatto epistolare già dal 1952, e le prime comunicazioni tra i due riguardarono proprio la fondazione de "Il Roccolo".[23] In una ricca lettera del 10 gennaio 1952 Bellinelli presentò a Calvino la neonata iniziativa editoriale allegando in omaggio i primi tre volumi:

> Caro Calvino,
> oggi stesso le ho spedito le copie dei primi tre volumetti d'una piccola impresa editoriale ticinese di cui io sono il promotore e l'organizzatore. L'impresa ha lo scopo di permettere ai giovani ticinesi di pubblicare le loro cose: o, per lo meno, di incoraggiarli e aiutarli. Inoltre – come vedrà sulla sovraccoperta – "Il Roccolo" intende accogliere anche alcune voci italiane.[24]

Nella lettera emerge inoltre che i due si erano incontrati qualche mese prima in occasione di un'intervista a Calvino trasmessa da Radio Monteceneri il 31 ottobre 1951, all'interno di un programma sulla città di Torino. Bellinelli segnalava inoltre due propri articoli sul capoluogo piemontese apparsi sul Radioprogramma, con cui concorreva per l'assegnazione del premio giornalistico cittadino; e invitava poi Calvino a inviare una recensione della raccolta dei saggi di Pavese, da poco scomparso, per la pagina letteraria di "Libera Stampa". Infine,

---

23 Le lettere tra i due sono custodite nell'archivio Giulio Einaudi Editore presso l'Archivio di Stato di Torino, sez. "Corrispondenza con diversi stranieri", mazzo 8, fascicolo 64.
24 Lettera di Bellinelli a Calvino, Massagno, 10 gennaio 1952.

chiedeva notizie di un lavoro teatrale di Calvino intitolato *Le tane nel pollaio*, di cui aveva sentito parlare a Torino e che aveva intenzione di inserire nella programmazione della Radio della Svizzera Italiana. Nella lettera di risposta (26 gennaio) Calvino si congratulava con Bellinelli per la creazione de "Il Roccolo" e allegava il volume dei saggi di Pavese; lo informava, infine, che la commedia era opera di un omonimo, Vittorio Calvino. In breve tempo, Calvino divenne per Bellinelli uno dei principali punti di contatto con la cultura editoriale italiana. L'11 novembre 1953 gli chiese informazioni sui diritti d'autore della commedia di Brecht *Un uomo è un uomo*, da poco pubblicata da Einaudi,[25] per trasmetterne una riduzione su Radio Monteceneri; Calvino comunicò gli indirizzi da contattare e concesse il nulla osta da parte di Einaudi.

Una lettera particolarmente importante per i rapporti tra i due è poi quella del 27 novembre 1955, in cui Bellinelli proponeva ufficialmente a Calvino una collaborazione tra "Libera Stampa" e la casa editrice Einaudi. In particolare, Bellinelli suggeriva che, dall'anno successivo, alla Einaudi spettasse il diritto d'opzione per i titoli vincitori del «Premio Libera Stampa», e che questo fosse riportato sul bando stesso del Premio, a cui potevano concorrere solo inediti:

> Se a Einaudi interessasse un diritto di opzione per il 1956 si potrebbe trovare una formula, ad entrambi conveniente, da inserire nel regolamento. Si potrebbe, per esempio, dire: "La casa editrice Einaudi, Torino, assicura l'edizione del libro premiato".[26]

La collaborazione proposta da Bellinelli si estendeva poi anche a un altro progetto, ossia l'apertura di una succursale della Einaudi torinese a Lugano. La risposta di Calvino non è conservata all'Archivio della Einaudi, ma entrambi i progetti non videro tuttavia la luce.

Poco più di un anno dopo (18 gennaio 1957), Bellinelli propose a Calvino di adattare alcuni racconti di *Fiabe italiane* per Radio Monteceneri. Ogni puntata, di mezz'ora circa, si sarebbe concentrata su un racconto specifico e sarebbe stata preceduta da un'introduzione generale di Calvino stesso. Bellinelli chiese inoltre a Calvino se conoscesse qualche narratore dialettale (preferibilmente piemontese, ligure, lombardo o toscano) a cui affidare la lettura di alcune sezioni dei racconti; nella propria risposta (23 gennaio 1957), Calvino si diceva contento della proposta, e suggeriva per i narratori di contattare gli scrittori Giovanni Arpino e Franco Antonicelli. Dopo essersi scambiati un paio di altre lettere, i due si incontrarono poi il 12 marzo 1957 a Torino per registrare l'introduzione

---

25 Bertold BRECHT, *Teatro: vol. 1*, a cura di Emilio Castellani e Renata Mertens, Torino, Einaudi, 1951.
26 Lettera di Bellinelli a Calvino, Massagno, 27 novembre 1955.

di Calvino, e la prima puntata di *Fiabe italiane* andò in onda il 10 ottobre, come emerge da una lettera di Bellinelli del 25 ottobre 1957; nella stessa lettera, inoltre, Bellinelli chiese a Calvino il permesso di pubblicare alcune sezioni di *Fiabe italiane* su "Libera Stampa".[27]

Se si esclude una breve lettera di Calvino a Bellinelli del 24 giugno 1971 in cui si chiedono notizie attorno a un saggio di Gianfranco Contini, la lettera successiva custodita all'Archivio Einaudi che documenta una continuità della collaborazione tra i due risale a più di vent'anni dopo (25 gennaio 1983). Da questa lettera (di Calvino) emerge come in quei decenni i loro rapporti fossero diventati più familiari: Calvino inviò a Bellinelli diversi volumi in omaggio per lettura personale e domestica, ma soprattutto si registra il passaggio, nella conversazione, dal "lei" al "tu".

Eremita a Parigi

Tra le ragioni della maggiore familiarità tra i due vi fu probabilmente proprio la registrazione e la messa in onda per la RSI dell'intervista a Calvino sulla sua vita parigina (8 dicembre 1974) e la connessa pubblicazione, subito dopo, di *Eremita a Parigi* per "Pantarei".[28] L'intervista, della durata di mezz'ora circa e dal titolo *Italo Calvino: un uomo invisibile*, fu condotta dal giornalista Valerio Riva e registrata in parte nella casa di Calvino in *Square de Châtillon* e in parte tra le strade di Parigi. Alterna sezioni in cui Calvino e Riva discutono del rapporto dello scrittore con la capitale francese a spezzoni di vita quotidiana girati nelle vie, sui tram, nelle metropolitane. Il libro ripercorre fedelmente le tematiche affrontate nell'intervista, tanto da esserne a tutti gli effetti una trascrizione, spesso letterale.

Riva e Calvino aprono la discussione con una riflessione sul contrasto tra la Parigi letteraria, ossia la rappresentazione della città tramandata da diversi autori francesi e non, e la Parigi vissuta, quotidiana. Calvino mette in evidenza come tale differenza si colga nel momento in cui a Parigi da turisti si diventa residenti: il turista verifica, ritrova la Parigi di Baudelaire, mentre per il residente Parigi diviene in breve tempo una città anonima, come molte altre. Tale differenza si coglie anche nel modo di spostarsi all'interno della città. Calvino percepisce gli spostamenti quotidiani dei parigini come il movimento da un punto

---

27 Le lettere purtroppo non contengono indicazioni su quali fiabe siano state trasmesse, e la Fonoteca nazionale svizzera non conserva documentazione in proposito.
28 Italo CALVINO, *Eremita a Parigi*, Lugano, Pantarei, 1974; poi confluito nella miscellanea ID., *Eremita a Parigi: pagine autobiografiche*, Milano, Mondadori, 1994.

all'altro con in mezzo il nulla, il vuoto: ciò che importa sono il punto di partenza e il punto di arrivo, non ciò che accade durante il tragitto. Tale concezione dello spostamento, affatto moderna e che si è andata ancora più accentuando ai giorni nostri, è esattamente opposta a quella della Parigi di Baudelaire e di pochi decenni prima, dominata dalla figura del *flâneur*. Collegata alla tematica degli spostamenti urbani è poi la fascinazione di Calvino per la metropolitana, derivata anche dalla sua attrazione per il mondo sotterraneo dei romanzi di Jules Verne e da una certa sensazione di possedere, tramite questo mezzo, la città intera. Ma soprattutto, ciò che attira di più Calvino verso la metropolitana è la possibilità di anonimato che essa può dare, riassunta molto bene nel seguente passo:

> Ieri sul Métro c'era un uomo a piedi nudi: non uno zingaro né un hippy, un signore con gli occhiali, come me e come tanti, che leggeva il giornale, con un aspetto da professore, il solito professore distratto che s'è dimenticato di mettersi le calze e le scarpe. Ed era un giorno di pioggia, e lui camminava a piedi nudi, e nessuno lo guardava, nessuno sembrava incuriosito. Il sogno d'essere invisibile... Quando mi trovo in un ambiente in cui posso illudermi d'essere invisibile, io mi trovo molto bene. Tutto il contrario di come mi sento quando devo parlare alla televisione, e sento la telepresa puntata su di me, che mi inchioda alla mia visibilità, alla mia faccia.[29]

Anche per questo motivo, Calvino arriva a definire Parigi la propria «casa di campagna», ossia il luogo dove riesce a scrivere e a lavorare ai propri progetti in pace, senza incombenze e distrazioni di alcun tipo. E continuando le proprie riflessioni sul mestiere dello scrivere, nota come a differenza di quando era giovane, in cui scriveva spesso in stanze d'albergo anonime per potersi staccare dal mondo, ora il proprio ideale contesto di scrittura è casa propria, ossia un luogo suo, con i suoi libri, che formano non solo uno spazio fisico ma anche uno spazio interiore, psicologico:

> Scrivo bene solo in un posto che sia mio, con libri a portata di mano, come se avessi sempre bisogno di consultare non si sa bene che cosa. Forse non è per i libri in sé, ma per una specie di spazio interiore che essi formano, quasi identificassi me stesso con una mia biblioteca ideale.[30]

Per tutti questi motivi, Parigi diviene quindi una città ideale per scrivere, perché garantisce l'anonimato, una condizione di felice isolamento, e uno spazio interiore congeniale al pensiero. Inoltre, Parigi è città ideale anche perché con la sua grandezza e varietà rappresenta per Calvino una gigantesca enciclopedia, un'opera di consultazione vivente dove si può trovare tutto: lo scrittore fa alcuni

---

29 CALVINO, *Eremita a Parigi*, cit., pp. 12-13.
30 Ivi, pp. 14-16.

esempi di negozi, in particolare dei negozi di formaggi dove ogni varietà è puntualmente classificata e ordinata:

> Potrei dire allora che Parigi, ecco cos'è Parigi, è una gigantesca opera di consultazione, è una città che si consulta come un'enciclopedia: ad apertura di pagine ti dà tutta una serie d'informazioni, d'una ricchezza come nessuna altra città. [...] Ecco che se domani mi metto a scrivere di formaggi, posso uscire a consultare Parigi come una grande enciclopedia dei formaggi.[31]

In quanto "città della consultazione", Parigi diviene quindi la "città della maturità", poiché la consultazione è l'atteggiamento tipico dell'età adulta, opposto a quello dell'esplorazione che è invece quello della giovinezza: il passo seguente racchiude, in poche righe, tutto l'atteggiamento postmoderno della seconda metà del Novecento:

> Devo trarre la conclusione che la mia Parigi è la città della maturità: nel senso che non la vedo più con lo spirito di scoperta del mondo che è l'avventura della giovinezza. Sono passato nei miei rapporti col mondo dall'esplorazione alla consultazione, cioè il mondo è un insieme di dati che è lì, indipendentemente da me, dati che posso confrontare combinare trasmettere, magari ogni tanto, moderatamente, goderne, ma sempre un po' dal di fuori.[32]

Altrettanto postmoderna, nonché dichiaratamente proustiana, è poi la lettura di Parigi come un grande inconscio collettivo, come un libro dei sogni, un bestiario, dove si può ritrovare il passato perduto proprio e altrui, «un gigantesco ufficio degli oggetti smarriti, un po' come la Luna nell'*Orlando Furioso* dove si raccoglie tutto ciò che è stato perduto al mondo».[33]

L'intervista tratta inoltre di un paio di altre tematiche tralasciate però nel volume. La prima è il plurilinguismo di Parigi, altra fonte di grande fascino per Calvino. Lo scrittore sottolinea come il plurilinguismo sia presente a livello sia esterno sia interno: egli sente parlare diverse lingue per strada tutti i giorni e allo stesso tempo vive in casa propria in un contesto plurilingue, poiché oltre al proprio italiano sente quotidianamente la moglie parlare spagnolo argentino, la figlia francese, la donna di servizio portoghese. Esclusa dall'edizione è poi una conversazione tra Riva e Calvino sull'architettura in costruzione nella zona dell'*Île de France* (dove i due fanno una lunga passeggiata), che traccia l'identità della Parigi del futuro.

---

31 Ivi, p. 16.
32 Ivi, pp. 22-23.
33 Ivi, pp. 21-22.

La collaborazione di Calvino con la RSI e con "Pantarei" fu molto importante, quindi, per il consolidamento dei legami tra lo scrittore e la Svizzera italiana, e questo contatto si deve far risalire in particolare al lavoro di Eros Bellinelli. Ciò è attestato anche da uno speciale televisivo che, in data 24 novembre 1994, vent'anni dopo la messa in onda dell'intervista, la RSI dedicò proprio a *Eremita a Parigi*, in concomitanza con la riedizione del testo per Mondadori. Si tratta di una conversazione tra il giornalista e presentatore Enrico Lombardi e lo studioso di letteratura italiana Giorgio Bertone (di cui era da poco uscito per Einaudi il saggio *Italo Calvino: il castello della scrittura*),[34] in cui i due ripercorrono il volume "Pantarei" insieme all'intervista del 1974. Bertone affronta principalmente due tematiche: la prima è proprio il titolo dell'opera, e in particolare la parola "eremita". L'eremita, secondo il critico, ben rappresenta per Calvino il desiderio di stare da solo, di essere invisibile, di scrivere in una condizione appartata. Addirittura, in alcuni scritti autobiografici, Calvino stesso si autodefinisce ironicamente un "topo da biblioteca" o, appunto, un vero e proprio eremita medievale. La seconda tematica affrontata da Bertone è proprio il punto d'arrivo di tutta l'intervista del 1974, ossia la definizione di Parigi come opera di consultazione. In particolare, Bertone ricorda come la riflessione sui negozi di formaggi sarà ripresa in *Palomar*, ne *Il museo dei formaggi*, dove i formaggi sono ridotti alla loro componente alfabetica, alla nomenclatura, alla classificazione: perdono le loro caratteristiche fisiche (sono piatti, bidimensionali, e bianchi e neri, senza colore) e divengono dei semplici nomi.[35] Questo perché, appunto, a Calvino non interessa il formaggio come esperienza sensoriale, ma solo come dato nella catalogazione del mondo. L'eremitaggio produce il distacco del soggetto dal mondo, che è guardato solo con occhio classificatorio, come se fosse un libro.

Eremita a Parigi fu insomma un'operazione realizzata grazie all'intraprendenza di Bellinelli, che si collocò all'interno del tentativo di rendere più poroso il confine culturale tra Svizzera e Italia. La presenza di Calvino nei media ticinesi rafforzò i canali di collaborazione tra i due lati della frontiera, e rappresenta anche un interessante esempio della direzione multimediale (radio, editoria, e più tardi televisione) che stava assumendo sempre più la cultura in quegli anni, una direzione che si andrà sempre più sviluppando nel Novecento di decennio in decennio, fino all'attuale transmedialità.

---

34 Giorgio BERTONE, *Italo Calvino: il castello della scrittura*, Torino, Einaudi, 1994.
35 CALVINO, *Palomar*, Torino, Einaudi, 1983.

Appendice

Titoli de "Il Roccolo: edizioni di poesia, prosa, narrativa e critica a cura di Eros Bellinelli" (Lugano)

1. Adriano Soldini, *Le strade rosse: prose*, 1951. Con disegno in sovraccoperta e illustrazioni di Giuseppe Bolzani. 104 pp. 12 racconti.
2. Pietro Salati, *Candida e sfrontata coi tuoi pochi anni: poesie*, 1951. In sovraccoperta disegno dell'autore. 62 pp. Mille esemplari numerati e firmati dall'autore.
3. Giuseppe Scorti, *Sfumatura bassa*, 1951. In sovraccoperta disegno di Mario Marioni. 80 pp. Racconto diviso in 11 capitoli.
4. Ugo Frey, *Occhi d'acqua e di sale*, 1952. 38 poesie.
5. Remo Beretta, *Versioni*, 1953. 45 pp. 300 esemplari firmati dall'autore
6. Ugo Canonica, *I Falò di Santa Brigida: racconti*, 1954. 127 pp. 8 racconti.
7. Pietro Salati, *Il drago si è rimboccato le maniche*, 1955. Con venti illustrazioni e schizzi. 177 pp. 1000 esemplari firmati dall'autore.

Titoli della collana "L'Acero", edizioni Pantarei (Lugano)

1. Sergio Maspoli, *La botega da nüm matt*, 1965. 99 pp. Poesie in dialetto. 56 copie di cui 50 numerate e 6 fuori commercio.
2. Manfredo Patocchi, *Questa mia terra*, 1966. 41 pp. 31 poesie.
3. Francesco Arcangeli, *Impressioni di Svizzera*, 1966. 17 pp. 1000 copie.
4. Ugo Frey, *Unicorno: poesie*, 1967. 45 pp. 35 poesie.
5. Eros Bellinelli (a cura di), *Vent'anni del premio letterario Libera Stampa 1947-1967*, 1967. 1000 esemplari.
6. Alfred Andersch, *La cecità dell'opera d'arte e altri saggi*, traduzione di Enrico Filippini, 1968. 139 pp. 15 saggi.
7. Grytzko Mascioni, *I passeri di Horkheimer: e transeuropa*, 1969. 59 pp. 20 poesie.
8. Piero Bianconi, *Albero genealogico (cronache di emigranti)*, 1969. 146 pp. 12 racconti.
9. Paolo Barbaro, *La montagna e altre storie*, 1970. 61 pp.
10. Amleto Pedroli, *Due cantate profane*, 1971. 49 pp. Poesie.
11. Adolfo Jenni, *Recitativi*, 1971. 49 pp. 23 poesie.
12. Remo Fasani, *Qui e ora*, 1971. 41 pp. 14 poesie.
13. Giovanni Bianconi, *Tutte le poesie*, 1972. 247 pp. Poesie in dialetto, in 5 sezioni.[36]

---

36 Bellinelli dedicò a Bianconi uno speciale del programma "Zolle" della RSI il 12 giugno 2001 (*Giovanni Bianconi a vent'anni dalla scomparsa*). Bellinelli ne discusse la

14. Piero Bianconi, *Albero genealogico (cronache di emigranti)*, 1973. 146 pp. Romanzo.
15. Ketty Fusco, *Giorni della memoria*, 1974. 79 pp. 45 poesie.
16. Remo Fasani, *Senso dell'esilio: orme del vivere: un altro segno*, 1974. 69 pp. Poesie.
17. Italo Calvino, *Eremita a Parigi*, Lugano, 1974. Con 4 disegni di Giuseppe Ajmone. 26 pp.
18. Andri Peer, *L'alba: poesie ladine con la versione italiana a fronte di Giorgio Orelli*, Lugano, 1975. 72 pp. 21 poesie.
19. Adolfo Jenni, *Le occorrenze recitate: altri recitativi con un diario per le "Occorrenze"*, 1976. 66 pp. 29 poesie.
20. Fabio Muggiasca, *Antigone*, Lugano, 1977. 89 pp. Poesie.
21. Edvige Livello, *Gli orologi*, 1977. 65 pp. 42 poesie.
22. Mario Radice, *Memorie del primo astrattismo italiano degli anni '30 e '40*, prefazione di Guglielmo Volonterio, 1979.
23. Adolfo Jenni, *Predichette laiche*, prefazione di Eros Bellinelli, 1982. 95 pp. 76 brevi prose di argomento morale, tratte dal suo programma "Pensiero del giorno" alla Radio della Svizzera italiana (1978-1980).
24. Sergio Antonielli, *Viaggio nella letteratura italiana*, premessa di Eros Bellinelli, 1982. 111 pp. Brevi presentazioni di testi di letteratura italiana da Jacopone da Todi a Elio Vittorini, già presentati da Antonielli nel programma "La giostra dei libri" della Radio della Svizzera italiana.
25. Remo Fasani, *Pian San Giacomo*, 1983. 58 pp. Poesie e prose.
26. Remo Fasani, *Quaranta quartine*, 1983. 63 pp. 40 poesie.
27. Mary D'Ambrogio e Antonio Faeti, *Fiabesco a due voci*, 1983. 96 pp. 27 fiabe.
28. Franco Brevini, *Lo stile lombardo. La tradizione letteraria da Bonvesin della Riva a Franco Loi*, 1984, 420 pp.

Bibliografia

Agliati Mario, *Le quattro letterature della Svizzera nel secolo di Chiesa*, Lugano, Città di Lugano, 1975.

Id., *Reto Roedel: grande "italianista"*, in «Quaderni grigionitaliani», n. 58 (1989), pp. 10-15.

Amrein Ursula, *Kulturpolitik und Geistige Landesverteidigung – das Zürcher Schauspielhaus*, in Sigrid Weigel und Birgit Erdle (hrsg.), *Fünfzig Jahre danach. Zur Nachgeschichte des Nationalsozialismus*, Zürich, vdf Hochschulverlag an der ETH Zürich, 1996, pp. 281-324.

Bauman Zygmunt, *La decadenza degli intellettuali: da legislatori a interpreti*, Torino, Bollati Boringhieri, 2007 [1987].

Bellini Barbara, *La ricezione editoriale di Max Frisch in Italia. (1959-1973). Ascesa di uno svizzero engagé*, in «Ticontre. Teoria Testo Traduzione», n. 11, giugno 2019, pp. 299-326.

Bhabha Homi K., *The location of culture*, London-New York, Routledge, 1994 (trad. it. *I luoghi della cultura*, Roma, Meltemi, 2001).

Bonalumi Giovanni, *Il pane fatto in casa: capitoli per una storia delle lettere nella Svizzera italiana e altri saggi*, Bellinzona, Casagrande, 1988.

Bontempi Teresa, *Memoriale e diario di prigionia*, a cura di Pierre Codiroli, Locarno, Armando Dadò Editore, 1992.

Bonzanigo Elena, *Dania. Commedia musicale in tre atti sulla musica di Luigi Tosi*, edizione critica e commentata a cura di Felicity Brunner, Ferrara, Luciana Tufani Editrice, 2019.

Bosco Alessandro, *Enrico Filippini e la ricezione di Max Frisch in Italia: Stiller, Homo faber e il Diario d'antepace (1959-1962)*, in Tatiana Crivelli-Laura Lazzari (a cura di), *«Chi sono io? Chi altro c'è lì?». Prospettive letterarie dalla e sulla Svizzera italiana*, Firenze, Cesati, 2016, pp. 45-66.

Bosco Alessandro e Stefano Bragato, *Zoppi, Rusca, Mondadori e la divulgazione della cultura italiana in Svizzera durante gli anni del fascismo*, in «Rassegna Europea di Letteratura Italiana», vol. 49-50, 2017 [ma 2019], pp. 201-211.

Bragato Stefano e Bosco Alessandro, *Prove di collaborazione transculturale: il "Centro Studi per la Svizzera italiana" presso la Reale Accademia d'Italia (1941-1943)*, in «Otto/Novecento», 2-3, 2019 [ma 2020], pp. 5-22.

Bragato Stefano, *Un imprenditore della cultura. Luigi Rusca e le letterature straniere*, in «Tradurre. Pratiche, teorie, strumenti», n. 21, autunno 2021 https://rivistatradurre.it/un-imprenditore-della-cultura/.

Brunner Felicity, *Fiera t'ergevi, tu «Chiave d'Italia»! Elena Bonzanigo e l'irredentismo della Svizzera italiana negli anni del fascismo*, in, «PhiN. Philologie im Netz», Beiheft 17, Berlino, 2019, pp. 26-37 http://web.fu-berlin.de/phin/beiheft17/b17t_Brunner.pdf.

Cantini Claude, *Pour une histoire sociale et antifasciste*, Textes choisis et présentés par Charles Heimberg, Éditions d'en bas & AEHMO, 1999.

Carron Damien et al. (éd.), *Les intellectuels en Suisse au 20e siècle / Intellektuelle in der Schweiz im 20. Jahrhundert*, Zürich, Chronos Verlag, 2010 (= «Traverse», a. XVII, n. 2).

Castagnola Raffaella - Parachini Paolo (a cura di), *Per una comune civiltà letteraria: rapporti culturali tra Italia e Svizzera negli anni '40*, Firenze, Cesati, 2003.

Castagnola Raffaella - Rabiolo Maria Grazia - Ruesch Diana (a cura di), *Itinerari umani: omaggio a Bixio Candolfi: lettere dagli Archivi di cultura contemporanea di Lugano*, Firenze, Cesati, 1999.

Celant Germano, *Verso una storia reale e contestuale*, in Id. - Chiara Costa, *Post Zang Tumb Tuuum. Art Life Politics: Italia 1918-1943*, Milano, Fondazione Prada, 2018, pp. 553-557.

Clavien Alain, *Les Helvétistes. Intellectuels et politique en Suisse romande au début du siècle*, Lausanne, Société d'Histoire de la Suisse romande & Editions d'en Bas, 1993.

Codiroli Pierre, *L'ombra del duce, Lineamenti di politica culturale del fascismo nel Canton Ticino (1922-1943)*, Milano, Franco Angeli, 1988.

Id., *Tra fascio e balestra: un'acerba contesa culturale (1941-1945)*, Locarno, Armando Dadò Editore, 1992.

Crespi Ferdinando, *Ticino irredento: la frontiera contesa: dalla battaglia culturale dell'Adula ai piani di invasione*, Milano, Franco Angeli, 2004.

Dagnino Arianna, *Re-discovering Alessandro Spina's Transculture/ality in The Young Maronite*, in Bernd Fischer (a cura di), *Transcultural literary studies: politics, theory, and literary analysis*, Basel, MDPI, 2017, pp. 73-83 [= numero speciale della rivista «Humanities» (2016), doi: 10.3390/h5020042].

Gatani Tindaro, *Giuseppe De Michelis e l'emigrazione italiana in Svizzera*, Zurigo, Federazione Colonie Libere Italiane in Svizzera, 1994.

Gilardoni Silvano, *Italianità ed elvetismo nel Canton Ticino negli anni precedenti la prima guerra mondiale (1909-1914)*, in «Archivio storico ticinese», n. 45-46 (1971), pp. 1-84.

Hauser Claud, *Les intellectuels suisses, leur rapport à l'État et aux autorités politiques: quelque réflexions*, in Pierre Durcy, Hans Ulrich Jost et Anne Kenzelmann Pfyffer (éds.), *Jean Rudolf von Salis, die Intellektuellen und die Schweiz*

/ *Jean Rodolphe de Salis, les intellectuels et la Suisse*, Zürich, Chronos Verlag, 2003, pp. 41-46.

Hauser Benedikt, *Netzwerke, Projekte und Geschäfte. Aspekte der schweizerisch-italienischen Finanzbeziehungen 1936-1943*, Zürich, Chronos Verlag, 2001.

hooks bell, *Elogio del margine: razza, sesso e mercato culturale*, traduzione e cura di Maria Nadotti, Milano, Feltrinelli, 1998.

Jost Hans Ulrich – Prezioso Stéfanie (éds.), *Relations internationales, échanges culturels et réseaux intellectuels*, Lausanne, Édition Antipodes, 2002.

Kaiser Peter, *Miti di formazione*, in «Dizionario Storico della Svizzera» (DSS), versione del 3 agosto 2009 (traduzione dal tedesco), online: http://www.hls-dhs-dss.ch/textes/i/I17474.php, consultato il 11 giugno 2020.

Leonardi Francesca, *Curating the context: re-enacting and reconstructing exhibitions as ways of studying the past*, in «Museum Management and Curatorship», 10 agosto 2020 consultabile su https://www.tandfonline.com/doi/full/10.1080/09647775.2020.1803118

Loderer Bendikt, *Die Baugeschichte des Kunsthaus Zürich 1910-2020*, Zürich, Scheidegger&Spiess, 2021.

Marchal Guy, *Die «Alten Eidgenossen» im Wandel der Zeiten*, in Hansjakob Achermann et al., *Innerschweiz und frühe Eidgenossenschaft: Jubiläumsschrift 700 Jahre Eidgenossenschaft*, Olten, Walter, 1990, pp. 309-406.

Id., *La naissance du mythe du Saint-Gothard ou la longue découverte de l'"homo alpinus helveticus' et de l' 'Helvetia mater fluviorum' (XVe s. - 1940)*, in Jean-François Bergier - Sandro Guzzi (éds.), *La découverte des Alpes / La scoperta delle Alpi / Die Entdeckung der Alpen*, Basel, Schwabe, 1992, pp. 35-53.

Martinetti Orazio, *Tra arte, letteratura e poesia*, in AA.VV., *Il Ticino e la guerra. Politica, economia e società dal 1939 al 1945*, in «I quaderni dell'Associazione Carlo Cattaneo», n. 64 (2009), pp. 135-162.

Roedel Reto, *Relazioni culturali e rapporti umani fra Svizzera e Italia*, Bellinzona, Casagrande, 1977.

Id., *Relazioni Italo-Elvetiche nel presente e nel passato*, Lugano, Fascicoli dell'«Educatore della Svizzera italiana», 1941.

Said Edward, *Culture and Imperialism*, New York, Vintage Books, 1994[2].

Salvagnini Sileno, *Il sistema delle arti in Italia (1919-1943)*, Bologna, Minerva, 2000.

Schmid Hans Rudolf, *Die Familie Abegg von Zürich und ihre Unternehmungen*, Zürich, Berichthaus, 1972.

Schnapp Jeffrey T., *Modernitalia*, ed. by Francesca Santovetti, Oxford, Peter Lang, 2012.

Id., *Anno X. La Mostra della Rivoluzione fascista del 1932*, con una postfazione di Claudio Fogu, Pisa-Roma, Istituti Editoriali e poligrafici internazionali, 2003.

Sisto Michele, *Rosa e Ballo and German literature in Italy: the genesis of an intellectual network and the production of a new repertoire in the field of theatre*, in «Journal of Modern Italian Studies», 21:1, 2016, pp. 65-80.

Stone Marla, *Le esposizioni e il culto dell'allestimento nell'Italia fascista*, in Germano Celant - Chiara Costa, *Post Zang Tumb Tuuum. Art Life Politics: Italia 1918-1943*, cit., pp. 567-569.

Tomasella Giuliana, *Biennali di guerra. Arte e propaganda negli anni del conflitto (1939-1944)*, Padova, Il Poligrafo, 2001.

Turi Gabriele, *Il problema Volpe*, in «Studi storici», a. 19, n. 1, gennaio-marzo 1978, pp. 175-186.

Valsangiacomo Nelly, *Dietro al microfono: intellettuali italiani alla Radio svizzera (1930-1980)*, Bellinzona, Casagrande, 2015.

Winkler Stephan, *Die Schweiz und das geteilte Italien. Bilaterale Beziehungen in einer Umbruchphase 1943-1945*, Basel und Frankfurt am Main, Helbing & Lichtenhahn, 1992.

Wüthrich Werner, *Bertold Brecht und die Schweiz*, Zürich, Chronos Verlag, 2003.

Zagarrio Vito, *Fascismo e intellettuali*, in «Studi storici», a. 22, n. 2, aprile-giugno 1981, pp. 289-304.

Zimmer Oliver, *A Contested Nation: History, Memory and Nationalism in Switzerland, 1761-1890*, Cambridge, Cambridge University Press, 2003.

Id., *In search of Natural Identity: Alpine Landscape and the Reconstruction of the Swiss Nation*, in «Comparative Studies in Society and History», a. IL, n. 4 (ottobre 1998), pp. 637-665.

Id., *Switzerland*, in Timothy Baycroft - Mark Hewitson, *What is a nation? Europe 1789-1914*, New York, Oxford University Press, 2006, pp. 100-119.

Indice dei nomi

Abbondio, Valerio 59
Abegg, Carl Julius 24-27, 29, 33-35, 41
Achermann, Hansjakob 104n
Aebischer, Paul 57
Aeschlimann, Erhard 128, 129, 134 e n
Afro 138
Agliati, Mario 89n, 91n
Agostini, Franchino 174
Aillaud, Ulrico 59
Amrein, Ursula 165
Amrein-Widmer, Martha 55, 56, 86
Andersch, Alfred 171, 182
Andreotti, Libero 131
Angioletti, Giovanni Battista 48, 52, 60, 80, 92, 98
Anouilh, Jean 159
Antonicelli, Franco 177
Antonielli, Sergio 175, 183
Arbasino, Alberto 9, 12, 15
Arcangeli, Francesco 175, 182
Arcari, Paolo 38
Argan, Giulio Carlo 44, 73
Arnoldi, Nag 174
Arpino, Giovanni 177

Bacchelli, Riccardo 57, 58
Baldini, Antonio 75
Ballo, Guido 175
Baroni, Eugenio 131
Bartolini, Domenico 53
Basaldella, Mirko 139
Battisti, Carlo 57
Baudelaire, Charles 173, 178, 179
Bauman, Zygmunt 7
Baycroft, Timothy 107n
Bazzocco, Adriano 10n

Bellinelli, Eros 14, 99, 100, 169-183
Bellini, Barbara 158
Bellintani, Umberto 173
Beretta, Remo 173, 174, 182
Bergier, Jean-François 104n
Bernasconi, Natale 174
Bernasconi, Pino 59
Bertone, Giorgio 181
Bertoni, Brenno 112n
Bertoni, Giulio 49, 50, 54, 57
Besta, Enrico 49, 51, 61
Bezzola, Reto Raduolf 25n, 43, 54-57, 106, 115, 117-121
Bhabha, Homi 10
Biaggi De Blasys, Giovanni 71n
Bianchi, Carlo 26, 29, 34, 132 e n, 133
Bloch-Frey, Arnold 25n
Boccioni, Umberto 152
Böcklin, Arnold 92
Bodoni, Giambattista 36
Boeri, Giovanni Battista 67
Bolla, Plinio 59
Bolzani, Giuseppe 172
Bonalumi, Giovanni 98n
Boninsegni, Pasquale 38, 39
Bonjour, Edgar 57
Bontà, Emilio 112n
Bontempi, Giacomo 113n
Bontempi, Teresa 81, 113n
Bonzanigo, Elena 59, 114n
Borlenghi, Aldo 173
Bosco, Alessandro 9n, 14, 87n, 158n
Bottai, Giuseppe 138
Bovet, Ernst 106
Bragato, Stefano 9n, 14, 29n, 103, 114, 115, 160
Brass, Italico 139, 140

Brecht, Bertolt 159, 161, 165, 177
Brevini, Franco 172, 183
Brosi, Isidor 93
Bruckner, Ferdinand 166
Brunner, Felicity 9n, 14, 114n
Bucci, Anselmo 129
Büchner, Georg 159
Burckhardt, Ernst 137
Burckhardt, Jakob 40, 73, 86, 92
Burkhardt, Felix 30n, 31–33, 35, 36

Caglio, Luigi 48, 52, 60
Cairati, Giuseppe 44
Caizzi, Bruno 60
Calepio, Pietro 56 e n, 86
Calgari, Guido 69, 72, 73, 80, 88, 94–99
Calvino, Italo 14, 171–181
Calvino, Vittorio 177
Campigli, Massimo 129, 139, 149
Camus, Albert 159
Candolfi, Bixio 169, 170 e n
Canonica, Ugo 173, 175, 182
Cantimori, Delio 65
Cantini, Claude 38 e n
Capocchini, Ugo 139
Carà, Ugo 138, 140, 143
Cardinali, Giuseppe 49
Carena, Felice 138, 140, 141, 144, 145, 155
Carnelutti, Francesco 67, 68n
Carrà, Carlo 129, 137, 140, 141, 145, 152, 153
Casorati, Felice 129, 138, 140
Castagnola, Raffaella 9n, 14
Castellani, Emilio 164
Castiglione, Tommaso 59
Cattaneo, Carlo 119
Celant, Germano 125, 126, 127n
Celio, Enrico 33n, 58, 63, 64, 151, 154
Cellini, Benvenuto 116

Cettuzzi, Antonio 30n
Chaponnière, Paul 120 e n
Chapuisat, Edmondo 59
Chiesa, Francesco 29, 30, 31n, 48–50, 52, 57, 59, 60, 88, 89–92, 95, 113n, 148
Chiesa, Ivo 158
Chiesa, Virgilio 52, 60
Ciarlantini, Francesco 33, 34
Clavien, Alain 104n
Clerc, Charly 73
Clerici, Luigi 52
Codiroli, Pierre 28, 29n, 113n
Colao, Domenico 138
Colasanti, Arduino 129
Collart, Paul 73
Colombi, Rosetta 81, 113n
Colonnetti, Gustavo 67, 73
Connelly, Marc 159
Conti, Primo 139
Contini, Gianfranco 44, 178
Cosomati, Ettore 40, 131–133
Costa, Chiara 126n, 127n
Cozzani, Ettore 58, 83
Crespi, Ferdinando 81n, 113n
Crivelli, Tatiana 9n, 158n
Croce, Bendetto 31, 32, 35, 36, 43
Crocetti, Venanzo 139

D'Amico, Silvio 73
Dagnino, Arianna 11
Dalla Zorza, Carlo 139
De Chirico, Giorgio 129, 130, 139, 141, 149
De Cicco, Attilio 49
De Grada, Raffaele 139
De Michelis, Giuseppe 26, 27
De Pisis, Filippo 129, 139, 147, 149
De Rocchi, Francesco 138
De Ruggieri, Guido 73
De Sanctis, Francesco 40, 44
De Simone, Luigi 59

De Veroli, Carlo 139
De Weck, René 73n, 74
Delarue, Henri 59
Delich, Silvio 37n
Demand, Thomas 125
Dior, Christian 15
Drei, Ercole 139, 140, 143 e n
Dudreville, Leonardo 129
Durcy, Pierre 104n

Einaudi (casa editrice) 58, 177-181
Einaudi, Giulio, 65
Einaudi, Luigi 42, 43, 47, 65, 70-74
Enriquez, Franco 160
Erdle, Birgit 165n
Ernst, Fritz 40-42, 55-57, 82, 83, 86-90, 92, 96, 97, 99, 106, 117, 120
Etter, Philipp 41, 63, 64, 105-108, 110, 111, 115, 134, 135, 151, 154

Fanfani, Amintore 44, 73
Fantuzzi, Gabriele 170
Farinelli, Arturo 49
Fasolis, Ugo 173, 174
Fedele, Carlo 69
Fedele, Pietro 49
Federzoni, Luigi 50, 57, 61, 62
Ferretti, Giovanni 27n, 28, 37 e n, 39, 42, 47-49, 50-66, 71-75, 80, 83, 86, 87
Ferretti, Pericle 53
Filippini, Enrico 14, 103, 110, 121, 158-160, 182
Filippini, Felice 95
Fischer, Bernd 11n
Flora, Francesco 44
Fogu, Claudio 125n
Foscolo, Ugo 116, 119
Frey, Ugo 173, 182
Frigerio, Vittore 89
Frisch, Max 14, 157-167
Funi, Achille 129, 138, 140, 147

Gabetti, Giuseppe 40, 42
Galilei, Galileo 58
Galletti, Guido 138, 139, 140
Garobbio, Aurelio 81
Gasparotto, Luigi 67
Gatti, Angelo 51
Gemelli, Bruno 23-25, 27, 28, 33, 41, 45, 54, 55, 56, 87, 128, 129, 132, 151n
Gentile, Giovanni 62
Giacometti, Augusto 55, 93-95, 135, 151n
Giannini, Amedeo 42, 51
Gide, André 159
Gilardoni, Silvano 89n, 112n
Gilliard, Charles 50, 52, 59
Girardi, Dario 23
Goethe, Johann Wolfgang von 86, 116, 166
Gos, Charles 83
Grandjean, Henri 25n, 41
Grassi, Paolo 159-164
Graziosi, Giuseppe 139, 140, 143, 144
Grellet, Pierre 95
Guarneri, Felice 25
Guglielmino, Gian Maria 158
Guidi, Virgilio 138
Guttuso, Renato 139, 140
Guzzi, Sandro 104n

Hauser, Benedikt 24, 25n, 26
Hauser, Claud 104n
Hebbel, Friedrich 159
Hellman, Lillian 159
Hewitson, Mark 107n
Hitler, Adolf 111, 135
Hoepli (casa editrice) 31, 32, 53, 128, 129, 131, 134, 154
Hofmannsthal, Hugo von 159
hooks, bell 15
Hügin, Karl 128, 129, 135, 155
Huonder, Gion Antoni 118

Jaberg, Karl 57, 58
Jacini, Stefano 65, 67
Jaeger, Fabio 169
Jäggli, Augusto 172
Jäggli, Mario 112n
Janner, Antonino 73, 74, 75n
Janner, Arminio 57, 73, 79, 80, 82, 88n, 94-99, 106, 112n, 117
Jost, Hans Ulrich 23, 104n
Jud, Jakob 25n, 55, 57

Kaiser, Georg 159
Kaiser, Peter 109n
Keller, Gottfried 83
Kenzelmann Pfyffer, Anne 104n
Kern, Léon 53, 58
Kloeti, Emil 151n
Koch, Ottaviano Armando 41, 49, 139, 142, 151 e n
Koolhaas, Rem 125

Lazzari, Laura 158n
Lazzari, Marino 151n
Leonardi, Francesca 126n
Leone, Giuseppe 139, 140, 142, 143 e n
Lilloni, Umberto 138
Lombardi, Enrico 181

Mafai, Mario 139
Malerba, Emilio 129
Manuzio, Aldo 36
Manzoni, Alessandro 58
Manzù, Giacomo 139
Maraini, Antonio 125, 127, 135-142, 144, 145, 149, 150, 152, 154, 155
Marcel, Gabriel-Honoré 159
Marchal, Guy 104n
Marchesi, Concetto 65, 67
Marinetti, Filippo Tommaso 149, 152

Marini, Marino 137
Marioni, Mario 173, 182
Martin, Edmond 59
Martinetti, Orazio 113n
Martini, Arturo 139
Martinola, Giuseppe 52, 60
Marussig, Pietro 129
Marx, Karl 9, 12
Mascioni, Grytzko 169, 171, 182
Maspoli, Sergio 173, 175, 182
Mauriac, François 159
Mazzini, Giuseppe 116
Mazzucchetti, Lavinia 157, 158, 164
Melegari, Luigi Amedeo 38
Menzio, Francesco 138
Merlo, Clemente 48, 50
Messina, Francesco 131, 138
Meyer, Conrad Ferdinand 83
Meyer, Franz 135, 137, 151n
Meyer, Hans 163n
Meyer, Karl 25n
Micheli, Louis H. 42 e n
Migliorini, Bruno 57
Mila, Massimo 73
Modigliani, Amedeo 130 e n
Molteni, Giovanni 172
Mondadori (casa editrice) 37, 60, 65, 157, 181
Mondadori, Arnoldo 30n, 32, 33, 34, 36, 37
Montale, Eugenio 98
Montano, Lorenzo 33 e n, 34-37
Montessori, Maria 73
Monteverdi, Angelo 65
Moos, Carlo 10n
Morandi, Giorgio 139
Motta, Giuseppe 24, 56, 63, 89, 94
Munoz, Antonio 73
Mussolini, Benito 24, 25, 32, 34, 38, 39, 42, 80, 85, 91, 92, 111, 113n, 114, 120, 136
Musy, Jean-Marie 58

Naville, Henri A. 25n
Nietzsche, Friedrich 116
Nobs, Ernst 151n

Olgiati, Camillo 59
Olivetti, Adriano 44
Oppi, Ubaldo 129
Oppo, Efisio Cipriano 138-141, 145, 155
Orelli, Giorgio 175, 183

Panzeri, Elvezio Iginio 30n
Parachini, Paolo 170n
Parri, Ferruccio 47, 73
Patocchi, Manfredo 174, 182
Pavese, Cesare 176, 177
Pavolini, Alessandro 41, 127, 132, 133 e n, 139, 142, 151
Pedroli, Amleto 173, 182
Pellati, Francesco 51
Pellegrini, Carlo 51, 72
Pessina, Plinio 41, 42, 43, 151n
Pestalozzi, Johann Heinrich 86
Petrarca, Francesco 39
Peyron, Guido 138
Piaget, Jean 73
Piccoli, Fantasio 158, 160-162, 164, 165, 167
Piccolomini, Enea Silvio 116
Pilet-Golaz, Marcel 64
Platzhoff-Lejeune, Edouard 112n
Pometta, Eligio 49-52, 59, 89
Porchet, Ferdinand 37
Prada, Carlo 139
Prampolini, Enrico 138, 149
Pratelli, Esodo 38
Pratolini, Vasco 170
Prezioso, Stéfanie 23n

Rabiolo, Maria Grazia 170n
Radice, Mario 175, 183
Ramelli, Adriana 52, 60

Ramuz, Charles-Ferdinand 83
Ranke, Leopold von 86
Rappard, William 59
Rava, Emilio 59
Reale, Egidio 44, 72
Reiss Theaterverlag (casa editrice) 161-162
Reiss, Kurt 161
Rendi, Aloisio 160n
Revel, Bruno 164
Reynold, Gonzague de 104, 106
Richelmy, Carlo 58
Rieser, Ferdinand 166
Rikli, Adelaide 58
Riva, Alfonso 59
Riva, Valerio 178, 180
Rodio, Giovanni 31, 41, 55
Roedel, Reto 51, 57, 58, 90-92, 148, 149, 154
Rognoni, Eva 164n
Rognoni, Luigi 164 e n
Romanelli, Romano 131
Rosa e Ballo (casa editrice) 159-164
Rosai, Ottone 139
Rossini, Gioacchino 57, 58
Roulin, Alfred 36, 37, 39
Ruegger, Paul 60, 73, 135n, 151 e n
Ruesch, Diana 170n
Ruggeri, Quirino 138, 140, 143
Ruini, Meuccio 51
Rusca, Luigi 29 e n, 30-36, 60, 65
Russo, Luigi 73
Russolo, Luigi 152

Saba, Umberto 98
Saetti, Bruno 139
Said, Edward 7, 8
Salacrou, Armand 159
Salati, Pietro 172, 173, 174, 182
Salietti, Alberto 129, 138, 140, 145
Salis, Hans Wolf von 65
Salis, Jean Rudolf von 51, 56, 104n

Salis, Peter Anton von 42, 43, 63, 65, 66, 67, 68, 69, 70n
Salvagnini, Sileno 129n, 130n, 136, 142n
Salvemini, Gaetano 73
Salvioni (libreria) 48, 60
Salvioni, Carlo 113n
Santovetti, Francesca 127n
Sarfatti, Margherita 129, 130, 136
Saroyan, William 159
Sartre, Jean-Paul 159
Scheiwiller, Giovanni 125, 128–132, 133n, 134, 137–140, 149–151, 154
Schiaffini, Alfredo 57
Schiller, Johann Christoph Friedrich 166
Schmid, Hans Rudolf 24n
Schmidheiny, Jakob 25n
Schmitz, Walter 163n
Schnapp, Jeffrey T. 125, 127n
Schnitzler, Arthur 159
Schönenberger, Gualtiero 173, 175
Schorta, Andrea 57
Scorti, Giuseppe 172, 174, 182
Seibezzi, Fioravante 138
Senn, Adolfo 30n
Severini, Gino 138, 140, 141, 147, 149
Sforza, Carlo 74, 75, 80
Sganzini, Carlo 112n
Sganzini, Silvio 57
Shaw, Irwin 159
Sherwood, Robert Emmet 159
Silone, Ignazio 65, 67, 72
Simona, Luigi 113n
Singer, Mario 43–45
Sironi, Mario 129, 139, 140, 147
Sismondi, Jean Charles Léonard Simonde de 51, 56
Sisto, Michele 159, 164
Soldini, Adriano 171, 172, 174, 182

Solmi, Arrigo 47–57, 60–62, 64, 79, 80
Šostakóvič, Dmítrij Dmítrievič 15
Spoerri, Theophil 25n, 57, 106
Stelling-Michaud, Sven 73
Stone, Marla 127n
Strehler, Giorgio 164
Stucki, Walter 65, 66n
Sulzer, Robert H. 25n
Szeemann, Harald 125

Tallone, Filippo 138
Tamaro, Attilio 28, 34, 37, 41, 55, 58, 60, 98, 151n
Tarabori, Ugo 59, 60
Tobler, August L. 41
Toller, Ernst 159
Tomasella, Giuliana 136–139, 140n, 141n, 143n
Torrieri, Diana 160
Tosi, Arturo 137, 145
Trompeo, Pietro Paolo 65, 73
Turi, Gabriele 27

Ungaretti, Giuseppe 98
Usellini, Gianfilippo 138

Valeri, Diego 72
Valla, Rito 139, 142, 143
Valsangiacomo, Nelly 170n
Vannotti, Alfredo 59
Varagnolo, Mario 139
Verdi, Giuseppe 44
Verne, Jules 179
Vieli, Francesco Dante 112n
Vieli, Peter 41, 43
Visetti, Mario 51
Vittorini, Elio 98, 157, 183
Voigt, Hermann 135
Volonterio, Guglielmo 103n, 183
Volpe, Gioacchino 27, 28, 49

Indice dei nomi

Volpi Giuseppe, Conte di
  Misurata 40, 151

Wagnière, Georges 37-39, 59
Wälterlin, Oskar 165, 166
Walther, Lucia 117n
Wartmann, Wilhelm 129, 130, 131,
  132 e n, 133-135, 137-139, 154
  e n, 155
Wedekind, Frank 159
Weigel, Sigrid 165n
Wilder, Thornton 159
Winkler, Stefan 23

Wittgenstein, Ludwig 9
Wolf, Remo 172
Wright, Richard 159

Zagarrio, Vito 28n
Zbinden, Hans 120 e n
Ždanov, Andrej Aleksandrovič 15
Ziegler, Henri de 59, 73, 120 e n
Zimmer, Oliver 107n
Zoppi, Giuseppe 24, 25n, 29-32,
  34-36, 41, 43, 45, 51, 55-57,
  82-85, 87-90, 92, 94, 97, 106, 112,
  115-117, 120, 121, 151, 152, 154

www.ingramcontent.com/pod-product-compliance
Lightning Source LLC
Chambersburg PA
CBHW030625230426
43661CB00053B/2138